지식을 쌓으려면 통째로, 조목조목!

잡학사전 통조림 2

출판은 사람과 나무 사이에서 이루어지는 가치 있는 일입니다.
도서출판 사람과나무사이는 의미 있고 울림 있는 책으로 독자의 삶을
좀 더 풍요롭게 만들기 위해 최선을 다하겠습니다.

IMASARA TANINNIWA KIKENAI GIMON 650
IMASARA TANINNIWA KIKENAI GIMON(Part2) 550
IMASARA TANINNIWA KIKENAI GIMON(Part3) 650
© ENCYCLONET, 2002, 2002, 2004
All rights reserved.
Original Japanese edition published by Kobunsha Co., Ltd.
Korean translation rights arranged with Kobunsha Co., Ltd.
through Imprima Korea Agency, Seoul.

이 책의 한국어판 저작권은 Imprima Korea Agency를 통해
Kobunsha Co., Ltd.과의 독점계약으로 사람과나무사이에 있습니다.
저작권법에 의해 한국 내에서 보호를 받는 저작물이므로 무단전재와 무단복제를 금합니다.

지식을 쌓으려면
통째로, 조목조목!

잡학사전
통조림2

엔사이클로넷 지음 | 서수지 옮김

"427가지 잡학 상식을 '통조림'으로 익히면
당신도 유쾌한 지식인으로 거듭난다!"

사람과
나무사이

알쏭달쏭한 궁금증부터 세상의 원리까지 파헤치는 427가지 이야기

프리랜서 필자와 편집자 집단 엔사이클로넷은 과거에 편집과 취재 활동을 통해 '세상의 원리'를 둘러싼 무수한 소재를 만났다. 그런데 기획 취지와 맞지 않는다는 등의 이유로 빛을 보지 못한 이야기도 적지 않다. "구슬이 서 말이라도 꿰어야 보배"라는 말이 있듯, 실에 꿰이지 못한 이야기들은 안타깝게도 우리 술자리의 안주로 소비되고 말았다.

오랫동안 취재하다 보니 우리끼리 소비하기에는 너무 재미난 이야기가 잔뜩 쌓였다. 이런 이야기를 이 책에 담았다.

어렴풋이 눈치챈 독자도 있겠지만, 세상에는 뭔가 수상하게 돌아가는데 그 원리를 아무도 가르쳐주지 않는 이야기가 너무 많다. 주로 민망해서 차마 남에게 물을 수 없는 종류의 이야기다.

일단 '궁금증'이 생기면 가려운 부분을 시원하게 긁지 못할 때처럼 답답한 느낌이 든다. 그럴 때 이 책을 펼쳐보자.

사소한 궁금증에서 세상의 원리까지 단숨에 풀어낸 427가지 다양한 이야기를 읽으면 10년 묵은 체증이 쏙 내려가듯 후련한 기분이 들 것이다.

엔사이클로넷

차례

서문
알쏭달쏭한 궁금증부터 세상의 원리까지 파헤치는 427가지 이야기 ——— **4**

1장
알면 알수록 오묘한 신체통조림

001 면도하면 털이 굵어진다는 속설이 사실일까? ——— 24

002 양을 세면 정말로 잠이 잘 올까? ——— 24

003 한 번 부러진 뼈는 정말 더 튼튼해질까? ——— 25

004 식초를 마시면 몸이 유연해진다고? ——— 26

005 웃으면 주름이 늘어날까? ——— 27

006 혀짤배기 말투로 말하는 사람은 정말 혀가 짧을까? ——— 27

007 배꼽 빠지도록 웃으면 왜 눈물이 날까? ——— 28

008 후추에는 재채기, 고추냉이에는 눈물이 나오는 이유는? ——— 29

009 회한이나 분노의 눈물은 왜 짠맛이 날까? ——— 29

010 양파 썰 때 눈물이 나오지 않게 하려면? ——— 30

011 새치 염색약은 흰색인데 어떻게 검은색으로 염색될까? ——— 31

012 극도의 공포를 경험하면 머리가 하얘질까? ——— 31

013 모자를 쓰면 탈모가 생긴다는데, 가발을 쓰면 탈모가 더 진행될까? ——— 32

014 잠을 잘 자면 정말 쑥쑥 클까? ——— 33

015 긴장하면 왜 입안이 바짝 마를까? ——— 34

016 득의양양할 때는 왜 콧구멍을 벌름거릴까? ——— 34

017 우리 몸에서 수분이 가장 많은 곳은? ——— 35

018 콧물은 도대체 어디서 나올까? ——— 36

019 보조개는 왜 여성에게 더 많을까? ——— 36

020 코는 왜 한 쪽씩 막힐까? ——————————— 37

021 영하 20도에서 숨 쉬면 폐가 얼어붙지 않을까? ——— 38

022 자신이 간지럼을 태우면 왜 간지럽지 않을까? ——— 39

023 인간에게만 눈에 흰자위가 있는 이유는? ————— 39

024 대식가가 되려면 위가 작아야 한다고? ————— 40

025 귓불은 왜 다른 신체 부위보다 차가울까? ———— 42

026 손톱은 왜 발톱보다 빨리 자랄까? ——————— 42

027 왜 처음부터 영구치가 나지 않고 젖니가 나는 걸까? — 43

028 사랑니는 왜 날까? ———————————— 44

029 사람마다 왜 음역이 다를까? ————————— 45

030 너무 오래 자면 왜 더 피곤할까? ——————— 45

031 이명은 왜 생길까? ————————————— 46

032 겨울에 감기에 잘 걸리는 이유는? ——————— 47

033 피곤하면 왜 코를 골까? ——————————— 48

034 너무 피곤하면 왜 오히려 잠이 오지 않을까? ——— 48

035 우유를 마시면 설사하는 이유는? ——————— 49

036 술을 마시면 왜 목소리가 갈라질까? —————— 49

037 감기약을 먹으면 왜 졸릴까? ————————— 50

038 술을 섞어서 마시면 왜 숙취가 심해질까? ———— 51

039 소변 검사는 왜 아침 첫 소변으로 할까? ———— 51

040 비행기 안에서 술을 마시면 왜 취기가 더 잘 오를까? — 52

041 발냄새가 고약한 이유는? ——————————— 53

042 구취가 가장 심한 시간대는? ————————— 54

043 열이 나면 왜 몸이 부들부들 떨릴까? —————— 54

044 혹은 왜 머리에만 날까? ——————————— 56

2장
알다가도 모르겠고 모르다가도 알 것 같은 감각통조림

045 상처에 딱지가 생기면 왜 떼어내고 싶어질까? ——— 60

046 어린이가 편식하는 이유는? ————————— 60

047 남자와 여자 중 누가 더 스트레스를 잘 받을까? ——— 61

048 임신하면 왜 신 음식이 당길까? ——————— 62

049 여성의 엉덩이는 왜 풍만할까? ——————— 63

050 남성도 갱년기 증상을 겪을까? ——————— 63

051 우리 몸에서 가장 민감한 부위는 어디일까? ——————— 64

052 간지러운 부위를 긁으면 왜 시원해질까? ——————— 65

053 태아는 영양분을 어떻게 섭취할까? ——————— 66

054 아이들은 왜 잠버릇이 나쁠까? ——————— 66

055 아들은 어머니를 닮고 딸은 아버지를 닮는다고? ——————— 67

056 성인병은 유전될까? ——————— 68

057 스트레스가 심하면 왜 위에 구멍이 생길까? ——————— 69

058 오전에 사망하는 사람이 많은 이유는? ——————— 70

059 혀를 깨물면 정말 죽을까? ——————— 70

060 세뇌와 마인드 컨트롤은 어떻게 다를까? ——————— 71

061 자연을 보면 왜 마음이 편안해질까? ——————— 71

062 직접 운전하면 왜 멀미가 나지 않을까? ——————— 72

063 식전 운동과 식후 운동 중 어느 쪽이 더 살이 잘 빠질까? ——————— 73

064 위내시경 검사를 최초로 받은 사람은? ——————— 74

065 X선으로 발견하지 못하는 골절이 있을까? ——————— 75

066 심장은 왜 암에 걸리지 않을까? ——————— 75

067 페이스메이커를 달면 심장이 계속 움직일까? ——————— 76

068 술을 마신 후에는 왜 라면이 더 맛있을까? ——————— 77

069 배가 부른데도 단 음식을 더 먹을 수 있는 이유는? ——————— 78

070 만약 눈이 세 개라면 풍경이 다르게 보일까? ——————— 79

071 통후추 알갱이는 왜 코에 들이대도 재채기가 나오지 않을까? ——————— 80

072 베이비오일을 어른이 사용해도 괜찮을까? ——————— 81

3장
아는 만큼 부유해지는 **경제통조림**

073 미끼 상품을 왼쪽 진열대에 두는 이유는? ——————— 84

074 고객을 현혹하는 마트 진열대의 숨은 의도는? ——————— 84

075 마트 폐점 시간을 노리면 싸게 살 수 있을까? ——————— 85

076 모르는 브랜드에서 어떻게 내게 DM을 보낼까? 86

077 기온에 따라 매출이 달라진다고? 88

078 홈쇼핑에는 왜 증정 상품이나 덤이 많을까? 89

079 인기 있는 견종을 사면 안 되는 이유는? 90

080 동물의 혈통서는 어떻게 발행될까? 90

081 동물원 관람객이 점점 줄어드는 이유는? 91

082 바닷물 온도가 상승하면 왜 대두 가격이 오를까? 92

083 뷔페나 무한 리필 음식점은 어떻게 이윤을 남길까? 93

084 은행 수수료는 왜 비쌀까? 94

085 불볕더위 이듬해 이비인후과에 손님이 몰리는 이유는? 95

086 반려동물 치료비는 왜 제각각일까? 97

087 진주 가격이 저렴해진 이유는? 98

088 불황기에도 가정용 금고는 잘 팔린다고? 99

089 아동복은 옷감이 적게 드는데 왜 가격이 비쌀까? 100

090 자동판매기가 지폐를 토해내는 이유는 뭘까? 101

091 불법 주차 차량과 접촉 사고가 나면 배상할 필요가 없을까? 102

092 아내의 쌈짓돈이나 남편의 비자금은 법적으로 누구의 돈일까? 103

093 비행기가 목적지 아닌 다른 공항에 기착하면 초과 운임을 누가 낼까? 103

094 오케스트라 단원은 모두 같은 출연료를 받을까? 104

095 비슷한 패키지 여행상품 가격이 천차만별인 이유는? 105

096 자동차 전시장 2층에 자동차를 넣는 방법은? 106

097 의사 면허가 있으면 무슨 과든 개업할 수 있을까? 107

098 수의사가 꺼리는 동물이 있다고? 108

099 이발소는 왜 유리로 꾸민 곳이 많을까? 109

100 호텔 출입문에는 왜 주로 회전문을 설치할까? 110

101 수술이 길어지면 집도의는 화장실 문제를 어떻게 해결할까? 110

102 자동차 정비공은 왜 점프슈트를 입을까? 111

103 선로 자갈에 드릴을 박는 이유는? 112

104 수도요금은 왜 2개월마다 징수할까? 112

105 수신자 부담 전화를 운영하는 회사는 적자가 나지 않을까? 114

106 신호 대기 중에 엔진을 끄면 지구 환경에 도움이 될까? 115

107 지폐에는 왜 제조 연도를 넣지 않을까? 116

4장
잡학다식한 사람으로 만들어주는 사물통조림

108 웨딩 케이크는 누가 발명했을까? ———————————— 120

109 보졸레 누보는 어떻게 탄생했을까? ———————————— 121

110 세계 각국 대도시에 대형 관람차가 증가한 이유는? ———— 121

111 반려견의 먹이는 어떻게 개발할까? ———————————— 122

112 피아노 학원에서는 왜 『바이엘』부터 시작할까? ————— 123

113 석유의 수명은 몇 년 남았을까? ————————————— 124

114 일본군이 각성제를 대량 매입한 이유는? ———————— 125

115 카디건이 전쟁터에서 탄생했다고? ——————————— 126

116 티슈가 정말 군사용품이었을까? ———————————— 126

117 러닝머신이 고문 도구였다? ——————————————— 128

118 터키석은 정말 튀르키예에서 채굴한 것일까? ————— 129

119 명품 브랜드 매장은 왜 다양한 소품을 갖춰놓을까? ——— 130

120 남성용 화장품과 여성용 화장품의 차이는? —————— 131

121 음식 모형을 진짜 음식과 똑같이 만들지 않는 이유는? — 131

122 새 차에서 나는 독특한 냄새의 정체는? ———————— 132

123 와이셔츠 기장이 긴 이유는? —————————————— 133

124 자동차 연료계 바늘이 갑자기 0으로 떨어지는 경우는? — 133

125 전봇대를 어떻게 세울까? ———————————————— 134

126 가스 탱크는 왜 둥근 모양일까? ———————————— 135

127 '줄무늬 셔츠'가 마도로스의 상징이 된 섬뜩한 사연은? — 136

128 과자를 채운 크리스마스 부츠는 어디서 시작되었을까? — 137

129 호른의 나팔은 왜 뒤를 향할까? ———————————— 138

130 홍차를 얇은 도자기 잔에 담는 특별한 이유가 있다고? — 138

131 웨딩드레스는 왜 흰색일까? —————————————— 139

132 비행기와 낙하산 중 무엇이 먼저 탄생했을까? ————— 140

133 에스컬레이터는 왜 난간이 먼저 앞으로 갈까? ————— 141

134 양복 왼쪽 깃에는 왜 구멍이 뚫려 있을까? —————— 142

135 넥타이는 왜 길이가 모두 같을까? ——————————— 142

136 물보라가 일어나지 않는 도로의 비밀은? ——————————— 143

137 리필용 세제와 샴푸는 왜 용량이 적을까? ——————————— 144

138 수분이 증발한 안약을 사용해도 괜찮을까? ——————————— 146

139 뚱뚱한 사람은 비행기에서 안전벨트를 어떻게 착용할까? ——————————— 146

140 기상도에서는 왜 고기압을 파란색, 저기압을 빨간색으로 표시할까? —— 147

141 자동차 번호판의 나사는 왜 좌우 크기가 다를까? ——————————— 148

142 배기구가 없는 청소기는 빨아들인 공기를 어떻게 처리할까? ——————————— 149

143 한자를 사용하는 중국에도 가로세로 낱말 퍼즐이 있을까? ——————————— 150

144 괘종시계는 몇 번째 소리가 정각일까? ——————————— 150

145 큐피 인형은 남자일까 여자일까? ——————————— 151

146 푸아르 윌리엄은 어떻게 술병 안에 배(과일)를 집어넣을까? ——————————— 152

147 일회용 손난로의 수명은 얼마나 될까? ——————————— 152

148 중국 젓가락은 왜 뭉뚝할까? ——————————— 153

5장
생명이 있는 것은 다 아름답다 생물통조림

149 원숭이도 동성애 개체가 있을까? ——————————— 158

150 사자와 호랑이 중 누가 더 강할까? ——————————— 158

151 육식동물은 편식하는데 건강에 문제가 없을까? ——————————— 160

152 모든 생물은 산소가 없으면 살 수 없을까? ——————————— 161

153 단봉낙타와 쌍봉낙타 사이에서 태어난 새끼는 혹이 몇 개일까? —— 162

154 말은 왜 두 마리씩 짝지어 다닐까? ——————————— 162

155 염소는 왜 종이를 좋아할까? ——————————— 163

156 고릴라는 헤엄칠 수 있을까? ——————————— 164

157 동물은 왜 체중이 무거운 종류일수록 장수할까? ——————————— 165

158 야행성 동물을 새끼 때부터 낮에 활동하도록 키우면 어떻게 될까? —— 165

159 목이 긴 기린은 기립성 저혈압 증상을 겪지 않을까? ——————————— 166

160 동물도 나이를 먹으면 새치가 늘어날까? ——————————— 167

161 개는 왜 자꾸 사람의 얼굴을 핥으려고 할까? ——————————— 168

162 청각장애인 안내견과 시각장애인 안내견은 어떻게 다를까? —————— 169

163 푸들은 왜 헤어스타일이 비슷할까? ———————— 170

164 개도 웃을 수 있을까? ———————————————— 171

165 개는 귀 모양에 따라 청력이 다를까? ———————— 172

166 시각장애인 안내견은 왜 리트리버가 많을까? ———— 173

167 에스키모개는 얼음 두께를 어떻게 잴까? —————— 174

168 고양이는 왜 보호자에게 죽는 모습을 보이지 않을까? — 174

169 빌려온 고양이는 정말로 얌전할까? ———————— 175

170 굶주린 고양이는 뜨거운 음식도 먹을까? —————— 176

171 코브라는 어떻게 곡예를 부릴까? ————————— 176

172 수컷 삼색 고양이는 왜 없을까? —————————— 177

173 일벌은 왜 부지런히 일만 할까? —————————— 178

174 청개구리는 왜 비가 내리기 전에 울까? —————— 178

175 누구도 본 적 없는 공룡의 색깔을 어떻게 재현했을까? — 179

176 책을 읽으려면 반딧불이를 몇 마리나 모아야 할까? — 180

177 민달팽이에 설탕을 뿌리면 어떻게 될까? —————— 181

178 올챙이는 왜 개구리가 겨울잠에서 깨기 전에 꼬물댈까? — 182

179 나비와 나방은 어떻게 다를까? —————————— 182

180 벌은 침을 쏘고 나면 정말 죽을까? ———————— 183

181 개미는 둥지에서 얼마나 멀리까지 외출할까? ———— 184

182 고추잠자리는 왜 같은 방향을 향해 앉을까? ———— 185

183 곤충의 피는 무슨 색일까? ———————————— 185

184 마트에서 파는 유정란을 품으면 병아리가 될까? —— 186

185 휘파람새는 정말로 매화를 좋아할까? ——————— 187

186 플라밍고는 왜 선홍색일까? ——————————— 188

187 바다와 민물을 오가는 물고기를 연못에 가두면 어떻게 될까? — 188

188 장어는 왜 미끈미끈할까? ———————————— 189

189 미꾸라지는 왜 깨끗한 물에서 살지 못할까? ———— 190

190 물고기도 새끼를 돌볼까? ———————————— 190

191 식물을 거꾸로 매달아 키우면 어떻게 될까? ———— 191

192 대나무에 꽃이 피면 기근이 든다는 말이 사실일까? — 192

193 물이 없는 환경에서 사는 선인장 안에 어떻게 물이 들어 있을까? — 193

194 식물의 수지는 어떤 역할을 할까? ———————— 193

195 밀폐된 용기에 식물을 넣어두면 산소가 없어 말라 죽을까? — 194

196 가로변에는 왜 포플러를 많이 심을까? —————— 195

197 지네는 발이 몇 개일까? ———— 196

198 벌 몸통에는 왜 노랗고 까만 줄무늬가 있을까? ———— 196

199 해조류에도 꽃이 필까? ———— 197

200 사과를 닦으면 왜 반짝반짝 윤이 날까? ———— 197

201 단풍은 왜 붉어질까? ———— 198

202 에인절피시의 무늬는 세로줄무늬일까 가로줄무늬일까? ———— 198

203 고양이는 몇 미터 높이까지 떨어져도 괜찮을까? ———— 199

204 물이 담긴 페트병을 두면 정말 고양이가 싫어할까? ———— 200

205 캥거루 수컷도 주머니를 지니고 있을까? ———— 201

6장
우주만물의 이치를 깨우쳐주는 물리·화학·지구&우주통조림

206 마술사가 숟가락을 구부리는 묘기의 비밀은? ———— 204

207 우주에 나침반을 가져가면 어느 방향을 가리킬까? ———— 205

208 초고층 건물 꼭대기에서 수도꼭지를 틀면 바로 물이 나오는 이유는? ———— 205

209 공항의 금속탐지기는 브래지어 와이어에도 반응할까? ———— 206

210 온도는 최대 영하 몇 도까지 내려갈까? ———— 207

211 열이 나면 형상기억합금 브래지어의 모양이 변할까? ———— 208

212 식품의 수분이 몇 퍼센트인지 어떻게 알까? ———— 208

213 방수 스프레이를 뿌린 옷을 세탁하면 물을 튕겨낼까? ———— 209

214 불은 왜 위로 타오를까? ———— 210

215 옷은 젖으면 왜 색깔이 진해질까? ———— 211

216 금성과 화성도 달처럼 위상의 변화가 있을까? ———— 211

217 만년설은 정말 '1만 년' 동안 쌓인 것일까? ———— 212

218 해발고도는 만조 시와 간조 시가 다를까? ———— 213

219 강의 유속을 어떻게 측정할까? ———— 213

220 인간은 최대 몇 살까지 살 수 있을까? ———— 214

221 약 복용 시간을 왜 식전, 식후, 식후 즉시 등으로 구분할까? ———— 215

222 에너지 음료를 먹으면 왜 바로 기운이 솟아날까? ——— 216

223 전기레인지가 불 없이도 뜨거워지는 원리는? ——— 217

224 우주 왕복선에서는 대변을 어떻게 처리할까? ——— 218

225 샴푸와 린스의 본질적 차이는 무엇일까? ——— 219

226 모기향과 액체 타입 모기약은 어떻게 다를까? ——— 220

227 체지방계는 어떻게 지방의 양을 잴까? ——— 221

228 한류와 난류가 절대로 섞이지 않는 이유는? ——— 222

229 우주 왕복선은 왜 뒤집힌 자세로 비행할까? ——— 222

230 불쾌지수를 어떻게 계산할까? ——— 223

231 열기구 위는 더울까 시원할까? ——— 224

232 재채기의 속도는 얼마나 될까? ——— 224

233 여우비는 왜 내릴까? ——— 225

234 유빙을 녹인 물은 짤까? ——— 226

235 기온이 섭씨 40도 이상일 때 수은 체온계를 사용할 수 있을까? ——— 227

236 교통사고는 왜 운전을 시작하고 30분 후에 주로 발생할까? ——— 228

237 달리는 자동차에서 뛰어내릴 때 어느 방향이 더 안전할까? ——— 228

238 달콤한 어린이용 치약은 왜 충치의 원인이 되지 않을까? ——— 229

239 고장 난 시계를 움직이게 하는 염력의 비밀은? ——— 230

240 형상기억합금 안경은 아무리 구부려도 괜찮을까? ——— 231

7장
지리를 알면 역사도 덤으로 지리·역사통조림

241 제1차 세계 대전의 승패는 인플루엔자가 결정했다? ——— 236

242 인더스 문명이 멸망한 원인은? ——— 236

243 프랑스 혁명이 일어난 진짜 원인이 이상기후였다? ——— 237

244 고대 로마에는 왜 폭군이 많았을까? ——— 238

245 중세 기사들은 왜 넘어지면 일어나지 못했을까? ——— 239

246 아라비아 숫자는 아랍인이 발명한 것이 아니다? ——— 240

247 물의 도시 베네치아가 언젠가 가라앉을 거라고? ——— 240

248 커스터 기병대가 전멸한 이유는? ——— 241

249 제1차 세계 대전이 '옷' 때문에 일어났다고? ——— 242

250 '건배' 관습은 독살 방지 노력에서 비롯되었다? ——— 242

251 다이아몬드헤드에는 다이아몬드가 없다고? ——— 243

252 소금 때문에 당이 멸망했다? ——— 244

253 신데렐라의 '유리구두'가 오역의 산물이라고? ——— 245

254 에어로빅은 NASA가 우주 비행사들을 위해 개발한 훈련 프로그램이었다? — 246

255 썰매를 탄 산타클로스는 백화점이 만들어낸 광고다? ——— 248

256 콩나물이 러일 전쟁의 승패를 갈랐다는데?! ——— 248

257 과달카날섬에서 일본군이 전멸한 것은 대변량 때문이라고? ——— 249

258 사막은 왜 남위·북위 20도 부근에 많을까? ——— 250

259 사막의 모래는 어디서 왔을까? ——— 251

260 안데스 고지대 주민들은 왜 모자를 쓸까? ——— 252

261 미국의 수도 워싱턴 D.C의 'D.C'는 무슨 뜻일까? ——— 252

262 아프리카의 국경과 미국의 주 경계는 왜 직선일까? ——— 253

263 북극권과 남극권의 범위는? ——— 254

264 고대 문명 중 4대 문명만 역사에 남은 이유는? ——— 255

265 미라 도굴범은 왜 미라를 훔쳤을까? ——— 255

266 인류가 최초로 사용한 악기는? ——— 256

267 교통 체증 관련 세계 기록은? ——— 257

268 영국 왕세자를 왜 '프린스 오브 웨일스'라고 부를까? ——— 257

269 해적선 깃발에는 왜 해골 마크를 그릴까? ——— 258

270 영국인이 홍차를 사랑하는 이유는? ——— 259

271 지도에서는 왜 북쪽이 위일까? ——— 260

272 지도에 그려진 도로 너비는 축척도 그대로일까? ——— 261

273 지도의 해안선은 만조 기준일까 간조 기준일까? ——— 261

274 날짜 변경선은 어떻게 정해졌을까? ——— 262

275 제임스 딘이 SM 플레이 애호가였다고? ———————————— 266
276 위인과 천재 중에 정말 동성애자가 많았을까? ———————— 266
277 성병으로 사망한 천재가 있다고? —————————————— 267
278 천재 레오나르도 다빈치를 둘러싼 도작 의혹은? ————————— 268
279 히틀러가 잔혹했던 이유가 성적 콤플렉스 때문이라고? ———— 269
280 고흐가 스스로 자른 귀는 어디로 갔을까? ———————————— 270
281 『자본론』의 저자 마르크스는 경제 감각이 없었다고? ————— 271
282 에디슨이 전기의자를 만든 동기는? ——————————————— 272
283 에드거 앨런 포는 왜 알코올 중독자가 되었을까? ——————— 273
284 스위프트가 『걸리버 여행기』를 쓴 이유는? —————————— 273
285 고갱은 왜 타히티로 갔을까? —————————————————— 275
286 피아노를 칠 줄 모르는 작곡가가 있었다? ———————————— 275
287 제임스 딘은 어떤 성형수술을 받았을까? ———————————— 277
288 음악의 아버지 바흐가 실명한 이유는? —————————————— 277
289 나폴레옹은 정말 독살당했을까? ———————————————— 278
290 나폴레옹은 "내 사전에 불가능이란 단어는 없다"라고 말하지 않았다? - 279
291 대서양 무착륙 횡단 비행에 최초로 성공한 사람은? ————— 280
292 윌리엄 클라크는 "소년들이여, 야망을 가져라!"라고 말하지 않았다? — 281
293 진화론을 최초로 주장한 사람은 찰스 다윈이 아니라고? ——— 282
294 스콧 탐험대는 남극에서 전멸하지 않았다? —————————— 283
295 갈릴레이는 정말 피사의 사탑에서 낙하 실험을 했을까? ——— 283
296 조지 워싱턴은 벚나무를 베지 않았다? ————————————— 284
297 예수의 생일은 12월 25일이 아니다? —————————————— 285
298 종두는 제너가 최초로 발명하지 않았다? ———————————— 286
299 와트는 실제로 주전자에서 나오는 김을 보고 증기기관을 떠올렸을까? - 287
300 스티븐슨은 증기기관차를 발명하지 않았다? —————————— 288
301 토머스 에디슨은 맞아서 청력을 잃은 것이 아니다? ————— 288

302 이집트 최후의 여왕 클레오파트라는 이집트인이 아니다? ———— 289

303 고야의 두개골은 어디로 사라졌을까? ———— 290

304 크롬웰의 두개골을 둘러싼 의혹은? ———— 291

305 퀴즈 프로그램 문제를 어떻게 만들까? ———— 291

306 전미 1위 영화가 여러 편인 이유는? ———— 292

307 영화사에서 가장 아찔한 옥에 티는? ———— 293

308 텔레비전 광고는 왜 특정인에게 몰릴까? ———— 294

309 텔레비전 선거 방송에서 '당선 확실' 문구를 내보내는 근거는? ———— 295

310 타잔 영화에서 정말로 사자를 죽였을까? ———— 296

311 스티븐 스필버그가 저지른 크나큰 실수는? ———— 296

312 동물이 등장하는 광고가 많은 이유는? ———— 297

9장
지식의 맛과 영양을 모두 잡는 먹을거리통조림

313 기내식으로 콩과 고구마가 금지되는 까닭은? ———— 302

314 여름이 예년보다 덥지 않은 해에는 왜 우유가 남아돌까? ———— 302

315 크리스마스 케이크는 기독교와 관계가 거의 없다? ———— 303

316 구소련 붕괴와 캐비어의 멸종이 관련 있다고? ———— 304

317 마트의 채소 코너는 왜 입구 근처에 있을까? ———— 304

318 편의점에서는 왜 삼각김밥을 팔까? ———— 306

319 백화점 식품매장은 왜 지하에 있을까? ———— 307

320 회전초밥집에서 회전판이 돌아가는 속도는 어떻게 정해졌을까? ———— 307

321 문어는 오래 삶고 오징어는 살짝 데쳐야 맛있는 이유는? ———— 309

322 쌀은 왜 따뜻한 물로 씻으면 안 될까? ———— 309

323 고기가 가장 맛있는 계절은? ———— 310

324 청주의 알코올 도수는 얼마나 될까? ———— 311

325 풋콩이 더 자라면 어떻게 될까? ———— 312

326 요구르트 표면에 고이는 액체의 정체는? ———— 312

327 맥주가 남아 있는 잔에 맥주를 더 따르면 왜 맛이 없어질까? ———— 313

328 맥주병이나 캔 뚜껑을 따면 빠져 나오는 거품은 어디서 나왔을까? ——— 314

329 와인에는 왜 코르크 마개를 사용할까? ———— 314

330 회전초밥 전문점에서 이윤이 가장 적게 남는 재료는? —————— 316

331 쌀은 통째로 먹을 수 있는데 왜 밀은 가루를 내야 할까? —————— 317

332 소고기 꽃등심은 있는데 왜 돼지고기 꽃등심은 없을까? —————— 317

333 회 간장에는 왜 고추냉이를 풀면 안 될까? —————— 318

334 미국인은 왜 팝콘을 좋아할까? —————— 319

335 파르페에는 왜 웨하스를 꽂아서 줄까? —————— 320

336 머스크멜론에는 왜 그물무늬가 있을까? —————— 322

337 맥줏집에서 파는 맥주는 일반 맥주와 다를까? —————— 322

338 맥주에 탄산을 어떻게 넣을까? —————— 323

339 돈가스 같은 튀김 요리에는 왜 채 썬 양배추를 곁들일까? —————— 324

340 호빵을 전자레인지에 데우면 왜 더 빨리 식을까? —————— 324

341 갈색 달걀이 흰색 달걀보다 더 영양가가 많을까? —————— 325

342 요리할 때 걷어내는 거품의 정체는? —————— 326

343 민물장어는 왜 회로 먹지 않을까? —————— 327

10장
알고 보면 백 배 더 재밌다 문화·스포츠통조림

344 프로 야구 구장은 어떻게 청소할까? —————— 330

345 프로 야구 경기에서 사용한 공을 어떻게 처리할까? —————— 330

346 경마 기수들 간의 인간관계와 경주 결과가 관계있을까? —————— 331

347 여자 체조 선수는 왜 출산할 때 제왕절개 비율이 높을까? —————— 332

348 골프장의 벙커를 어떻게 만들까? —————— 333

349 올림픽 경기 TV 방영권료는 어떻게 쓰일까? —————— 333

350 오케스트라 연주자의 자리는 어떻게 정해질까? —————— 334

351 게이트볼은 원래 어린이용 놀이였다? —————— 335

352 발레리나는 어떻게 오랜 시간 발끝으로 설까? —————— 335

353 야구 낮 경기 때 선수가 눈 아래를 검게 칠하는 이유는? —————— 336

354 골프의 부비상은 왜 꼴찌에서 두 번째 선수가 받을까? —————— 337

355 축구 경기에서 심판은 레드카드를 최대 몇 장까지 줄 수 있을까? —— 338

356 골프 클럽 수는 왜 14개로 정해졌을까? —————— 339

357 축구 월드컵 경기에 왜 영국만 여러 팀이 출전할까? —————— 340

358 야구와 축구 경기 도중에 공이 터지면 어떻게 될까? ——— 341

359 테니스 포인트는 왜 15, 30, 40일까? ——— 341

360 테니스공에는 왜 보송보송한 털이 있을까? ——— 342

361 철인 3종 경기에서 각 경기의 거리는 어떻게 될까? ——— 343

362 가장 남쪽에서 열린 동계 올림픽? ——— 344

363 투우사는 왜 빨간색 케이프를 휘두를까? ——— 344

364 F1 경기에서 사고가 나도 드라이버는 왜 다치지 않을까? ——— 345

365 K-1 그랑프리에서 'K'는 무슨 뜻일까? ——— 346

366 수영 경기에서 부정 출발을 어떻게 판정할까? ——— 347

367 유도 체급은 왜 애매한 숫자로 구분할까? ——— 348

368 영화나 드라마에 나오는 경찰차는 진짜일까? ——— 348

11장
인간은 질서 안에서 자유롭다 관습·규칙통조림

369 탯줄을 보관하는 이유는? ——— 352

370 단오에는 왜 창포 물에 먹을 감거나 머리를 감았을까? ——— 353

371 추석에는 왜 송편을 먹을까? ——— 353

372 결혼식에서 건배할 때는 잔을 부딪치면 안 된다? ——— 354

373 설날 청소하면 안 되는 이유는? ——— 355

374 서양 결혼식에서는 왜 신랑 신부에게 쌀을 뿌릴까? ——— 356

375 일본에서는 왜 이사한 뒤 메밀국수를 돌릴까? ——— 356

376 샴페인 마개를 뽑을 때 소리를 내면 안 되는 이유는? ——— 357

377 호텔에서는 왜 화장지 끝을 삼각형으로 접어둘까? ——— 358

378 노란 리본은 어떻게 병사의 무사 귀환을 비는 상징이 되었을까? ——— 359

379 지붕 위에 왜 수탉 모형 풍향계를 달까? ——— 360

380 패션쇼의 대미를 웨딩드레스가 장식하는 이유는? ——— 360

381 노벨 평화상 수상식은 왜 오슬로에서 개최할까? ——— 361

382 프랑스인의 바캉스는 왜 그렇게 길까? ——— 362

383 호텔 침대 시트를 더럽히면 변상해야 할까? —————— 363

384 주차장 안에서 신호를 무시하면 도로교통법 위반일까? —————— 364

385 운전학원의 '도로'는 법률상 도로일까? —————— 364

386 국가(國歌)에는 왜 군가풍이 많을까? —————— 365

387 부재자 투표를 한 사람이 투표일 전에 사망하면 어떻게 될까? —————— 366

388 호텔 체크아웃 시각은 왜 오전 10시일까? —————— 367

389 일본에서는 왜 성묘할 때 비석에 물을 뿌릴까? —————— 368

390 체포된 용의자는 왜 넥타이를 매지 않을까? —————— 368

391 비행기로 망명 의사를 밝힐 경우 어떻게 확인할까? —————— 369

392 하천이 국경일 때는 국경선을 어떻게 정할까? —————— 370

393 노벨상 공동 수상은 몇 명까지 가능할까? —————— 370

394 장례식장에서는 왜 검은 옷을 입을까? —————— 371

12장
왜 그런지 알면 무릎을 치게 된다 세상사궁금증통조림

395 왜 남성은 '♂', 여성은 '♀'라는 기호로 표시할까? —————— 376

396 페스트를 '흑사병'이라고 부르는 이유는? —————— 376

397 소다 섞은 위스키를 왜 '하이볼'이라고 할까? —————— 377

398 트렌치코트의 '트렌치'가 무슨 뜻일까? —————— 377

399 'O-157'은 무슨 뜻일까? —————— 378

400 태양은 몇 등성일까? —————— 379

401 숫자에 세 자리마다 콤마를 찍는 이유는? —————— 379

402 롤러코스터 이용 시 키 제한은 어떻게 정해졌을까? —————— 380

403 악보는 왜 오선지일까? —————— 381

404 샤프펜슬의 심은 왜 0.2밀리미터 단위로 늘어날까? —————— 382

405 인간이 살 수 있는 가장 높은 해발고도는? —————— 383

406 헌혈 후 혈액량이 원래대로 돌아오려면 얼마나 걸릴까? —————— 384

407 연필 한 자루로 몇 미터를 쓸 수 있을까? —————— 385

408 무당게는 왜 다리가 8개일까? —————— 386

409 인간의 폐는 왜 두 개일까? —————— 386

410 심장은 평생 몇 번 움직일까? —————— 387

411 비타민 B는 왜 종류가 많을까? —————— 388

412 우라늄 광산에서 일하면 피폭되지 않을까? —————— 389

413 날씨를 어떻게 예보할까? —————— 390

414 다리를 떨면 왜 복이 달아난다고 할까? —————— 391

415 타투 시술을 하려면 시간이 얼마나 걸릴까? —————— 392

416 '사망 추정 시각'을 어떻게 산출할까? —————— 392

417 회수된 컴퓨터와 휴대전화기는 어떻게 될까? —————— 393

418 도둑은 왜 뒤를 살피며 걸을까? —————— 394

419 도둑이 노리기 쉬운 집은? —————— 395

420 얼마나 오래된 지문까지 채취할 수 있을까? —————— 396

421 콘서트장에서 소리가 가장 좋은 좌석은 어디일까? —————— 396

422 공해상에서 발견된 유전은 누구 소유일까? —————— 397

423 용암이 흘러나와 새로 생긴 땅은 누구 소유일까? —————— 398

424 에스컬레이터가 빠를까 엘리베이터가 빠를까? —————— 398

425 고속도로 터널의 비상구는 어디로 이어질까? —————— 400

426 '삼도천'이라는 이름의 유래는? —————— 401

427 정상회담에서 통역자가 중대한 비밀을 알면 어떻게 될까? —————— 402

1장

알면 알수록 오묘한
신체통조림

001

면도하면 털이 굵어진다는 속설이 사실일까?

면도기로 밀면 털이 굵어진다는 속설 때문에, 털을 족집게로 한 올 한 올 뽑는 여성이 있다. 하지만 족집게로 털을 뽑으면 오히려 피부에 손상을 주고, 뽑은 자리에 거무스름한 흔적이 남을 수도 있다. 면도기로 밀면 털이 굵어진다는 속설은 면도 직후 털의 절단면이 굵고 두꺼워진 것처럼 보여서 생겼다. 이것은 일시적 현상일 뿐 실제로 털이 굵어지는 것은 아니다.

남성은 면도를 시작하는 나이와 수염이 짙어지는 나이가 겹쳐서 면도하면 털이 굵어진다는 속설을 믿는 사람이 많다. 만약 그 말이 사실이라면, 머리숱이 적은 사람은 삭발하고 머리카락이 풍성해지기를 기다리면 되니 탈모를 걱정할 필요가 전혀 없을 것이다.

002

양을 세면 정말로 잠이 잘 올까?

동양인은 '양을 세는 행위'에 집착하는 경향이 있다. 양을 세면 잠이 잘 온다는 말에 담긴 진의는 '양이 노니는 목장처럼 평화롭고 목가적인 풍경을 상상하면 마음이 편안해진다'는 뜻이고, 수를 세는 건 부가적인 행위일 뿐이다.

옛날 서구에서 소풍은 큰 오락거리였다. 소풍 나간 초원에서 양 떼가 풀을 뜯는 모습을 많이 볼 수 있었다. 그 풍경은 사람들에게 행복, 안정, 평안을 상징하는 이미지로 작용했다. 따라서 잠이 오지 않을 때 양 떼가 노니는 초원을 떠올리면 마음이 평안해져 잠이 잘 온다는 의미에서 양을 세라는 말이 생겨났다.

003

한 번 부러진 뼈는 정말 더 튼튼해질까?

한 번 부러진 뼈는 부러지기 전보다 더 튼튼해진다는 속설은 어느 정도 사실이다. 뼈가 부러지면 혈액과 림프액이 골절된 부위에서 응고해 새로운 결합 조직을 형성하기 시작한다.

그 부위에 칼슘이 침전되고 뼈가 만들어져 이전보다 강하고 튼튼해지는 셈이다.

다만 이 속설에는 연령 제한이 있어 젊은 사람만 해당한다. 골절은 깁스로 고정하면 시간이 흐르면서 저절로 치료된다. 젊을 때는 어느 정도 시간이 지나면 뼈가 재생되지만, 나이를 먹으면 시간도 걸리고 뼈의 강도도 원래대로 돌아가지 않는 사람이 많다.

004

식초를 마시면
몸이 유연해진다고?

결론부터 말하면, 아무리 식초를 들이켜도 사람의 몸은 유연해지지 않는다. 이 속설은 생선을 식초에 재워두면 뼈까지 물러지는 작용에서 비롯된 일종의 미신이다. 생선 뼈가 부드러워지는 것은 뼈를 직접 장시간 식초에 담가두기 때문이다. 식초를

마시는 정도로는 부족하다. 식초는 체내에서 물과 탄산가스로 분해될 뿐, 몸을 유연하게 만드는 효과는 없다. 몸이 유연해지기를 바란다면 유연성을 길러주는 운동을 해야 한다.

005

웃으면 주름이 늘어날까?

주름이 생기는 원인은 크게 두 가지다. 첫째, 피부의 탄력 섬유 작용이 약해져 늘어난 피부가 원래대로 돌아가지 않는다. 둘째, 피부의 보수력이 떨어져 피부가 건조해지며 수축한다. 어느 쪽이든 나이가 들면 주름이 생길 수밖에 없다. 하지만 수분 보충에 신경 쓰면 어느 정도 예방할 수 있다.

그렇다면 웃음으로 생긴 주름은 어떨까? 누구나 웃으면 얼굴에 주름이 진다. 그러나 아무리 많이 웃어도 웃어서 생긴 주름은 그대로 고정되지 않는다. 따라서 웃으면 주름이 늘어난다는 말은 사실이 아니다.

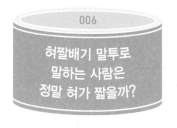

006

혀짤배기 말투로 말하는 사람은 정말 혀가 짧을까?

혀짤배기 말투와 혀의 길이는 전혀 관계가 없다. 혀짤배기 말투의 원인은 혀의 길이가 아니라 움직이는 방법에 있다.

사람이 내는 소리는 입 모양과 혀의 움직임으로 결정된다. 언어를 발화하기 위해서는 혀를 위턱에 대거나 둥그렇게 말거나 아주 미세하게 움직여야 한다. 그런데 혀의 움직임이 둔하면 발음이 명료하지 않고 혀짤배기 소리가 나온다. 혀가 제대로 움직이기만 하면 혀가 약간 짧아도 혀짤배기 소리가 나오지 않는다.

007

배꼽 빠지도록 웃으면
왜 눈물이 날까?

눈물은 꼭 슬플 때만 흐르는 것이 아니다. 희로애락 어느 감정에서든 눈물이 나올 수 있다. 따라서 배꼽이 빠지도록 한바탕 웃고 난 뒤에 눈물이 찔끔 나오는 것은 이상한 일이 아니다. 사람은 슬픔으로 대표되는 강렬한 감정이 대뇌의 전두엽을 자극하면 눈물이 나오는 구조로 되어 있다. 눈물을 흘려 감정을 가라앉히고 신경의 긴장을 완화하기 위해서다.

한껏 신나게 웃고 난 뒤에 나오는 눈물은 큰 감정의 자극에서 비롯되었다고 볼 수 있다. 소리 내어 웃느라 입을 크게 벌리면 눈물샘이 자극되는데, 그때의 생리적 반응으로도 눈물이 나올 수 있다.

그런 의미에서 배꼽이 빠지도록 웃을 때 흐르는 눈물은 눈에 먼지가 들어갔을 때 등 안구의 생리적 반응으로 눈물이 나오는 상황과 비슷하다.

008

후추에는 재채기, 고추냉이에는 눈물이 나오는 이유는?

고추냉이의 자극 성분은 콧속에 있는 신경을 강하게 자극한다. 고추냉이가 들어간 음식을 먹었을 때 생기는 알싸한 감각은 말하자면 통증이다. 그래서 자극이 너무 강하면 코가 뻥 뚫리는 느낌을 넘어 눈물까지 나온다.

반면 후추는 고추냉이와 다른 자극을 준다. 후추를 들이마시면 코점막 표면의 부교감신경이 자극을 받는다. 그러면 부교감신경이 연수에 신호를 보내 숨을 대량 들이마시라고 지령을 내린다. 폐 속의 기압이 최대 수준에 도달하면 폐에 고여 있던 공기가 단숨에 배출된다. 재채기는 이물질에 대한 방어 반응인 셈이다.

009

회한이나 분노의 눈물은 왜 짠맛이 날까?

슬플 때 흘리는 눈물은 실제로 짠맛이 난다. 슬퍼서 흘리는 눈물에는 눈에 먼지가 들어가거나 양파를 썰 때 흘리는 눈물보다 칼륨, 나트륨, 염소 등의 짠맛 계열 이온이 다량 함유되어 있다. 한마디로, 슬퍼서 흘리는 눈물은 염분 농도가 높다.

그리고 회한이나 분노할 때 나오는 눈물은 슬플 때 흘리는 눈물보다 더 짜다. 기쁨이나 슬픔의 눈물은 부교감신경이 작용해 나트륨 비율이 감소하는데, 회한이나 분노의 눈물은 교감신경이 작용해 나트륨 비율이 증가해 점점 더 짭짤해진다. 연인과 헤어진 뒤에 흘리는 눈물의 맛을 보면 슬퍼서 우는 건지 후회되어 우는 건지 알 수 있지 않을까?

010

양파 썰 때 눈물이 나오지 않게 하려면?

양파를 썰 때 눈물이 흐르는 이유는 최루성 가스가 발생해 각막을 자극하기 때문이다.

원래 양파의 세포에는 '최루성 가스로 변하는 성분'과 '최루성 가스로 변하는 효소'가 따로 들어 있다. 그래서 썰지 않은 통양파를 눈에 갖다 대도 눈물이 나오지 않는데, 칼로 썰면 이 두 물질이 반응해 최루성 물질이 발생한다. 이 물질이 휘발하며 눈으로 들어가면 인간의 몸은 그

자극 물질을 씻어내려고 반응해 눈물샘에서 눈물이 분비된다. 따라서 양파를 썰 때 울고 싶지 않으면 콘택트렌즈를 껴보라. 콘택트렌즈를 착용해 각막을 덮으면 최루성 가스를 차단해 눈물이 나오지 않는다.

새치 염색약은 대개 흰색 액체나 거품인데 어떻게 모발에 바르면 새까맣게 물들까?

새치 염색약의 염료는 산화하면 발색하는 유형이다. 예를 들어 두 가지 용액을 섞어서 사용하는 액상 타입 염색약의 경우, 하나는 p-페닐렌디아민이 주성분인 산화 염료이고 다른 하나는 산화제인 과산화수소다. 이 두 가지를 섞으면 산화 염료가 산화하면서 차츰 발색한다. 즉, 새치 염색약은 산화 작용에 의해 검은색으로 물들이는 타입의 염료라고 할 수 있다.

극도의 공포를 경험하고 단시간에 머리가 하얗게 센 사례가 보고되어 있다. 어떤 알코올 중독자가 하룻밤 사이 백발이 되

었다는 내용이다.

정밀 검사 결과, 그 사람의 모발에 모발을 검게 하는 멜라닌 색소는 남아 있었으나 털 중심부의 모수질(medula)과 그 주위를 둘러싼 모피질(cortex)에 기포가 있었다. 하룻밤 사이 백발이 된 것은 모발 속의 기포가 급격하게 증가해 공기가 들어갔기 때문이라고 추정된다. 온수 등으로 기포를 제거했더니 원래 흑발로 돌아갔다.

이런 사례가 있기는 하지만, 옛날이야기처럼 완전히 백발이 된 사례는 보고되지 않았다. 멜라닌 색소가 전혀 만들어지지 않더라도 모발은 하루에 0.4밀리미터 정도 자란다. 하룻밤에 머리 뿌리부터 끝까지 하얗게 셌다고는 생각할 수 없다.

013
모자를 쓰면 탈모가 생긴다는데, 가발을 쓰면 탈모가 더 진행될까?

모자를 오래 쓰고 있으면 확실히 탈모가 생기기 쉽다. 의학적으로는 '압박성 탈모'라고 하는데, 모자가 머리를 압박해서 탈모의 원인이 된다.

그 증거로 옛날 군인들은 머리숱이 적은 사람이 많았다. 군인들은 항상 군모를 반듯하게 쓰고 있어 모근 주위의 모세혈관이 압박되어 혈액순환이 좋지 않았다. 그로 인해 모근에 영양분이 공급되지 않아 머리카락이 숭숭 빠져 머리숱이 빈약한 군인이 많았던 것이다.

그렇다면 가발을 계속 쓰고 있어도 같은 결과가 나오지 않을까? 전문가에 따르면, 가발 때문에 '압박성 탈모'가 생기는 사례도 있다. 따라서 얼마 남지 않은 소중한 머리카락을 지키려면 머리를 압박하는 가발 착용을 피하는 것이 좋다.

014

잠을 잘 자면
정말 쑥쑥 클까?

아이들은 잠을 잘 자야 쑥쑥 큰다는 말을 자주 하는데, 이 말은 현대 의학의 관점에서도 사실이다.

사람은 잠을 자는 동안 깊은 수면인 렘수면과 얕은 수면인 논렘수면을 교대로 반복한다. 그중 잠든 직후의 깊은 수면 시간과 두 번째 깊은 수면 시간에 성장호르몬이 다량 분비된다는 사실

이 밝혀졌다. 성장호르몬은 단백질 합성을 촉진해 성장에 도움이 된다.

015

긴장하면 왜 입안이
바짝 마를까?

인간의 몸은 처한 환경에 따라 이런저런 반응을 일으킨다. 주로 자율신경의 작용으로 신체 증상이 발생한다.

긴장하면 입안이 바짝 바르는 증상도 이러한 반응의 일종이다. 긴장하면 뇌의 시상하부에 있는 자율신경 중추가 영향을 받아 호르몬 분비량이 변화하며 침 분비가 멈추거나 제한된다. 그래서 연설이나 면접을 앞둔 긴장된 상태에서는 입안이 바짝 마르는 느낌이 든다.

016

득의양양할 때는
왜 콧구멍을 벌름거릴까?

감정은 숨기려 해도 표정에 무심코 드러나게 마련이다. 득의양양한 기분일 때 콧구멍이 벌름거리며 커지는 반응도 그중 하나다. 만족스러운 기분이 들 때는 콧속의 혈관이 충혈되어 굵어지기 때문이다. 콧구멍이 커지지 않으면 호흡이 힘들어진다. 득의양양한 기분일 때 콧속이 충혈되는 현상은 자율신경의 작용 때문이다. 인간의 기분과 감정은 자율신경을 통해 몸 곳곳에 다양한 영향을 미친다. 기쁘거나 슬플 때 눈물이 나오는 현상도 그중 하나다.

그와 마찬가지로 코로 표현되는 감정도 있다고 생각하면 콧구멍을 벌름거리는 신체 반응을 이해하기 쉽다.

우리 몸에서 수분이 가장 많은 곳은?

우리 몸은 3분의 2가 수분으로 이루어져 있다. 그렇다면 우리 몸에서 수분이 가장 많은 곳은 어디일까?

바로 뇌다. 뇌는 85퍼센트가 수분으로 되어 있다. 반대로 수분이 가장 적은 곳은 지방 조직이다. 지방 조직은 수분을 2퍼센트 정도 함유하고 있다. 지방이 많은 살찐 사람일수록 수분이 적다는 말이다.

콧물은 도대체
어디서 나올까?

감기에 걸리거나 꽃가루 알레
르기가 생기면 콧물이 멈추지
않고 줄줄 흐른다. 마르지 않는
샘물처럼 솟아나는 대량의 콧
물은 도대체 어디서 나올까?

콧구멍 안에는 비강이라는 공간이 있다. 비강 점막에는 점액을
분비하는 코샘이 있고, 이 코샘 주위에 대량의 모세혈관이 있어,
분비물이 부족해지면 바로 콧물 재료를 공급해준다. 그래서 코
감기에 걸리면 점막과 코샘에서 점액 분비가 활발해지고, 콧물
이 부족해지면 모세혈관이 재료를 공급한다. 이 과정이 반복되
어 콧물이 쉴 새 없이 흘러나오는 것이다.

정상적인 상태일 때도 콧속은 항상 촉촉한 상태를 유지한다. 콧
속에서 하루에 소비되는 수분은 무려 1리터가 넘는다.

보조개는 왜
여성에게 더 많을까?

우리 얼굴에는 수많은 근육이
지나간다. 이들 근육이 서로 연
동해서 다양한 표정을 자아낸
다. 그런데 얼굴을 지나는 근육
이 정상적으로 움직이지 않아 미소를 지으면 얼굴 근육의 일부
가 볼 피부와 유착되기도 한다. 이때 근육의 힘으로 피부가 억

지로 당겨지며 보조개가 생긴다.

보조개는 남성보다 여성에게 더 많다. 이는 남성보다 여성의 피하지방이 더 두껍기 때문이다. 그만큼 얼굴 근육과 피부는 유착되어 있다.

**코는 왜
한 쪽씩 막힐까?**

감기에 걸리면 곧잘 코가 막힌다. 그러나 콧구멍 두 개가 동시에 막히는 경우는 거의 없다. 이는 코의 반사 시스템에 의한 방어 기제가 작동하기 때문이라고 추정된다.

인간의 코를 하나의 장기로 보는 경향이 있다. 인간은 두 개의 콧구멍으로 냄새를 맡거나 호흡한다. 특히 호흡은 좌우 콧구멍에 좌우 폐가 대응한다. 따라서 한쪽 콧구멍으로 산소가 들어오지 않으면 그에 대응하는 폐가 원활하게 움직이지 못한다. 코가 한 쪽씩 막히는 현상은 폐를 균형 있게 사용하기 위해서라고 할 수 있다. 이 사실을 통해 사람이 잠잘 때 이쪽저쪽으로 방향을 바꾸며 돌아누워 자는 이유도 설명할 수 있다.

옆으로 누워 자면 '아래로 내려간 코'는 숨길이 막히고 '위로 올라간 코'는 호흡을 혼자서 부담한다. 그러면 '위로 올라간 코'는 과부하가 걸려 지친다. 따라서 배턴 터치하듯 코는 한 쪽씩 번갈아 막히고, 사람은 한 방향으로 자지 않고 이리저리 방향을 바꾸면서 잔다.

이처럼 인간의 몸은 코뿐 아니라 가슴, 배, 목, 팔다리 등을 한 쪽씩 쉬는 구조로 만들어져 있다. 코가 한 쪽씩 막히는 현상도 이러한 우리 몸의 구조와 관련 있다.

남극의 평균 기온은 영하 20도 정도다. 남극에서는 숨을 쉬기만 해도 콧속의 점막이 얼어붙어 코털이 바삭바삭해진다. 그 정도 기온에서 계속 호흡하면 얼마 후 폐까지 얼어붙을 것 같은데, 다행스럽게도 그런 일은 일어나지 않는다. 이유가 뭘까? 인간의 몸은 추운 곳에서도 폐를 보호하는 시스템을 갖추고 있기 때문이다.

외부에서 들이마신 공기는 기관을 통해 폐에 도달하고, 허파꽈리(폐포)에서 가스 교환된다. 코에서 인후 → 인두 → 허파꽈리에 이르는 '기도' 안에서 온도와 습도를 조절하는 구조다.

실제로는 일련의 호흡기 점막이 활약한다. 공기가 기도를 통과하는 동안 호흡기 점막에서 '기도액'이라는 분비물이 나와 기도 전체를 코팅한다. 차가운 공기는 이 기도액으로 온도와 습도가 보정된 채 폐에 도달한다. 물론 인간이 항온동물이라는 점도 이 구조가 제대로 작동하게 하는 중요한 조건이다.

자신이 간지럼을 태우면
왜 간지럽지 않을까?

자기 손으로 겨드랑이를 간지럽히면 아무렇지 않은데, 다른 사람이 손을 대면 참을 수가 없다. 이 메커니즘에 관해 일본의 의학 박사 사이토 시게타(斎藤茂太)는 다음과 같은 가설을 제시했다.

'간지럽다'는 감각은 피부 감각 세포에서 신경섬유, 척수, 대뇌 피질의 감각령(感覺領, sensory area)으로 전달될 때 발생한다. 그런데 스스로 간지럼을 태울 때는 어디가 간지러운지 뇌가 알고 있다. 피부에서 전달되는 감각보다 먼저 정보를 얻기 때문이다. 그러면 일종의 자기방어 본능이 작동해 대뇌가 간지러움을 느끼지 않도록 태세를 갖춘다.

그런데 다른 사람이 간지럽힐 때는 어디를 어느 정도 간지럽힐지 예상할 수 없어 참을 수 없이 간지러운 것이다.

인간에게만
눈에 흰자위가 있는
이유는?

원숭이나 침팬지 등 인간이 아닌 다른 영장류의 눈은 인간의 흰자위에 해당하는 부분이 갈색 비슷해서 눈 전체가 까매 사랑스러워 보인다. 영장류들이 귀여워 보이려고 검은색 눈동자로 진화한 것이 아니라, 시선을 위장해 천적으로부터 몸을 지키기 위한 것이다.

인간처럼 흰자위가 있으면 검은자위의 움직임이 뚜렷하게 느껴지지만, 전체가 검으면 시선의 움직임을 파악하기 어렵다. 그래서 동물의 눈동자에는 흰자위가 없다. 가령 천적이 코앞에 있는 줄 모르고 부주의하게 바라봐도 시선을 포착하기 어려우면 적은 들켰을 수도 있다고 착각해 섣불리 손을 대지 않는다.

천적에게 공격받을 일이 적은 인간은 같은 종족끼리 의사소통이 필요해, 서로의 시선을 알기 쉽도록 흰자위가 등장했다고 추정할 수 있다.

텔레비전이나 유튜브에 출연해 어마어마한 양의 음식을 먹어치우는 모습을 보여주는 사람들의 일명 '먹방'이 인기다.

도대체 대식가들의 위는 어떻게 생겼을까?

대식가가 되려면 일단 위가 작아야 한다. 위가 크면 대식가가 될 수 없다. 음식을 많이 먹으려면 위 운동이 활발해야 하고 위의 모양도 중요하다.

음식을 위로 보내는 위 출구 부분은 일반적으로 약간 위로 들린 모양이다. 위의 아랫부분이 많이 늘어져 있으면 밖으로 음식을 내보내는 데 시간이 걸린다. 그런데 위의 아랫부분이 출구와 수평에 가까우면 음식물이 위에 머물지 않고 자꾸자꾸 장으로 보내, 음식을 위에 계속 밀어 넣을 수 있다.

참고로, '빨리 많이 먹는 대식가'의 조건은 혈당치가 올라도 만복 중추에서 '배가 부르다'는 지령을 내리기 전 위에 잔뜩 집어 넣는 것이다.

025

귓불은 왜
다른 신체 부위보다
차가울까?

사람은 뜨거운 물체를 만졌을 때 반사적으로 손을 귓불에 대는 습성이 있다. 옛날부터 귓불의 체온이 우리 몸에서 가장 낮다는 사실을 본능적으로 알고 있었기 때문이다. 그렇다면 귓불의 체온은 왜 낮을까?

체온은 근육, 뼈와 심장, 간 등으로 만들어지며, 이들에서 발생한 열이 혈액을 통해 온몸으로 전달된다. 그런데 몸 말단에서는 열이 빨리 빠져나가 손끝이 시리거나 추위에 손이 곱으면 손톱까지 얼얼한 느낌을 받는다. 마찬가지로 몸 말단인 귓불도 열이 달아나서 체온이 낮아진다. 귓불은 더운 여름에도 29도 정도밖에 올라가지 않는다.

026

손톱은 왜
발톱보다 빨리 자랄까?

손톱과 발톱은 큰 차이 없어 보이는데, 희한하게 손톱이 발톱보다 빨리 자란다. 손톱이 빠졌다가 원래 길이로 돌아오는 데는 4~6개월이 걸리는데, 발톱은 9~12개월이 걸린다.

그 이유에 대해서는 세 가지 설이 있다. 첫째, 평소에 발보다 손을 쓸 기회가 많아 발톱은 손톱보다 다칠 일이 적고 자극도 적

게 받는다. 그리고 발톱은 길게 자라도 별 쓸모가 없는데, 손톱은 무언가를 벗기거나 깔 때 도움을 받는다. 둘째, 발톱은 양말과 신발로 보호받아 햇빛에 노출될 기회가 적다. 셋째, 발은 손만큼 혈액순환이 좋지 않다.

이런 이유로 손톱이 발톱보다 빨리 자란다고 추정된다.

027

왜 처음부터
영구치가 나지 않고
젖니가 나는 걸까?

유아기에 나는 '젖니(유치)'의 역할은 뭘까? 얼마 쓰지도 못하고 빠지는데, 처음부터 영구치가 나면 더 좋지 않을까?

턱이 작은 유아기에 커다란 영구치가 나면, 입안에 치아가 모두 들어가지 않는다. 그래서 자그마한 어린아이의 입에 들어갈 수 있는 젖니가 나고, 성장하면서 영구치로 대체되는 과정이 필요하다.

젖니는 어차피 빠질 테니 충치가 생겨도 상관없다고 여겨 대충 관리하는 사람이 있는데, 이는 완전히 잘못된 생각이다. 젖니에 충치가 생겨 예정보다 빨리 빠지면, 그다음에 나오는 영구치가 이상한 방향으로 자라 치열이 삐뚤빼뚤해지는 경우가 많다.

옛날에는 현대처럼 편리한 조리 도구가 없어 대부분 음식이 오늘날보다 딱딱했다. 딱딱한 음식을 씹어 먹으려면 강한 어금니가 필요했기에 인간의 입안에 사랑니가 갖춰졌다.

하지만 시대가 변해 음식을 점점 부드럽게 조리해 먹으면서 사랑니가 쓸모없어졌다. 게다가 주식의 변화와 함께 인간의 턱이 옛날보다 작아져 사랑니를 수용할 공간이 없어졌다. 그렇다 보니 사랑니가 작은 턱 안에서 자리를 비집고 자라 구강 건강에 여러 가지 말썽을 일으킨다. 비스듬하게 자라 다른 치아의 성장을 방해하는 등 문제가 생길 수 있어 사랑니를 미리 뽑아버리기도 한다.

029

사람마다 왜 음역이 다를까?

사람 목소리의 음역은 성대의 굵기, 무게, 탄력이 결정한다. 현악기는 현이 가늘고 팽팽하게 당겨졌을 때 높은 소리를 낸다. 이와 같은 원리로 성대가 가늘고 가벼운 사람은 높은 소리를, 성대가 굵고 무거운 사람은 낮은 소리를 낸다.

참고로, 노래를 부를 때 고음은 가창력으로 상당히 커버할 수 있다. 성대 일부만 사용하거나 성대를 팽팽하게 잡아당기듯 노래하는 창법을 익히면 아마추어도 3옥타브 정도는 낼 수 있다. 하지만 저음은 아무리 연습해도 불가능하다. 선천적으로 성대의 크기, 굵기 이상의 저음은 도저히 낼 수 없다.

030

너무 오래 자면 왜 더 피곤할까?

휴일에 잠을 몰아서 잤는데 개운하지 않고 오히려 더 피곤한 느낌이 들었던 경험이 누구나 있을 것이다. 이는 수면 시간이 길어지면서 같은 자세로 자는 시간도 길어지기 때문이다.

잠버릇이 얌전한 사람은 자는 자세가 일정하다. 수면 중에 계속 같은 자세를 유지하면 근육이 뭉칠 수 있어, 자는 시간이 길어질수록 근육의 피로가 증가한다. 반면 잠버릇이 나쁜 사람은 자

자도 자도 피곤

는 내내 뒤척거리느라 피곤할 법도 한데 정반대로 피로가 덜하다. 자는 동안 몸을 적당히 움직이면 굳었던 부위가 풀리고 혈액순환이 개선되어 숙면한다. 또 아무리 오랜 시간 쉬더라도 깊이 잠들지 못하고 수면 중에 뇌의 긴장 상태가 이어지는 사람은 피로가 풀리지 않을 때가 많다. 두뇌 노동자 중에서 운동량이 부족한 사람은 이런 경향이 두드러진다.

031

이명은 왜 생길까?

소리는 고막에서 이소골을 통해 반고리관으로 전해지고 반고리관에서 전기 신호로 전환되어 뇌에 전달된다. 그런데 반고리관의 내벽에 자란 털의 일부가 꺾이거나 잘리면 이명이 발생한다.

이 털은 소리가 나지 않을 때도 미약하게 신호를 내는데, 그 신호가 흐르는 동안 뇌는 주위에 소리가 없다고 판단한다. 그런데 털이 꺾이거나 잘리면 미약한 신호가 끊어져 뇌는 뭔가 소리가 난다고 착각한다. 이 소리가 바로 이명이다.

032

겨울에 감기에 잘 걸리는 이유는?

겨울이 되면 감기에 걸리는 사람이 많아진다. 겨울철에는 바이러스의 활동이 활발해지고 인간의 면역력이 저하되기 때문이다.

인간의 면역력은 '면역 글로불린'이라는 물질의 영향을 많이 받는다. 면역 글로불린은 혈액 속 림프구의 일종인 B 세포를 기반으로 만들어지는데, 그 세포 수를 검사하면 면역력이 어느 정도인지 측정할 수 있다. 이 사실에 착안해서 계절별로 B 세포의 수를 검사한 결과, B 세포는 기온이 상승하면 증가하고 추워지면 감소한다는 사실을 알게 되었다. 겨울철에는 추위를 견디기 위해 더 많은 에너지를 사용해 세포 증식이 억제되며 B 세포가 감소하는 것으로 추정된다. 그로 인해 면역력이 약해져 감기 바이러스를 격퇴하지 못해 감기에 잘 걸린다.

033

피곤하면 왜 코를 골까?

코골이의 시끄러운 소리는 호흡이 코에서 목으로 이어지는 상기도를 지날 때 나는 저항음이다. 피곤할 때 코를 더 많이 고는 이유는 목젖에 원인이 있다. 피곤해서 이 부분이 느슨해지면 상기도가 좁아져 공기가 지날 때 마찰음이 발생한다. 과음했을 때 코를 고는 이유는 알코올로 비강 내 모세혈관이 충혈되어 상기도가 좁아지기 때문이다.

034

너무 피곤하면 왜 오히려 잠이 오지 않을까?

너무 피곤해서 금방 곯아떨어질 것 같은데, 정작 잠자리에 누우면 눈이 말똥말똥해지면서 잠이 오지 않을 때가 있다. 격렬한 운동으로 너무 피곤해도 체온이 상승해 몸이 달아오르면서 잠이 달아날 수 있다. 또 근육을 급격하게 사용해도 온몸이 쑤시는 듯한 감각 자극이 원인이 되어 잠들지 못할 수 있다. 이처럼 '몸이 달아올라서', '삭신이 쑤셔서' 등의 감각 자극에는 강한 각성 작용이 있다. 잠이 솔솔 올 때는 감각 자극을 담당하는 뇌 부위가 자연스럽게 둔감해진다. 그런데 자극이 과도하면 뇌가 쉬지 않고 자극에 노출되어 각성 작용으로 이어지고 '피곤한데 잠이 오지 않는' 난감한 상황이 발생한다.

동북아시아 사람의 장에는 우유의 성분 중 하나인 유당을 분해하는 효소가 서양인보다 적다. 따라서 우유를 마시면 아랫배가 부글거리면서 살살 아프고 설사하는 이른바 '유당불내증'을 앓는 사람이 많다.

이런 사람이 설사하지 않으려면 우유를 매일 조금씩 마셔 배를 길들이는 수밖에 없다. 여성 중에 우유를 마시면 설사하는 증상을 변비 퇴치에 이용하는 사람도 있는데, 이 방법도 익숙해지면 내성이 생겨 쾌변 효과가 없어진다.

술을 너무 많이 마시면 목소리가 갈라지는 이유는 알코올의 자극으로 성대가 충혈되어 정상적으로 진동하지 않기 때문이다. 더욱이 이런 상태에서 성대에 부담을 주면 성대 점막에 돌기가 생길 수 있다. 이것이 흔히 말하는 '성대 결절'이다. 애주가로 알려진 가수 가운데 성대 결절 수술을 받은 사람이 많다.

감기약을 먹으면 왜 졸릴까?

인간의 몸에는 히스타민이라는 아미노산의 일종이 존재한다. 히스타민은 평소에는 우리 몸에 해를 끼치지 않지만, 감기 바이러스가 침입해 재채기나 콧물 등 알레르기 증상이 발생하면 발톱을 드러낸다. 히스타민은 위액 분비를 늘리고 혈압을 내리며 장의 근육을 수축시킨다. 감기에 동반되는 증상은 히스타민과 관계있다.

그래서 감기약에는 항히스타민 성분이 들어 있다. 일단 히스타민의 활동을 억제하면 감기의 여러 증상이 심각해지지 않기 때문이다. 그런데 이 항히스타민제 성분은 수면제 성분과 비슷해 감기약을 먹으면 졸음이 와서 까무룩 잠이 든다.

038

술을 섞어서 마시면
왜 숙취가 심해질까?

술자리에서 술을 섞어 마시는 사람들이 있다. 맥주, 소주, 위스키 등 종류가 다른 술을 섞어 마시는 이른바 '폭탄주'를 마시는 사람도 있고, 맥주로 시작해 소주, 위스키 등으로 도수가 다른 여러 종류의 술을 연이어 마시는 사람도 있다.

이렇게 술을 섞어 마시면 심각한 숙취에 시달린다는 말이 있다. 흔히 종류가 다른 알코올을 섭취하면 알코올이 원활하게 분해되지 않는다는 이유를 든다.

그러나 이는 잘못된 설명이다. 술을 섞어 마시면 과음하기 때문에 심각한 숙취에 시달릴 뿐이다. 맥주, 청주, 소주, 위스키 등으로 술의 종류를 연달아 바꾸면 질리지 않아 많이 마실 수 있다. 또 술을 섞어 마시면 자신이 마신 술의 총량을 알 수 없다. 술을 연달아 마시면서 종류를 바꾸는 동안 평소 주량보다 훨씬 웃도는 양을 마시게 되어, 결과적으로 숙취가 심해진다.

039

소변 검사는 왜
아침 첫 소변으로 할까?

소변 검사에서는 일반적으로 소변에 들어 있지 않아야 할 단백질과 당의 유무를 검사한다. 그런데 건강한 사람이라도 식사나 운동의 영향을 받으면 단백질과 당이 나올 수 있다. 그래서 수면 중에 만들어진 첫 소변으로 검사해야 정확한 상태를 확인할 수 있다.

자는 동안에는 식사하는 사람도 운동하는 사람도 없어, 아침 첫 소변은 식사나 운동으로 인한 변수가 없다. 한마디로, 아침 첫 소변에는 더 정확한 신체 정보가 담겨 있다.

040

비행기 안에서 술을 마시면 왜 취기가 더 잘 오를까?

비행기에서 서비스로 주는 술을 넙죽넙죽 받아 마셨다가 낭패를 보는 사람이 적지 않다. 비행기 안에서 술을 마시면 더 잘 취하는 이유는 기내 기압이 낮기 때문이다. 기내 기압은 보

너 취한 것 같아

그럴 리가 없는데

통 지상의 5분의 4 정도다.

기압이 낮으면 대사가 빨라진다. 대사가 빨라지면 알코올 분해 속도가 빨라져, 평소 넉 잔을 거뜬히 마시는 사람도 두 잔이면 고주망태가 된다. 높은 산에 올랐을 때도 마찬가지다. 기압이 낮은 곳에서는 평소보다 적은 술에도 취기가 오른다는 사실을 염두에 두고 마시는 것이 안전하다.

041

발냄새가 고약한 이유는?

인간의 발에서는 엄청나게 많은 땀이 난다. 때도 잘 생긴다. 게다가 신발과 양말을 신고 있어 발은 찜통 안에 들어 있는 것과 같은 상태다. 그래서 발에 생긴 각질과 때 등의 노폐물이 부패하기 쉽다.

신발 안에서는 고온다습한 환경을 좋아하는 미생물이 활발하게 활동한다. 이 미생물이 발에서 생긴 각질이나 때 등 노폐물의 부패를 촉진한다. 발에서 나는 고린내는 이 노폐물이 부패해서 나는 냄새다.

그렇다면 어떻게 해야 고약한 발냄새를 없앨 수 있을까? 발냄새를 없애려면 청결에 최선을 다해야 한다. 발을 잘 씻고 양말을 매일 갈아신고 신발을 그늘에서 자주 말리면, 지성 피부인 사람도 코를 싸쥐는 고약한 발냄새를 피할 수 있다.

**구취가 가장 심한
시간대는?**

구취는 음식물 찌꺼기와 침 속의 단백질을 입속의 세균이 유황 화합물로 바꾸는 과정에서 발생한다. 그런데 입속 세균 중에 산소를 싫어하는 성질을 가진 세균이 있어, 입속에 산소가 충분하면 구취가 약해진다. 그래서 다른 사람과 대화하거나 입을 열 기회가 많은 낮에는 입냄새가 많이 나지 않는다.

반대로 입을 다물고 잠을 자는 동안에는 산소 공급이 줄어들어 세균의 활동이 활발해져 아침에는 입냄새가 고약하다. 또 장시간 입을 다물고 있는 회의 중, 영화나 텔레비전에 몰두해 있을 때도 산소 공급이 줄어들어 구취가 심해진다.

**열이 나면 왜
몸이 부들부들 떨릴까?**

열이 나면 얼굴이 화끈거리며 뜨겁게 달아오르는 느낌이 든다. 그런데 열이 더 올라 섭씨 39~40도 정도 고열이 나면 소름이 돋고 얼굴이 새파랗게 질린다. 그리고 오한이 들며 온몸을 부들부들 떨기 시작한다. 온몸이 불덩이처럼 펄펄 끓는데 왜 춥다며 벌벌 떨까?

인간의 뇌에는 체온 조절 중추가 있다. 체온 조절 중추는 체온

을 일정하게 유지하는 조절 작용을 관장하는데, 이 체온 조절 중추의 기능이 고장 나서 높은 온도로 설정되면 고열이 난다. 그러면 우리 몸은 체온이 그 온도에 도달할 때까지 열을 내보내는 활동을 개시한다.

이때 갖가지 증상이 나타나는데, 소름이 돋는 증상은 피부 표면을 수축시켜 체온 발산을 막아 체온을 더 올리기 위한 반응이다. 또 온몸을 벌벌 떠는 증상은 근육이 늘어나거나 줄어드는 운동으로 열을 생산하기 위한 것이다.

이렇게 해서 체온 조절 중추가 설정한 온도까지 체온이 올라가면 오한이 사라진다. 다만 지나친 고열은 우리 몸을 쇠약하게 만들 수 있어 해열제를 복용해 열을 내려야 한다.

044

혹은 왜 머리에만 날까?

머리를 딱딱한 물체에 부딪히면 혹이 생긴다. 머리의 피부는 찢어지기 쉬워 피부 아래에 상처가 생긴다. 그 상처를 낫게 하려고 혈액과 혈액 속의 혈장이 분비된다. 그런데 머리와 이마는 피부 아래에 바로 단단한 뼈가 있어, 배어나온 혈액과 혈장이 뼈와 피부 사이에 고여 혹이 된다.

반면 엉덩이와 배는 세게 맞아도 혹이 나지 않는다. 엉덩이와 배처럼 지방과 근육으로 이루어진 신체의 부드러운 부분은 피부 아래에 혈액이 배어나와도 주위로 퍼져 시퍼렇게 멍이 들지언정 혹은 나지 않는다.

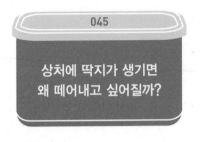

045

**상처에 딱지가 생기면
왜 떼어내고 싶어질까?**

상처 부위가 아물면 딱지가 생긴다. 그런데 무슨 고약한 심리인지 기껏 생긴 딱지를 떼어내지 못해서 안달한다.

딱지를 떼어내고 싶은 충동은 인간의 본능이라고밖에 설명할 수 없다. 상처 부위에 딱지가 앉으면 통증이 줄어들면서 가렵기 시작한다. 근질근질한 느낌을 참지 못해 기어이 딱지를 떼어내서라도 가려움증을 없애고 싶어 한다. 그나마 다행스럽게도 딱지를 떼어내고 싶어질 무렵에는 상처가 거의 나은 상태다.

046

**어린이가
편식하는 이유는?**

식탁에서 반찬 투정을 하는 아이가 많다. 어린이의 대표적인 편식 메뉴는 피망, 당근, 셀러리, 양파 등이다. 모두 쓴맛이 나는 채소다.

본래 인간은 쓴맛이 나는 음식을 먹으면 본능적으로 독이 들어 있다고 생각한다. 하지만 몇 번 먹어 경험을 쌓으면 독의 쓴맛이 아님을 판단할 수 있다. 그래서 어른은 쌉쌀한 나물 반찬으로도 밥 한 공기를 뚝딱 비울 수 있다.

그러나 어린이는 그런 경험이 없어 본능적으로 쓴맛이 나는 음식을 꺼린다. 이 쓴맛 기피가 '편식'으로 나타난다. 아이들이 초절임처럼 신맛이 나는 음식을 싫어하는 것도 같은 이유다. 신맛은 음식이 부패했을 때 나는 맛이라서 아이들이 본능적으로 거부 반응을 보인다고 할 수 있다.

047

남자와 여자 중
누가 더 스트레스를
잘 받을까?

미국 여론 조사 회사가 세계 30개국 남녀 3만 명을 대상으로 한 설문 조사에 따르면 "매일 심각한 스트

레스를 느낀다"라고 대답한 비율이 남성은 15퍼센트인데 여성
은 21퍼센트였다. 또 남녀가 함께 살더라도 여성이 남성보다 스
트레스를 심하게 느끼는 것으로 밝혀졌다. 어느 나라나 여성은
전통적, 관습적 역할을 다 해야 한다고 주위에서 기대하고, 이
기대를 여성이 부담으로 느끼기 때문이라고 한다.

이 조사에서 스트레스를 가장 적게 느낀다고 대답한 응답자는
10대 여학생으로 나타났다. 어느 나라나 여성은 사회에 나가기
전이 가장 행복한 듯하다.

048 임신하면 왜 신 음식이 당길까?

임신하면 희한하게 신 음식이 당긴다. 이는 임신했을 때 나타나는 특유의 생리적 현상이다.

격렬한 운동이나 중노동을 하면 체내에 젖산이 쌓이기 쉬운데,
젖산이 쌓이면 피로감이 증가할 뿐 아니라 세균 등에 대한 저항
력도 약해진다.

임신 중인 여성의 몸에도 과중한 노동을 할 때와 같은 부담이
가해져 젖산이 쌓이기 쉽다. 그래서 임부는 감기 등에 쉽게 감
염된다. 그런데 이때 신 음식을 섭취하면 체내에서 젖산을 배출
할 수 있다. 임부의 몸은 이 메커니즘을 알고 신 음식을 찾는 것
이다.

049

**여성의 엉덩이는
왜 풍만할까?**

여성의 엉덩이가 풍만한 이유는 굳이 설명할 필요도 없이 출산을 위해서다. 남성의 골반은 길쭉한데, 여성의 골반은 폭이 넓어 출산할 때 아기의 머리가 통과하기 쉬운 구조로 되어 있다.

또 여성은 남성보다 피하지방이 훨씬 두껍다. 성인 기준 남성의 엉덩이에는 약 2센티미터의 피하지방이 붙어 있는데, 여성은 약 3.5센티미터나 된다. 두툼한 지방이 쿠션 역할을 해 여성의 중요한 장기인 자궁과 난소를 보호한다. 이처럼 여성의 엉덩이가 풍만한 데는 절대적인 이유가 있다.

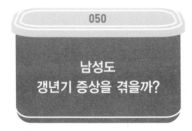

050

**남성도
갱년기 증상을 겪을까?**

여성에게는 갱년기 장애가 있다는 사실이 잘 알려져 있다. 50세 전후로 폐경을 맞이한 여성은 호르몬의 균형이 무너지면서 육체적으로나 정신적으로 힘든 시기를 겪는다.

하지만 갱년기 장애는 여성의 전유물이 아니라 남성에게도 나타난다. 40~50대 무렵이 되면 만성 피로, 짜증, 불면, 현기증, 오한 등의 증상에 시달리는 남성이 적지 않은데, 모두 남성 갱년기 장애 증상이다.

남성은 여성의 폐경처럼 확실한 신호는 없지만, 40~50대부터 남성 호르몬의 분비가 줄어든다. 동시에 생리 기능과 자율신경 등도 쇠퇴한다. 그런데 이 기능들이 한꺼번에 쇠퇴하지 않고 제각각 다른 시기에 쇠퇴해 체내에서 균형이 무너지면서 이런저런 불편한 증상을 겪는다.

남성은 특히 성욕이 줄어드는 사람이 많다. 전체의 75퍼센트가 성욕 감퇴를 호소하고, 50퍼센트가 발기불능 증상을 경험한다는 보고도 있다.

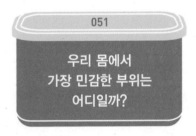

051

우리 몸에서 가장 민감한 부위는 어디일까?

우리 몸은 엉덩이처럼 꼬집어도 심하게 아프지 않은 부위가 있는가 하면, 발바닥처럼 간지러움을 심하게 타는 부위도 있다. 그렇다면 우리 몸에서 가장 민감한 부위는 어디일까? 바로 혀끝이다.

피부 민감도는 컴퍼스처럼 생긴 기구로 두 개의 점을 자극해서 판단할 수 있다. 혀끝은 두 개의 점이 1밀리미터밖에 떨어져 있지 않아도 두 개의 점으로 느낄 만큼 예민하다. 반면에 민감하다고 알려진 손가락은 두 개의 점으로 느끼려면 2밀리미터의 간격이 필요하다. 그리고 등은 5센티미터 이상 떨어지지 않으면 두 개의 점으로 판별할 수 없다.

052

간지러운 부위를 긁으면 왜 시원해질까?

간지러운 부위를 박박 긁으면 시원하게 쾌감을 느낀다. 그런데 그 메커니즘은 상당히 복잡하다. 신경에는 A 섬유, B 섬유, C 섬유가 있다. A 섬유가 제일 굵고, C 섬유가 가장 가늘다. 통증을 전달하는 신경은 주로 A 섬유이고, 가려움을 전달하는 신경은 C 섬유뿐이다(B 섬유는 자율신경과 관련 있고 감각과는 아무런 관련이 없다).

어느 부위가 가려운지에 대한 정보는 가느다란 C 섬유에 전달되어 뇌로 전해진다. 그러면 우리 뇌는 가려운 부위를 긁으라고 명령한다. 뇌의 명령대로 가려운 부위를 긁으면 이번에는 그 부위에 통증이 발생한다. 그 통증 정보는 주로 굵은 A 섬유를 통해 뇌에 전달된다.

A 섬유로 전해진 '통증'과 C 섬유로만 전해진 '가려움'의 대결에서는 '통증'이 승리한다. 그러면 '통증'이 상대적으로 완화되어 기분 좋은 시원함으로 느껴진다. 즉, '가려움'을 '통증'으로 마비시키는 원리다. 가려운 곳을 긁어서 생기는 시원함은 상당히 피학적인 쾌감이라고 할 수 있다.

053

**태아는 영양분을
어떻게 섭취할까?**

임신 1개월 시기의 태아는 키 4~7밀리미터, 몸무게 1그램 남짓 크기다. 그러다가 임신 9개월 차에 접어들면 키는 약 45센티미터, 몸무게는 약 3킬로그램에 달한다. 불과 8개월 만에 키는 100배, 몸무게는 3,000배 정도 성장한다. 이 놀라운 성장은 물론 모체에서 공급하는 영양분이 뒷받침한다. 어머니가 음식을 섭취하면 영양분이 혈액으로 들어가고, 일부는 태아를 감싼 태반으로 보낸다. 이때 어머니의 혈액이 태아의 몸으로 그대로 들어가는 것은 아니다. 어머니의 혈액에서 영양분만 추출되어 태반에서 탯줄을 통해 전달된다.

054

**아이들은
왜 잠버릇이 나쁠까?**

잠버릇이 나쁘다는 말은 자면서 이리저리 뒤척이고 심하게 몸부림친다는 뜻이다. 어른은 대략 90분에 한 번꼴로 뒤척인다. 6시간 잘 경우 하룻밤에 네 번 정도 몸을 크게 움직이는 셈이다. 반면 한 살 아기는 45~50분에 한 번, 다섯 살 아이는 60~70분마다 뒤척인다. 이처럼 아이들은 잠을 자는 동안 많이 움직이기 때문에 잠버릇이 나쁠 수밖에 없다.

아이는 왜 어른보다 자주 뒤척일까? 사람은 깊은 수면인 렘 (REM)수면에서 얕은 수면인 논렘(Non-REM)수면으로 이행하기 직전에 몸을 뒤척여 자세를 바꾼다. 그 주기가 어른은 90분, 다섯 살 아이는 60~70분, 한 살 아기는 45~50분으로 어릴수록 짧다. 열두세 살쯤 되면 수면 주기도, 중뇌 속에 있는 도파민 신경이 작용해 뒤척이는 횟수도 어른과 비슷해진다.

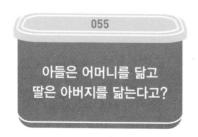

055

아들은 어머니를 닮고 딸은 아버지를 닮는다고?

옛날부터 '아들은 어머니를 닮고, 딸은 아버지를 닮는다'는 말이 있다. 이 속설은 단순한 미신이다. 원래 아이는 부모의 수많은 유전자가 복잡하게 얽혀 유전된다. 아들과 어머니, 딸과 아버지가 닮는 식으로 단순하지 않다.

아버지와 딸처럼 성별이 다른 경우 부분적으로 닮은 구석이 있으면 빼닮았다고 착각하기 쉬워서 이런 이야기가 생겼다. 반면 아버지와 아들처럼 동성은 전체 분위기가 닮아 오히려 다른 부분이 강조되어 닮아 보이지 않는다는 착각이 발생한다. 이런 착각에서 아들은 어머니를 닮고 딸은 아버지를 닮는다는 속설이 퍼지게 되었다.

056

성인병은 유전될까?

질병과 유전의 상관관계는 일부 유전병을 제외하면 아직 규명되지 않은 부분이 많다. 다만 성인병은 유전적 요인이 크다고 추정된다. 당뇨병과 고혈압이 대표적인 성인병이다.

당뇨병은 인슐린 결핍으로 발생하는데, 성인뿐 아니라 어린이와 젊은 세대 환자도 제법 많다. 그만큼 유전적 영향이 크다고 여겨진다. 부모가 고혈압이면 그 자녀의 60퍼센트가 고혈압이라는 조사 결과가 있다.

원래 고혈압의 최대 원인은 염분을 비롯한 식생활 등의 환경 인자다. 부모와 같은 음식을 먹고 자란 자녀가 발병하기 쉬운 것은 당연해, 단순히 유전적 요인이라고 단정 지을 수 없다는 주장도 있다.

057

스트레스가 심하면 왜 위에 구멍이 생길까?

스트레스가 쌓이면 소화기 계통에 이상이 생기기 쉽다. 그런데 스트레스와 위 경련은 무슨 관계가 있을까?

위 속에는 위점막을 보호하는 점액과 위까지 녹이지 않도록 위산이 함께 들어 있다. 평소에는 이들 물질이 균형 상태를 유지하는데, 스트레스가 쌓이면 균형이 무너져 위산의 공격력이 점액의 방어력을 웃돈다. 그러면 위산이 위를 녹여 위 표면에 궤양이 생긴다. 심하면 위에 구멍이 뚫리는 위천공으로 악화할 수도 있다.

058

오전에 사망하는 사람이
많은 이유는?

질병으로 사망하는 경우
오전 7시에서 9시 사이에
사망하는 사람이 많다고
알려져 있다.

아침에 일어나 햇빛을 보고 식사를 하면 교감신경 활동이 높아
지며 체온과 혈압이 가파르게 상승한다. 이런 신체 변화가 방아
쇠를 당겨 심근경색, 뇌졸중, 정맥류 파열 등을 일으키기 쉽다.
참고로, 사망률이 가장 낮은 시간대는 오후 11시부터 오전 3시
까지다. 이 시간대는 부교감신경이 우위에 와서 혈압과 심박수
수치가 하루 중 가장 낮다. 그래서 사인(死因) 순위가 높은 심질
환과 뇌혈관질환이 다른 시간대보다 잘 일어나지 않는다.

059

혀를 깨물면
정말 죽을까?

예전 영화나 드라마에서
자기 혀를 깨물어 자살하
는 장면이 있었다. 그렇다
면 정말 혀를 깨물어 죽을
수 있을까?

죽음을 각오했다면 그다지 어려운 일은 아니다. 혀는 의외로 간
단히 깨물어서 끊을 수 있다. 그리고 혀가 끊어질 정도로 심하
게 깨물었을 때 병원에 가지 않으면 출혈 과다 혹은 깨물어서

잘려 나간 혀가 기도를 막아 질식사한다. 하지만 조기에 조치하면 살 확률이 높고 수술도 간단하다.

사이비 종교가 얽힌 사건에서는 세뇌와 마인드 컨트롤이라는 단어가 빠지지 않고 등장한다. 둘 다 사람의 마음을 조종한다는 의미인데, 구체적으로 따져보면 차이가 있다.

세뇌는 본인의 의지나 감정과 무관하게 억지로 인격을 개조하는 작업이다. 심한 경우에는 감금, 약물 사용, 고문 등의 수법을 자행하기도 한다.

한편 마인드 컨트롤은 정보를 조작해 차츰 상대방의 감정과 행동을 조절하는 심리 기술이다. 굳이 비교하자면 세뇌가 훨씬 무시무시하다.

굳이 먼 산을 찾아가거나 숲길을 걸어가지 않고 창밖의 나무를 바라보기만 해도 마음이 편안해진다.

자연의 초록색은 인간의 눈에 가장 편안한 색깔이기 때문이다. 인간이 맨눈으로 인지하는 색깔의 그러데이션은 무지개와 마찬가지로 빨주노초파남보다. 초록색은 그러데이션 한복판에 위치해, 인지할 때 눈의 부담이 가장 적어 가장 편안하다.

인간의 잠재의식 속에는 우리 조상이 아직 원숭이였던 시절 나무 위에서 생활하던 기억이 남아 있어 나무를 보면 뇌 속 원시 시대의 기억이 되살아나며 안도감을 느끼기 때문이라는 주장도 있다.

직접 운전하면 왜 멀미가 나지 않을까?

아무리 멀미를 심하게 하는 사람도 직접 자동차를 운전할 때는 멀미가 나지 않는다. 여기에는 다음과 같은 이유가 있다.

평소 멀미가 심해 불안하면 그 긴장감으로 인해 뇌의 근육이 수축해서 두통이 생기거나 어깨와 목덜미 근육이 뻣뻣하게 굳어 가벼운 뇌빈혈을 일으킨다. 그러면 현기증이나 욕지기, 구토 등의 증상이 나타난다. 하지만 직접 운전대를 잡으면 자동차의 움직임을 예측할 수 있어, 뒷좌석에 탔을 때보다 덜 불안하다. 또 마음의 준비가 되어 있으면 세반고리관도 정상적으로 기능해 운전자는 생리적 의미에서도 멀미가 나지 않는다.

식전 운동과 식후 운동 중 어느 쪽이 더 살이 잘 빠질까?

식전과 식후 중에서 언제 운동해야 다이어트 효과가 클까?

결론부터 말하면, 운동 후에 식사하는 것이 다이어트 효과가 크다. 살을 빼려면 지방을 소비해야 하는데, 식후에는 혈당치가 상승하는 만큼 운동을 해도 체내에 축적되는 지방을 소비하기 어렵다. 반면 식전 운동은 혈당치가 내려가 지방을 소비하기 쉽다.

살을 빼려면 배 부른 채로 운동하는 것보다 주린 배를 부여잡고 하는 것이 효율적이라는 말이다.

위내시경 검사를 최초로 받은 사람은?

위암과 위궤양의 조기 발견은 위내시경의 공이 크다. 현재 위내시경 기술이 이 정도로 발전한 것은 최초로 위내시경을 삼킨 사람이 있었기 때문이다. 도대체 누가 위내시경 검사를 최초로 받았을까?

위내시경의 전신인 '위경(胃鏡, gastroscope)'는 1868년에 발명되었다. 그 당시에는 식도까지밖에 들여다볼 수 없었다. 그런데 독일의 프라이부르크대학교 아돌프 쿠스마울(Adolph Kussmaul) 교수가 연구를 거듭한 끝에 마침내 빛을 반사해서 위 속을 들여다보는 '위경'을 개발해 이론적으로 위 내부를 관찰할 수 있게 되었다.

그 당시 위경은 쭉 곧은 금속관 끝에 거울을 단 형태라서 위까지 들어가도록 삼키려면 엄청난 고통을 감수해야 한다. 그래서 쿠스마울은 서커스단에서 일하던 칼 삼키는 곡예사에게 부탁했다. 곡예사가 그 부탁을 받아들여줘 세계 최초로 인간의 위 속을 맨눈으로 관찰하는 데 성공했다.

그 후 기술이 계속 발전해, 지금은 가느다란 관 끝에 아주 작은 카메라가 달린 내시경이 사용되고 있다. 물론 그 내시경도 헛구역질을 참아가며 여전히 힘들게 삼키는 사람이 있기는 하지만 말이다.

065

X선으로 발견하지 못하는
골절이 있을까?

X선 촬영을 하면 어느 뼈
가 어떻게 부러졌는지 확
실히 알 수 있다. 그런데 최
근 운동선수 등 특정 직업
군에서 증가하는 피로골절은 X선에도 찍히지 않을 때가 있다.
피로골절은 평소 훈련으로 피로가 쌓여 발가락이나 발등 등에
금이 간 상태를 말한다. 부딪히거나 사고로 일어나는 것이 아니
어서, 뼈가 부러지는 소리도 나지 않고 본인도 골절을 알아차리
지 못한다. 워낙 미세한 골절이라서 X선 촬영으로도 발견하지
못할 수 있다. 그렇다 보니 통증을 견디며 연습을 계속해 상태
가 더 악화하는 사례도 있다.

066

심장은 왜
암에 걸리지 않을까?

위, 간, 대장, 폐, 피부, 혀
등 우리 몸 곳곳에서 암세
포가 발생하는데, 심장에
암이 생겼다는 이야기는
들어본 적이 없을 것이다.
그 이유는 심장 세포의 특수성 때문이다. 심장을 제외한 다른
장기의 세포에는 증식하는 기능이 있어 다쳐도 시간이 지나면
세포가 증식해 상처 부위가 회복된다. 그런데 심장 세포는 증식

하지 않는다. 암세포는 증식을 반복해 주위 조직과 장기를 파괴하는데, 세포가 증식하지 않는 심장에는 암세포가 파고들 여지가 없는 셈이다.

그리고 '언제나 활발하게 움직여 암세포의 침입을 저지한다', '발암 인자가 접촉할 기회가 없다'라는 설도 있다. 그렇다고 심장암이 아예 없다고는 할 수 없다. 아주 드물게 심장에 암세포가 발생한 사례가 보고되고 있기 때문이다.

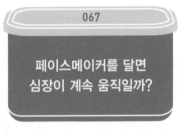

067

페이스메이커를 달면
심장이 계속 움직일까?

대형 종합병원 등 특정 시설에 가면 "페이스메이커(pacemaker, 박동 조율기) 등의 의료기기에 영향을 줄 우려가 있으니 휴대전화기 사용을 삼가주십시오"라는 안내 문구를 볼 수 있다. 이런 안내 문구가 붙어 있다 보니 페이스메이커를 전기의 힘으로 심장을 움직이는 장치라고 생각하는 사람이 있다.

그런데 엄격하게 따지면 페이스메이커의 동력은 전기가 아니다. 페이스메이커에 흐르는 전력은 약 2~5볼트, 1회당 통전(通電) 시간은 2,000분의 1초 정도로 매우 짧아 도저히 심장을 움직일 수 없다.

페이스메이커는 심장에 미세한 전류를 정기적으로 흘려보내 충격을 주어 심장이 스스로 움직이도록 돕는 의료 장치다. 그래서 심장 자체에 움직일 힘이 없으면 페이스메이커를 달아도 심장이 움직이지 않는다. 페이스메이커는 심장을 영원히 움직이게 할 수도 없고, 멈춘 심장에 페이스메이커를 달아서 소생시킬 수도 없다.

068

술을 마신 후에는 왜 라면이 더 맛있을까?

밤에 술과 안주를 배부르게 먹고 나서도 희한하게 라면은 들어간다는 사람이 많다. 게다가 낮에 먹을 때보다 기가 막히게 더 맛있다. 술을 마신 몸이 라면을 원하기 때문에 이런 현상이 나타난다고 추정할 수 있다. 취했을 때 라면이 맛있게 느껴지는 과학적 이유가 있다.

소고기, 사골 등의 재료에 각종 채소와 양념을 추가해 소고기 육수 맛을 내는 라면 스프에는 글루탐산나트륨, 이노신 일인산(inosine monophosphate, IMP) 등 감칠맛 성분이 다량 들어 있는데, 이런 감칠맛 성분이 알코올 중화 작용을 한다.

술기운이 돌면 우리 몸은 알코올을 빠르게 중화하려는 욕구를 느껴 감칠맛 성분이 들어 있는 음식이 당긴다. 그래서 라면을 먹으면 평소보다 훨씬 맛있게 느껴진다.

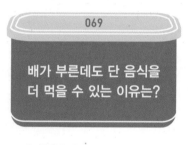

069

배가 부른데도 단 음식을 더 먹을 수 있는 이유는?

여성의 욕구는 기묘하다. 음식이 더 이상 들어갈 배가 없다면서 디저트 케이크를 주문해서 게 눈 감추듯 먹어치운다.

"좀 전에 배부르다고 하지 않았어?"

"아, 원래 디저트 배는 따로 있거든."

배불러 죽겠다면서도 디저트를 뚝딱 해치우는 모습에 어이가 없어 물어보면 이런 황당한 대답이 돌아온다.

디저트 배가 따로 있다고 하지만, 정말 디저트만 들어가는 별도의 위가 존재하지는 않는다. 이는 뇌의 문제다. 인간은 소화기가 아닌 뇌로 포만감을 판단한다. 뇌의 시상하부가 먹으라는 신호를 보내면 배고픔을 느끼고, 그만 먹으라는 신호를 보내면 포만감을 느낀다.

뇌의 시상하부는 주로 혈액 속 포도당의 양으로 포만감을 판단한다. 배에 여유가 있더라도 포도당량이 증가하면 포만감 신호를 보낸다. 그런데 좋아하는 음식이 눈앞에 있으면 욕구에 굴복해 포만감을 느끼는 뇌의 기능이 마비될 때가 있다. 특히 여성이 이런 경향이 강해, 단 음식을 먹고 싶다는 욕구가 시상하부의 판단을 마비시킨다.

070

만약 눈이 세 개라면 풍경이 다르게 보일까?

인간은 눈이 두 개 있어 풍경을 입체적으로 볼 수 있다. 왼쪽 눈과 오른쪽 눈의 시야가 미묘하게 달라 대상의 거리와 깊이를 파악할 수 있다. 만약 인간의 눈이 세 개라면 어떻게 보일까? 가령 이마 한복판에 눈이 하나 더 있다면 풍경이 훨씬 입체적으로 보일까?

결론부터 말하면, 눈이 하나 더 있다고 해서 시야가 더 좋아지지는 않는다. 학자들은 진화 과정에서 '세 개의 눈은 필요하지 않다'라고 판단한 결과 눈이 두 개가 되었다고 추정한다.

한편, 척추동물의 조상은 원래 눈이 세 개였는데, 진화 과정에서 하나가 사라져 두 개가 되었다는 주장도 있다. 사라진 눈의 흔적으로 추정되는 부위가 뇌 속에 있는 솔방울샘(송과선, 송과체)

이다. 솔방울샘에는 빛을 감지하는 능력이 있어 퇴화한 눈의 흔적으로 여겨진다. 눈이 세 개 있으면 뇌의 정보 처리 과정이 훨씬 복잡해진다. 그러면 판단하는 데 시간이 걸려 오히려 잘 보이지 않을 가능성이 농후하다.

역시 인간의 눈은 두 개가 적당하다는 결론이다.

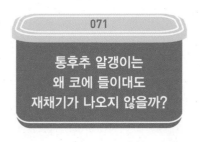

요리에 후추를 뿌리면 가루가 코로 들어가 요란하게 재채기를 할 때가 있다. 후추에 재채기를 유발하는 성분이 들어 있기 때문일까?

후춧가루가 코에 들어가면 재채기를 하는 것은 후추의 성분 때문이 아니라 크기 때문이다. 후주 자체에 재채기를 유발하는 성분이 없다는 사실은 후추 알갱이를 코에 가져다 대보면 알 수 있다. 살짝 들이마셔도 재채기가 나지 않는다.

후춧가루를 들이마셔 재채기가 나오는 반응은 코점막이 이물질을 감지해 외부로 내보내려는 힘이 작용하기 때문에 발생한다. 코점막 표면에 있는 신경이 이물질의 존재를 포착해서 연수에 정보를 보내면 반사가 일어나는데, 이 반사 반응이 재채기다.

소금이나 고춧가루를 뿌렸을 때 재채기가 나오지 않는 것도 성분의 차이 때문이 아니라 입자가 크기 때문이다.

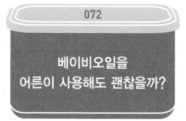

072

베이비오일을 어른이 사용해도 괜찮을까?

베이비오일은 원래 연약한 아기 피부를 보호하기 위해 출시된 제품이다. 그런데 요즘에는 화장품처럼 사용하는 성인 여성도 많다. 베이비오일은 화장을 지우는 데도 탁월한 효과가 있고 피부에 자극을 주지 않는 순한 성분이기 때문이다.

베이비오일로 화장을 지운다는 발상은 여배우 등 직업적으로 화장할 일이 많은 여성에게서 비롯되었다. 화장을 진하게 하는 연예인은 일반인보다 피부가 지쳐 있다. 그래서 피부에 자극이 덜한 순한 제품을 찾던 어떤 연예인이 아기들이 쓰는 제품은 피부에 부담이 적을 거라는 생각에 실제로 베이비오일로 화장을 지웠더니 효과가 기대 이상이었다.

그 소식은 삽시간에 연예계 전체로 퍼져나갔다. 이후 베이비오일은 방송국 대기실 화장대에 없어서는 안 되는 필수품이 되었고, 일반인 사이에도 퍼지면서 성인 여성들이 사용하게 되었다. 물론 원래 아기용으로 만들어진 제품이라서 성인이 사용해도 전혀 문제 없다.

3장

아는 만큼 부유해지는
경제 통조림

073

미끼 상품을 왼쪽 진열대에 두는 이유는?

인간은 눈을 가리고 앞으로 걸으면 희한하게 왼쪽으로 치우쳐 걷는 경향이 있다. 이에 대해 아마도 심장이 왼쪽에 더 가깝기 때문이라는 가설이 있다. 우리 몸은 심장 무게만큼 왼쪽이 오른쪽보다 약간 무거워 왼쪽으로 치우쳐 걷는다는 논리다.

마트나 백화점에서도 이런 인간의 습성을 이용해 미끼 상품이나 할인 중인 상품, 인기 상품을 통로 왼쪽 선반에 진열한다. 사람은 왼쪽으로 치우쳐 걷는 경향이 있어 무의식적으로 왼쪽 진열대 쪽으로 다가갔다가 무심코 집어 드는 심리를 이용한 상술이다.

074

고객을 현혹하는 마트 진열대의 숨은 의도는?

마트 상품은 철저하게 계산된 논리에 따라 정해진 위치에 진열된다. 상품 하나하나에 마트의 다양한 의도가 숨어 있다.

일단 진열대를 위에서부터 삼등분해, 가장 팔고 싶은 상품을 고객의 눈높이에 딱 맞는 중간 선반에 진열한다. 그러면 해당 상품이 바로 시선에 들어와 고객이 까치발을 들거나 쪼그려 앉지 않고 쉽게 상품을 집어 장바구니에 넣을 수 있다. 한마디로, 가장 좋은 위치다. 그래서 제철 상품, 인기 상품 등 회전율이 높은 상품을 중간 선반에 놓는다.

한편 아래쪽에는 꾸준히 팔리는 상품을 배치한다. 대체로 가격이 저렴하고 용량이 넉넉해 공간을 많이 차지하는 상품이다. 이런 상품은 부피가 커서 아래쪽에 둬도 저절로 시선이 간다. 반대로 눈높이보다 높은 위쪽 진열대에는 가격대가 높고 이윤이 많이 남는 상품을 배치한다. 가격대가 높아도 고객이 팔을 뻗어서 사고 싶을 만큼 특색 있는 상품을 배치하면 이상적이다.

075

마트 폐점 시간을 노리면 싸게 살 수 있을까?

마트의 '문 닫기 전 할인 시간대'를 노리는 알뜰 주부들이 있다. 그런데 마트마다 문 닫는 시간이 다르다 보니, 일일이 검색하거나 전화해서 물어보지 않으면 이 방법으로는 알뜰한 장보기에 실패할 수 있다.

그보다는 마트 의무 휴업일 전날 밤을 공략하는 게 현명하다. 상하기 쉬운 정육이나 과일 등 신선식품은 의무 휴업일 전날 재고를 소진하려고 떨이 판매를 하기 때문이다.

백화점에서는 영업시간이 끝나기 한 시간 전, 즉 평일 8시 폐점

기준으로 7시부터, 지하 식품매장에서 대중교통으로 이어지는 출구나 에스컬레이터 앞처럼 지나다니는 사람이 많은 지점에서 신선식품을 정상가보다 많이 할인된 가격에 판매한다. 농축수산물부터 빵이나 디저트까지 다양한 식품을 할인된 가격에 살수 있다.

076

모르는
브랜드에서
어떻게 내게
DM을 보낼까?

편지 쓰는 사람이 천연기념물이 되었다는 시대에도 디렉트 메일(Direct Mail, DM)로 우편함이 꽉꽉 찬다. 유치원에 갈 나이대 자녀가 있는 집에는 영어유치원 입학 광고물이 오고, 집을 살까 고민 중인 집에는 아파트 분양 광고 전단이 들어온다. 가족 구성부터 자산 상황까지 속속들이 꿰고 DM을 보내는 업자들은 도대체 어디서 이런 개인정보를 얻을까?

각종 기업에서 주최하는 경품 행사에 응모하려면 개인정보를 적어야 한다. 이때 깨알처럼 작은 글씨로 '제3자에 정보 제공 동의'를 묻는데, 동의하지 않으면 응모할 수 없다는 으름장이 따라붙는다.

요즘에는 인터넷 사이트에 가입할 때도 이 문구를 볼 수 있다. 인터넷이 발달하기 전에는 각종 전시회와 박람회 입장객 명부, 학교 학생 명부, 졸업 앨범, 백화점 고객 명부, 각종 신용 카드 회사에서 입수한 고객 정보, 홈쇼핑 고객 등을 바탕으로 전문 업체가 개인정보를 모았다.

주로 인터넷에서 공개된 정보를 무작위로 크롤링(crawling)하는 데이터 수집 방법을 많이 쓰는데, 합법과 불법의 경계가 불분명하다. 자체 IT 부서가 없는 기업은 크롤링 전문 기업에서 수집한 데이터를 돈을 주고 사는데, 이 부분도 합법과 불법을 구분하기가 쉽지 않다.

077

기온에 따라 매출이 달라진다고?

인간의 평균 체온은 섭씨 약 36.5도다. 그리고 맥주 업계의 평균 체온은 섭씨 21도다. 일본 주류 업계에서는 섭씨 21도를 기준으로 온도가 1도 상승하고, 습도가 60퍼센트 이하일 경우 맥주의 매출이 한 회사당 300만 병 증가한다는 이야기가 있다.

음료는 더운 여름에 많이 팔리는 품목이다. 기온이 섭씨 30도를 넘을 경우에는 오후 1시부터 3시 사이 음료의 매출이 섭씨 25도일 때보다 두 배 정도 늘어난다. 그러다가 가을을 지나 겨울이 되어 기온이 섭씨 15도 이하로 내려가면 매출이 가파르게 떨어진다.

반대로, 라면을 파는 사람은 섭씨 15도를 기점으로 1도 내려가면 매출이 늘어나 흐뭇한 미소를 짓는다. 날씨가 추워지면 역시 뜨끈한 국물이 당기는 사람이 많은 모양이다.

서늘한 여름이나 따뜻한 겨울처럼 이상기후가 증가하는 추세라고 하지만, 아직도 기온에 따라 울고 웃는 업종이 있다.

078

홈쇼핑에는 왜 증정 상품이나 덤이 많을까?

홈쇼핑에서는 덤으로 얹어주는 추가 구성이 빠지지 않는다. 소비자 입장에서는 덤을 주고도 남는 게 있을지 의문이 든다. 궁금한 사람이 많은지, 실제로 홈쇼핑 고객 상담 창구로 이런 문의가 많이 들어온단다.

홈쇼핑에 납품하는 업체는 실제로 덤으로 나가는 증정 상품을 할인해서 팔면 매출이 가파르게 떨어진다고 한다. 덤을 얹어주고 싸게 준다고 해도 소비자는 얼마만큼 이득인지 실감하기 어렵다.

"오늘만 딱 이 구성! 화면에 나가는 상품을 전부 드립니다!"

시청자는 그보다 하나라도 더 챙겨준다는 문구에 귀가 솔깃해진다. 회사도 할인보다는 덤을 주는 게 낫다. 경비가 들지 않기 때문이다. 재고 상품을 줄일 수 있고 증정 상품을 추가하더라도 배송료는 달라지지 않는다.

그래서 덤을 주면 매출이 올라 홈쇼핑도 좋고, 경비를 늘리지 않으면서 상품을 팔 수 있어 납품 업체도 좋고, 덤을 받으니 소비자도 좋은 일석삼조 효과를 누릴 수 있다.

인기 있는
견종을 사면
안 되는 이유는?

펫 숍에 가면 그 시대에 유행하는 견종이 많다. 그런데 유행하는 견종은 몸이 약하거나 병에 걸린 개체가 많이 포함되어 있다.

강아지 공장에서는 잘 팔리는 견종일수록 대량 생산하기 위해 적합하지 않은 개까지 동원해서 번식시킨다. 그래서 고관절 이형성증, 안과 질환 등 유전성 질병이 증가하고 있다.

한때 인기를 끌었던 시추는 본래 온화한 성격의 견종이었다. 그런데 시추가 유행하면서 공격성이 있는 개체가 나타났다. 잘 팔린다는 이유로 이상이 있는 개까지 번식에 동원한 결과다.

반려동물 문화가 발달한 나라에는 유전성 질환을 규제하는 법규가 있는데, 아직 관련 법이나 규제가 미비한 나라가 많다.

동물의
혈통서는
어떻게
발행될까?

순종 강아지를 분양받을 때 혈통서를 발급받는 경우가 있다. 국제 협회에 등록한 국내 협회에서 혈통서를 발급해주는데, 최근에는 혈통서의 공신력이 많이 떨어져 단순히 잡종이 아님을 보여주는 증명서 정도로 생각하라고 조언하는 전문가도 있다.

혈통서를 발급하는 국제 기관은 70개국이 가입한 국제애견연맹(Federation Cynologique Internationale, FCI)이 유명하다. 현재 344개 견종의 표준을 관리, 인정하고 있다. 그 밖에 여러 단체에서 각각의 기준에 따라 혈통서를 발급하는데, 위법은 아니다. 하지만 이런 단체에서 발행하는 혈통서는 증명서로서 의미가 없다고 주장하는 업계 전문가도 있다.

혈통서 등록 방법은 강아지가 태어났을 때 모견의 소유자(대개 브리더)가 등록하고, 분양받은 사람이 혈통서 소유자를 변경하는 방법이 있다. 소유자를 변경할 때는 협회에 가입해야 한다. 혈통서에는 견종, 견명, 부견 혈통, 모견 혈통, 생년월일, 성별, 모색, 번식자, 소유자 등의 정보가 적혀 있다.

081

동물원 관람객이 점점 줄어드는 이유는?

동물원을 찾는 관람객의 발길이 점점 줄어들고 있다. 1973년에 제정된 워싱턴 조약이 가장 큰 원인이다. 이 조약은 멸종 위기 동식물의 국제 거래를 규제하는 내용을 담고 있는데, 이 조약의 영향으로 동물원의 역할에 큰 변화가 생겼다. 희귀 동물을 모아놓은 견학 시설에서 멸종 위기 동물을 보호하는 시설로 전환되었다.

협약을 준수하는 동물원들은 예전처럼 희귀한 동물을 수집해서 전시할 수 없다. 멸종 위기 동물을 번식시키기 위해 보유 중인 동물을 방사해야 하는 동물원도 증가하고 있다. 또 이런 분위기를 타고 동물이 재주를 선보이는 각종 동물 쇼도 줄이거나 폐지하는 추세다.

그렇다 보니 요즘 동물원은 옛날만큼 매력적인 공간으로 느껴지지 않아, 관람객의 발길이 더 재미있고 신기한 볼거리가 있는 장소로 옮겨가고 있다는 분석이다.

082

바닷물 온도가 상승하면 왜 대두 가격이 오를까?

바닷물 온도가 상승하는 주요 원인으로 엘니뇨 현상을 들 수 있다. 남미 연안에서 날짜 변경선 부근까지 해수 온도의 비정상적인 상승으로 여러 나라의 기상에 영향을 주어, 여름에 예년보다 덥지 않고 겨울에 춥지 않은 이상기후가 나타나는 경향이 있다.

이 엘니뇨 현상은 농산물의 시세에도 영향을 미치는데, 특히 대두의 가격이 큰 영향을 받는다. 비가 내리면 우산 장수가 돈을 벌고, 해가 뜨면 짚신 장수가 돈을 버는 식의 메커니즘이 작용하는 셈이다.

일단 엘니뇨가 발생하는 해역은 멸치가 풍부한 어장이다. 멸치처럼 작은 생선들은 대부분 가루로 만들어져 가축 사료가 되는데, 소나 돼지를 사육하는 농가에서 주로 소비한다. 미국이나 호주와 같은 나라는 넓은 목장에서 방목하는 방식으로 가축을 키우지만, 그렇지 못한 많은 농가에서는 어분(魚粉)을 가축 사료로 활용한다.

그런데 엘니뇨가 발생하면 멸치 어획량이 감소해 어분 생산량이 줄어들면서 가격이 오른다. 사료의 원료인 어분 가격이 오르면 사료 가격이 폭등해 축산 농가에서는 사료를 대두로 대체한다. 그러면 대두 수요가 늘어, 이번에는 대두 가격이 폭등하는 원리다.

083

뷔페나 무한 리필 음식점은 어떻게 이윤을 남길까?

뷔페나 무한 리필 음식점은 어떻게 돈을 벌까? 인건비를 절감하고 재료를 대량으로 들여와 단가를 아끼는 방법 정도는 기본적인 수완이다. 여기에 뷔페와 무한 리필 음식점만의 전략이 더해진다.

첫째, 메뉴 선정이다. 손님들이 비싼 음식만 동내면 가게는 남는 게 없다. 그래서 게처럼 비싼 재료에 감자를 곁들이는 식으로 저렴하면서도 포만감을 주는 메뉴를 뷔페 테이블에 올린다.

둘째, 음료 무제한 리필을 추가한다. 음료와 주류를 별도로 주문하도록 해 이윤을 남기는 가게도 있는데, 이런 방식은 하수라는 의견도 있다. 음료가 음식값에 포함되지 않는다고 하면 아예 음료를 주문하지 않는 손님이 많기 때문이다. 그런데 뷔페 이용에 음료는 무제한 리필 메뉴라고 하면, 손님은 음료를 무제한으로 마실 수 있다는 말에 혹한다. 음료에 맥주까지 포함하면 손님은 신나서 맥주를 몇 잔씩 마신다.

그런데 사람의 위장 용량은 한계가 있어 일반적인 사람은 맥주를 몇 잔 마시면 배가 불러 음식을 많이 먹지 못한다. 요리와 맥주의 가격을 비교하면 맥주가 더 저렴하다.

참고로, 뷔페나 무한 리필 음식점에서 본전을 뽑으려면 소고기는 한 사람당 400~500그램, 꽃게는 1킬로그램, 초밥은 30~35개 이상 먹어야 한다.

084

은행 수수료는
왜 비쌀까?

은행의 이체 수수료가 너무 비싸다는 불만의 목소리가 높다. 같은 은행 간 이체는 무료이지만 타행 이체에는 수수료가 붙는다.

옛날에는 은행이 수작업으로 전표를 작성했기 때문에 수수료를 받아도 그런대로 수긍할 수 있었다. 그런데 ATM이 설치되고 인터넷 뱅킹이 일반화되어 고객이 스스로 입력하는데도 은행은 수수료를 받아 챙긴다. 은행의 설명에 따르면 수수료는 통신회선 사용료, 기계 설비 투자 등에 따르는 비용이라는데, 어디에 얼마나 들어가는지 알 수가 없다. 게다가 대부분 은행이 같은 수수료를 받는다.

설비 투자비의 비중이 크다는데, 인터넷 뱅킹의 보급으로 은행의 필요 인력이 줄어들어 인건비가 줄어들었을 것이다. 따라서 이체 수수료는 은행이 설비 투자 경비를 고객에게 전가한다는 이야기로 해석할 수 있다.

085

불볕더위 이듬해 이비인후과에 손님이 몰리는 이유는?

이비인후과는 불볕더위가 지나간 이듬해에 환자로 문전성시를 이룬다. 유난히 더운 여름을 보내고 이듬해 봄이 찾아오면 꽃가루 알레르기와 비염에 시달리는 사람이 급증하는 이유는 무엇일까?

꽃가루 알레르기의 원인은 누런 먼지처럼 공중에 날아다니는 삼나무, 오리나무, 자작나무 등의 꽃가루다. 이 꽃가루는 전년 기온이 높을수록 많이 발생한다. 그래서 불볕더위 이듬해에는 공중에 흩날리는 꽃가루의 양이 많아져 이비인후과를 찾는 사람이 늘어난다.

세계적인 기후 변화 현상으로 연평균 기온이 상승하며 봄철 개화 시기가 빨라졌다. 또 산림녹화 산업, 가로수 심기, 녹지 조성, 강변 부지 개발 등으로 식물 서식 분포와 생태에 변화가 생기며 예전보다 꽃가루 날리는 수종이 많아졌다는 지적도 있다. 여기에 도심으로 날아든 꽃가루가 차량 배기가스, 분진과 합쳐지며 알레르기 반응을 일으키기 쉬워졌다고 한다.

086

반려동물
치료비는 왜
제각각일까?

반려동물을 키우는 사람이라면 누구나 한 번쯤 동물병원 영수증을 받아들고 식은땀을 흘린 경험이 있을 것이다. 건강보험 적용은 당연히 불가능하다. 반려동물 카페에서는 수의사가 치료비를 뻥튀기하듯 부풀린다고 의심하는 사례도 볼 수 있다.

사실 정확하게 표현하면 '사람 진료비보다 동물 진료비가 비싸다'. 사람은 건강보험 혜택을 받을 수 있어 본인 부담률이 진료비의 평균 15퍼센트 수준인 반면, 건강보험이 없는 반려동물은 진료비 전액이 비급여라서 고스란히 보호자의 몫이다. 이런 현실을 이해하더라도 동물병원 진료비는 여전히 부담스럽다.

그래서 2023년 1월 5일부터 동물병원 주요 진료 항목에 해당하는 진료비와 수술 등 중대 진료 예상 진료비를 사전에 알리는 제도가 시행되고 있다.

동물병원마다 진료비가 제각각이다 보니, 반려동물 보호자는 이번에는 도대체 얼마나 내야 할지 알 수 없어 답답했다. 이런 민원을 해결하기 위해 동물병원에서는 접수 창구, 진료실 등에 진료비 안내 책자 및 인쇄물을 비치하거나 벽보로 부착, 또는 병원 홈페이지에 진료비 관련 정보를 게시해야 한다는 제도가 마련되었다.

영수증을 받아 들기 전에 느꼈던 불안감이 조금 줄어들지 않을까 기대해본다.

087

진주 가격이 저렴해진 이유는?

옛날에는 비싸고 귀한 보석으로 여겨지던 진주값이 점점 내려가, 언젠가부터 홈쇼핑이나 인터넷 쇼핑몰에서도 진주 목걸이 등을 부담 없이 살 수 있다. 중국 양쯔강에서 양식한 담수 진주가 전 세계로 수출되면서 진주 가격이 깜짝 놀랄 정도로 저렴해졌기 때문이다.

원래 담수 진주는 해수에서 키운 진주와 비교해 양식에 인력과 비용이 덜 들어간다는 이점이 있다. 예전에는 담수 진주가 쌀알처럼 길쭉하고 색도 주황빛을 띠어 선호도가 떨어졌으나, 중국의 양식 기술이 눈부시게 발전해 원형 진주를 만들고 품질도 전반적으로 향상되었다. 이 진주들이 전 세계로 퍼져나가면서 진주 가격이 폭락했다. 양쯔강 주변은 기후가 온난해 진주의 성장 주기가 짧다. 그 덕분에 생산 비용이 점점 내려가, 저렴한 가격에 공급할 수 있다.

사람들이 지갑을 열지 않는 불황기에도 제법 팔리는 상품이 있다. 그중 하나가 가정용 금고다.

불황기인데 금고에 넣을 돈과 귀중품이 어디 있다고 집에 금고를 들이는지 의문이 들 수도 있다. 그러나 금융 불안에서 원인을 찾을 수 있다. 쉽게 말해, 은행이 언제 망할지 모르는 불안한 세상에서는 돈을 묻어두는 사람이 증가한다. 이런 사람들에게 가정용 금고는 필수품인 셈이다. 은행 파산이 보고될 때마다 금고 회사에는 주문이 밀려든다.

소형 내화성 금고가 잘 팔린다. 너무 가벼우면 도둑이 금고째 들고 갈 우려가 있어 50킬로그램대 금고가 인기 많다고 한다.

아동복은 옷감이 적게 드는데 왜 가격이 비쌀까?

아동복, 특히 브랜드 아동복의 가격표를 확인하고는 입이 떡 벌어질 만큼 비싸 슬며시 내려놓게 된다. 성인 옷과 비교하면 옷감도 적게 들어가는데, 왜 이렇게 비쌀까?

아동복의 가격을 비싸게 책정하는 데는 몇 가지 이유가 있다. 우선, 사용하는 옷감은 적지만 재단부터 봉제, 마감 등 제조 공정은 성인용 의류와 다르지 않다. 오히려 전체 크기가 작아 바느질하는 데 품이 많이 들고 손도 많이 간다.

게다가 어른 옷은 기본적으로 사이즈가 S, M, L(여성 의류는 44, 55, 66) 정도인데, 아동복은 사이즈를 키에 따라 더 세분화해야

한다. 신생아부터 몇 센티미터 단위로 크기가 달라져 한 사이즈당 생산 단위에 한계가 있어 생산성이 떨어진다. 따라서 품질이 괜찮은 옷을 만들려면 아동복이 성인 옷보다 단가가 많이 들어 가격을 비싸게 책정할 수밖에 없다.

자동판매기가 지폐를 토해내는 이유는 뭘까?

지폐를 넣는 방향을 바꿔도, 꾸깃꾸깃해진 지폐를 반듯하게 펴서 다시 집어넣어도, 자동판매기가 멀쩡해 보이는 지폐를 인식하지 못하고 연거푸 토해낼 때가 있다. 난감하고 분통 터지는 상황이지만, 이는 자판기의 구조상 어쩔 수 없다.

예를 들어, 어떤 자판기는 지폐를 30분할해서 각 부분을 하나하나 기억한 데이터를 비교 검토해 한 군데라도 일치하지 않으면 받아주지 않는다. 지폐에 얼룩이 있거나 찢어져 인식하지 못하는 경우가 제일 많다. 오래된 지폐는 손을 많이 타서 상상 이상으로 지저분하다. 반면 신권이라도 30분할했을 때 한 군데에 얼룩이 있으면 자판기가 거부할 수 있다.

요즘 자판기에 설치된 지폐 감별기는 각 지폐의 크기, 투영도, 비치는 무늬, 특수 무늬, 잉크 색상 등을 종합적으로 판단해서 귀신같이 구분해낸다. 주로 가시광선, 적외선을 이용하는데 자기 센서 방식으로 판독하는 자판기도 있다. 하지만 최신 자판기도 지폐가 훼손되거나 이물질이 묻어 얼룩이 생긴 경우에는 인식하지 못한다.

좁은 골목길에 양심 없는 운전자가 불법 주차를 해놓아 혀를 끌끌 차며 아슬아슬하게 지나려다 접촉 사고를 냈다. 차를 대면 안 되는 공간에 불법으로 주차한 차량이 사고 원인을 제공한 셈이니, 이런 경우에는 접촉 사고를 내도 배상할 필요가 없을까?

일반적으로 주정차 중인 차량과 부딪치면 100퍼센트 들이받은 차량에 책임이 있다. 그러나 불법 주정차한 차량은 그냥 주정차만 했어도 10퍼센트 과실 책임이 발생한다. 여기에 차량 통행 방해 여부, 도로 상태, 운행 환경 등을 고려해 추가로 과실이 가산된다.

불법 주정차 차량은 최대 50퍼센트까지 과실 책임이 발생할 수 있다. 특히 소방차의 진입을 방해한 불법 주정차 차량은 훼손되어도 보상받을 수 없고 과태료까지 내야 한다. 한마디로, 불법 주정차 차량과 접촉 사고가 났을 때는 과실 비율에 따라 배상금 액수가 달라진다.

092

아내의 쌈짓돈이나 남편의 비자금은 법적으로 누구의 돈일까?

법적으로 비상금은 특유 재산이다. 부부가 각자 관리하고 사용하는 돈을 '비자금'이라고 하는데, 원칙적으로 비상금은 이혼하더라도 분할 대상이 되지 않는다.

다만 예외는 있다. 부부 한쪽이 협력해서 비상금이 줄어들지 않도록 관리하거나 증식에 힘을 보탰다면 분할 대상이 될 수 있다. 또 부부 중 누구 소유인지 분명하지 않은 재산은 민법에 따라 부부 공유로 추정한다는 조항이 있다. 전업주부가 남편의 월급을 모아서 비상금 통장을 만들었다면 재산분할 시 소유권을 다툴 여지가 있으나, 전업주부라도 아르바이트해서 모은 돈으로 비상금 통장을 만들었다면 소유권이 아내에게 있다.

093

비행기가 목적지 아닌 다른 공항에 기착하면 초과 운임을 누가 낼까?

항공사는 탑승객을 목적지까지 데려다줄 의무가 있다. 따라서 악천후나 예기치 못한 고장 등의 이유로 다른 공항에 기착했을 때 기착지에서 목적지까지 가는 추가 운임은 항공사가 부담해야 한다.

이런 경우 비즈니스 출장 중인 승객이 상대 회사에 도착 지연을 연락할 때 드는 통신요금도 항공사 부담이다. 바로 이륙하지 못하고 기착지에서 하룻밤 묵어야 한다면 호텔 요금도 항공사가 내야 한다.

그렇다면 비행기가 목적지에 도착하긴 했는데, 원래 타려던 환승 비행기를 놓친 경우에는 어떻게 될까? 이럴 때는 원칙적으로 승객 본인이 부담해야 한다. 항공사는 비행기가 목적지에 도착한다는 약속을 지켰으므로 정중히 사과하면 되고, 나머지는 승객이 알아서 처리해야 한다. 물론 받아들이지 못하는 승객도 있다. 이런 경우에는 항공사가 영업 실적을 고려해 원만하게 조율해서 해결한다는 통례가 있다.

094

오케스트라 단원은 모두 같은 출연료를 받을까?

클래식 연주회에서는 쉴 틈 없이 공연 내내 연주하는 바이올리니스트도 있고, 클라이맥스에서 딱 한 번 심벌즈를 치는 타악기 연주자도 있다. 상식적으로 생각해보면 노동 강도가 더 높은 바이올리니스트가 더 많은 출연료를 받아야 하는데, 실제로는 어떨까?

결론부터 말하면, 담당하는 악기에 따라 단원의 급여는 달라지지 않는다. 세계적인 오케스트라에서도 단원의 급여는 연주 빈도가 아니라 기량, 경력, 나이에 따라 달라진다.

참고로, 곡에 따라 타악기 연주자가 과도한 노동에 시달리기도 한다. 예를 들어, 모리스 라벨(Maurice Ravel)의 〈볼레로(Bolero)〉에서 스네어드럼 주자는 처음부터 끝까지 스틱을 내려놓을 수 없고, 헥토르 베를리오즈(Hector Berlioz)의 〈환상 교향곡(Symphonie fantastique)〉 제4악장 '단두대로의 행진(March au Supplice)'에서 팀파니 연주자는 육체적으로 상당히 부담이 갈 정도로 연주 강도가 높다고 한다.

095

비슷한 패키지 여행상품 가격이 천차만별인 이유는?

여행사에서 판매하는 '하와이 4박 6일 여행상품'을 보면 100만 원대 저렴한 상품부터 200만 원이 넘는 호화 패키지 상품까지 가격대가 다양하다.

물론 숙박 호텔과 비행기 좌석이 다르면 가격이 달라질 수 있다. 그러나 패키지 여행상품 중에는 일정과 시기가 같은데 가격이 몇십만 원씩 차이 나는 상품도 있다. 비행기 좌석과 호텔을 대량 확보한 대형 여행사가 몇 개의 유통 채널로 여행상품을 판매하기 때문이다.

예를 들어, A 여행사가 B 여행사를 통해 상품을 팔 경우 A 여행사는 B 여행사에 10퍼센트 전후 판매 수수료를 지급하는데, 그만큼 A 여행사의 요금이 비싸진다. 반대로, 여행사 지점이 지역 고객에게 상품을 판매할 때는 광고비가 거의 들지 않아 그만큼 여행 요금을 깎아줄 수 있다. 중소 여행사는 때로 채산성을 무시한 파격적인 할인 상품을 판매해 인지도를 높이는 홍보 전략을 사용하기도 한다.

이처럼 다양한 이유로 패키지 여행상품의 가격은 비슷한 내용이라도 가격대가 제각각 달라질 수 있다.

096

자동차 전시장 2층에 자동차를 넣는 방법은?

자동차 전시장에 가면 2층, 3층 매장에도 차량이 전시되어 있다. 차량을 어떻게 위층으로 옮겼을까?

답은 시시할 정도로 간단하다. 자동차 전시장에는 원래 차량 전용 출입구가 설치되어 있다. 각 층에 대형 창이 있

고, 2층 이상으로 올라갈 때는 차량 전용 리프트를 사용해 각 층에 설치된 출입구로 반입한다. 전시장 휴일이나 폐점 후에 작업해 차량을 옮기는 모습을 볼 수 없을 뿐이다.

의사는 한 명뿐인데 병원 간판에 소아과, 내과 등 여러 진료 과목이 적혀 있는 병원이 있다.

의대에서 특별히 공부를 열심히 해서 가능한 것이 아니라, 의사 면허를 취득한 이상 진료 과목에 법적 제한이 없기 때문이다.

의사 면허를 취득한 뒤 인턴 및 레지던트 과정을 모두 마치고, 전문의 시험에 합격한 사람을 전문의라고 하는데, 이 전문의가 아닌 일반의라도 모든 과목을 진료할 수 있다. 다만 정부에서 건강정보심사평가원의 수가 인정을 통해 타과 전문의, 일반의의 일부 의료 행위에 실질적 제약을 두기는 한다.

그러나 병원 간판을 달 때는 의료법 시행 규칙에 따라야 한다. 예를 들어, '○○피부과 의원'인 경우에는 피부과 전문의. 또 '○○의원, 진료 과목: 피부과'인 경우에는 다른 과목 전문의이거나 일반의. '○○산부인과 의원, 진료 과목: 피부과'인 경우에는 산부인과 전문의인데 피부과도 진료한다는 뜻이고,

'○○산부인과·피부과 의원'인 경우에는 산부인과와 피부과 전문의 두 명이 진료를 보는 병원을 의미한다.

098

수의사가
꺼리는 동물이
있다고?

동물병원은 사람이 다니는 병원과 달리 개과, 고양이과, 파충류과 등의 진료 과목이 없다. 수의사는 병에 걸리거나 다친 동물이라면 종류를 가리지 않고 진료하는데, 그런 수의사도 꺼리는 동물이 있단다.

언뜻 생각하면 도베르만이나 셰퍼드처럼 덩치가 큰 대형견을 꺼릴 듯한데, 의외로 중형견을 꺼리는 수의사가 많다. 대형견은 견주가 확실히 관리해 대체로 얌전한데, 중형견은 견주가 상대적으로 덜 엄격하게 훈육해 버릇이 나쁘거나 사나운 개체가 많

아 치료 중에 날뛰는 등 애를 먹기도 한다.

사실 대부분 수의사는 개와 고양이, 작은 새, 토끼 등 일반적인 반려동물을 제외한 동물을 두려워한다. 수의사도 사람인지라 대형 도마뱀이나 뱀 등을 치료할 때면 애써 태연한 척하지만, 식은땀을 흘리며 초긴장한 상태로 진료에 임한다는 고백이다.

이발소는 왜 유리로 꾸민 곳이 많을까?

예전에는 이발소나 동네 미용실 외관을 유리로 꾸민 곳이 많았다. 장사에 도움이 되었기 때문이다. 일단 밖에서 가게 안이 보이면 손님이 편하게 가게 안으로 들어갈 수 있다. 유리문은 문턱을 낮추는 효과가 있다. 회전율을 높여야 하는 패밀리 레스토랑이나 편의점도 마찬가지 이유로 인테리어에 유리를 많이 사용한다.

이발소나 미용실은 유리를 사용하면 채광이 좋아져 가게 전체가 밝아진다. 채광이 밝으면 고객에게 심리적 안정감을 준다. 이발소나 미용실은 위험한 도구를 들고 일하는 곳이어서 가게 안이 어두침침하면 꺼림칙한 기분이 들 수 있는데, 가게 안이 밝으면 고객이 안심하고 머리를 맡길 수 있다. 다만 유리를 많이 쓰면 직사광선이 그대로 들어와 에어컨을 가동해야 하는 여름철에 전기요금이 많이 나온다.

호텔 출입문에는
왜 주로 회전문을
설치할까?

호텔 입구에는 대개 회전문이 설치되어 있다. 호텔에는 회전문을 설치해야 한다는 규정이라도 있는 것일까? 그런 것이 아니라, 적정 온도를 유지해야 하는 로비에 외부 공기의 유입을 방지하기 위해서다.

가령 겨울철에는 로비에도 난방을 가동한다. 그 상태에서 일반적인 문을 여닫으면 그때마다 차가운 외부 공기가 들어온다. 반면 회전문은 온기가 빠져나가지 않게 막아준다. 그런데 회전문 옆에는 일반 문이 붙어 있다. 회전문으로는 짐을 넣고 빼기 힘들기 때문에, 여행 가방이나 각종 짐, 휠체어 등을 넣고 뺄 때는 일반 문을 이용할 수 있게 한 것이다.

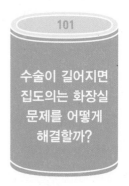

수술이 길어지면
집도의는 화장실
문제를 어떻게
해결할까?

10시간 이상 걸리는 대수술을 할 때 집도의와 간호사는 화장실이나 식사를 어떻게 해결할까?
집도의는 수술 시간이 아무리 길어도 수술실을 떠나지 않는다. 식사도 거르고 화장실도 가지 않는다. 집도의는 수술실에 들어가기 전 볼일을 마치고 전날부터 장시간 수술에 대비해 수분 섭취를 삼간다.

대수술에는 집도의 외에도 대여섯 명의 의사가 함께 들어가는데, 이들도 교대하지 않는 게 원칙이다. 수술실 간호사도 마찬가지로, 특별한 용무가 아니면 도중에 교대하지 않는다.

따라서 끼니와 볼일을 참을 정도의 인내심이 없으면 수술을 집도하는 외과 의료 현장에 종사하기 힘들다.

102

자동차 정비공은 왜 점프슈트를 입을까?

자동차 정비공을 비롯해 오토바이와 자동차 레이서, 주유소 직원 등은 위아래가 한 벌로 붙은 점프슈트(jumpsuit)를 즐겨 입는다. 왜 특정 직종의 사람들이 점프슈트를 작업복처럼 입게 되었을까?

원래 점프슈트는 1920년대 높은 곳에서 낙하산을 타고 내려올 때 착용하기 시작해 이런 이름이 붙었다.

위아래가 한 벌로 이어진 디자인은 몸 전체를 완전히 감싸 온도가 낮은 고공에서 방한복 역할을 하기 때문이다. 또 점프슈트는 원단이 한 장으로 이어져 윗옷 소매에 걸려 사고 날 염려가 없다. 이런 기능성이 좋은 평가를 받아 점프슈트는 차츰 일상에서 작업복으로 이용되었고, 자동차와 비행기 정비공의 유니폼으로 자리 잡았다.

103

선로 자갈에
드릴을 박는
이유는?

선로의 침목 아래 노반(선로 바닥)에는 약 25센티미터 두께로 자갈이 깔려 있다.

고속철도나 기차를 타고 가다 보면 가끔 선로 보수작업을 하는 작업자들이 이 자갈 부분에 드릴을 박는 모습을 볼 수 있다. 이는 선로와 침목을 안정시키기 위해서다. 자갈에 드릴로 진동을 주면 자갈이 적당한 위치에 깔리는 원리를 이용한 작업이다. 쉽게 말해, 자갈의 틈을 메우는 거라고 할 수 있다. 이 자갈들은 선로를 안정시키고 진동과 소음을 완화하는 역할을 한다. 그런데 기차가 그 위를 달리면 기차의 무게와 진동으로 자갈이 튀어올라 차츰 선로 좌우 높이와 달라진다. 그래서 드릴처럼 생긴 전용 공구로 자갈을 다져 선로 높이를 조정한다.

104

수도요금은 왜
2개월마다
징수할까?

요즘에는 종이 고지서를 들고 은행 창구에 가서 수도요금을 내는 사람이 거의 없다. 신용 카드나 자동이체로 빠져나가 수도요금이 언제 얼마나 나갔는지 모르는 사람도 많다. 수도요금은 2개월마다 청구된다. 도시가스나 전기

요금은 매달 청구되는데, 수도요금은 왜 격월로 청구될까?

상수도사업본부에 따르면 2개월 사용량을 기준으로 고지서를 작성하기 때문에 고지서에는 2개월분 수도요금이 청구된다. 검침 담당 직원이 고객의 가정과 사무실을 돌며 수도계량기에 찍힌 숫자를 확인한 뒤 사용량을 요금으로 계산해 고지서를 작성하는 시스템이다. 따라서 매달 검침하면 인건비가 많이 들어, 효율성을 고려해 격월로 청구하는 것이다.

아주 옛날에는 수도 사용량을 반년마다 검침하는 나라도 있었다. 그런데 청구 금액과 실제 사용요금이 일치하지 않아 나중에 돌려주는 일이 비일비재했다. 이제는 격월 검침으로 수치와 청구 금액이 불일치하는 문제가 해결되면서, 수도요금을 2개월마다 청구하게 되었다.

**수신자 부담
전화를 운영하는
회사는 적자가
나지 않을까?**

수신자 부담 전화란 통화요금을 전화를 거는 쪽이 아니라 전화를 받는 쪽에서 내는 서비스다.

은행, 카드 회사, 보험 회사, 통신사는 물론 각 기업의 AS 센터 등이 이 서비스를 사용한다. 최근에는 배달 전문 동네 음식점 등 소규모 소매업체에서도 이 서비스를 도입하는 곳이 있다.

쓸데없이 오지랖을 부리는 일일 수 있으나 수신자 부담 전화를 사용하는 회사나 가게의 전화요금이 걱정될 때가 있다. 세상에 공짜가 없는데, 전화요금이 공짜라고 하면 전화통에 불이 나지 않을까? 수신자 부담 전화 서비스를 운영하면 적자가 나지는 않을까?

하지만 걱정할 필요 없다. 수신자 부담 전화를 계약할 때 한 달 통화요금의 상한을 지정할 수 있다. 따라서 상한에 도달하면 수신자 부담 전화를 종료한다는 음성 안내가 나오고 회선이 연결되지 않는다. 또 가입 계약 내용에 따라 시외전화나 휴대전화기에서는 아예 연결되지 않도록 설정할 수도 있다.

최근에는 기업 경비 절감을 위해 수신자 부담 전화번호를 없애거나 잘 보이지 않는 곳에 작은 글씨로 적어놓는 식으로 바꾸는 기업도 늘어나고 있다.

신호 대기 중에 엔진을 끄면 지구 환경에 도움이 될까?

자동차 공회전 제한 제도와 공회전 제한 지역이 있다. 터미널, 주차장, 버스 차고지 등이 대표적이다. 아예 정체나 신호 대기 중일 때처럼 차량이 멈췄을 때는 자동으로 엔진을 꺼버리고 브레이크에서 발을 떼거나 가속 페달을 밟아 차를 출발시킬 때 자동으로 시동이 들어오게 만든, 공회전 제한 장치(Idle Stop&Go)가 탑재된 차량도 있다. 공회전 시 나온 배기가스가 공기를 오염시키고 지구와 환경에 나쁘다는 인식이 생기면서 공회전 제한 제도가 도입되었다.

그런데 일부 연구에 따르면, 신호 대기 중일 때마다 엔진을 껐다가 켜면 오히려 이산화탄소 배출량이 증가하고 정체도 심해진다. 신호 대기 중일 때 엔진을 껐다가 신호가 파란불로 바뀐 뒤에 시동을 걸고 발진하면 교차로를 통과하는 데 시간이 더 걸린다. 그래서 신호 한 개를 통과할 때까지 신호 대기 중인 차량은 몇 번씩 시동을 걸었다가 끄는 과정을 반복한다. 자동차는 엔진에 시동을 걸 때 연료를 가장 많이 소비한다. 따라서 공회전하며 신호 대기 중일 때보다 연료 소비량이 증가해 대기 오염이 심해질 수 있다.

공회전 제한은 쇼핑 등 5분 이상 차량을 주차할 때만 하는 게 합리적일 수 있다는 연구 결과가 있지만, 차종이나 환경에 따라 달라질 수 있어 일률적으로 공회전 제한을 적용하지 말아야 한다는 의견도 있다.

동전에는 제조 연도가 있는데, 왜 지폐에는 표시가 없을까? 여기에는 두 가지 이유가 있다.

첫째, 동전은 두 종류 이상의 합금으로 만들어져 유통하는 동안 금속 배합 비율이 달라질 수 있기 때문이다. 즉, 제조 연도는 유통 중 변화를 판별하는 장치라고 할 수 있다.

둘째, 지폐에는 제조 연도 대신 일련번호가 인쇄되어 있어 굳이 제조 연도를 넣을 필요가 없다.

107

지폐에는 왜 제조 연도를 넣지 않을까?

4장

잡학다식한 사람으로
만들어주는
사물통조림

**웨딩 케이크는
누가 발명했을까?**

결혼식 피로연에 등장하는 화
려한 웨딩 케이크와 케이크를
절단하는 의식은 프랑스의 파
티시에가 고안했다. 물론 케이

크 판매를 늘리기 위한 판촉 전략이었다.

19세기 미국에서는 신랑과 신부가 결혼식 파티 하객들에게 직
접 구운 비스킷을 나눠주는 관습이 있었다. 이를 전해 들은 프
랑스의 한 파티시에가 비스킷보다 단가가 비싸고 이윤이 많이
남는 케이크를 팔자는 아이디어를 떠올렸다. 이렇게 해서 고안
한 웨딩 케이크가 날개 돋친 듯이 팔려나갔다.

109

보졸레 누보는
어떻게 탄생했을까?

제2차 세계 대전 중 독일에 점
령당한 프랑스는 전후 심각한
물자 부족에 시달렸다. 와인을
물처럼 마시던 프랑스 사람들
은 특히 와인에 목말랐다.

1943년 미셸 플랑지(Michel Flanzy)라는 교수가 아무리 빨라도
3개월 정도 걸리던 와인 양조 기간을 절반으로 줄이는 방법을
고안했다. 플랑지는 보졸레 지방 포도로 만든 와인은 최대한 빨
리 마셔야 맛있다는 사실에 착안해 포도를 탱크에 담고 탄산가
스를 가득 채우면 1주일 만에 충분히 발효된다는 사실을 발견했
다. 이 방법을 시용했더니 한 달 반 만에 와인이 완성되었다.

와인 부족으로 신음하던 프랑스인들은 이 인스턴트 와인을 앞
다투어 마셨고, 오늘날 비행기로 공수할 정도로 인기 높은 보졸
레 누보가 탄생했다.

110

세계 각국 대도시에
대형 관람차가 증가한
이유는?

예전에는 유원지에 가야 탈 수
있던 대관람차가 언젠가부터
전 세계 대도시 곳곳에 건설되
고 있다. 런던의 런던아이와 홍
콩 대관람차, 아시아 최대 규모를 자랑하는 싱가포르 플라이어

등이 유명하다.

이용객 대다수는 젊은 커플이다. 밀실에서 도심 야경을 바라볼
수 있어 분위기가 끝내주고, 가까이에서 놀이공원보다 저렴하
게 즐길 수 있어 인기가 높다. 관람차는 계속 움직이며 새로운
손님을 태워 롤러코스터와 비교해 이익률이 높고, 놀이기구라
서 쉽게 질리지 않는다.

도심에 관람차가 있으면 그 주위로 유원지가 조성되고 대형 관
람차는 랜드마크 역할도 하기 때문에 여러 도시에서 유치하는
것이다.

사람을 대상으로 한 식품을 개
발할 때는 시식단이 맛을 보고
평가해 시장의 반응을 가늠하
는데, 반려동물용 먹이는 시식
단을 어떻게 선정하고 평가할까?

어느 반려동물 식품 회사는 200마리가량의 반려견에게 맛이
다른 두 종류의 시식 제품을 각각 일주일 동안 급여해, 어느 쪽
의 선호도가 더 높은지 판단한다고 밝혔다. 또 한 가지 먹이만
먹으면 영양이 부족하지 않은지 알아보기 위해 반려견에게 한
종류만 장기간 급여한 경우도 있다고 한다.

이렇게 해서 반려견들의 입맛을 사로잡는 신제품이 세상에 나

오기까지 1년 정도 걸린다. 인스턴트 라면 개발보다 시간과 노력이 많이 드는 작업이다.

112

피아노 학원에서는 왜 『바이엘』부터 시작할까?

피아노 학원에서 피아노를 배울 때는 일단 『바이엘』부터 시작한다. 『바이엘』이 피아노 입문 교재의 천하통일을 이뤘다고 해도 과언이 아니다. 학원에서 사용하는 『바이엘』은 독일의 작곡가이자 피아니스트인 페르디난트 바이어(Ferdinand Beyer)가 만든 피아노 연습곡 모음집이다.

그런데 한국과 일본을 제외하면 『바이엘』을 피아노 입문 교재로 사용하는 나라가 거의 없다. 다른 나라에서는 피아노 학원

선생님 중에 『바이엘』 교재 자체를 모르는 사람도 적지 않다. 일본에서는 교원 시험, 유치원 교사 피아노 실기 시험에서 『바이엘』을 사용하면서 널리 보급되었다. 피아노 교사 본인들이 『바이엘』로 연습한 경험이 있어 수강생들에게도 익숙한 『바이엘』로 가르치는 교육 체계가 퍼져나갔고, 일본의 교습법과 교재가 이웃 나라 한국에 전해져 『바이엘』이 한국의 피아노 학원계를 평정했다.

그러나 1990년대부터 『바이엘』을 사용하지 않는 피아노 학원이 조금씩 생기기 시작했다. 『바이엘』은 음악적, 기술적으로 정형화되고 손가락 훈련에도 부족한 부분이 많아 새로운 교재로 눈을 돌리게 되었다고 한다. 참고로, 서양권에서는 현대 피아노 교수법을 바탕으로 제작된 『알프레드(Alfred)』, 『피아노 어드벤처(Piano Adventures)』 등을 교재로 많이 사용한다.

113

석유의 수명은
몇 년 남았을까?

1970년 무렵, 석유는 앞으로 30년이면 동난다는 말이 나돌았다. 그런데 30년이 지나자 앞으로 40년이면 바닥이 드러난다고 말이 바뀌었다. 30년 동안 새로운 유전이 발견되어 총매장량이 증가했기 때문이다.

앞으로 석유가 몇 년이나 더 나올지는 채굴 기술의 진보와 인간의 석유 소비 속도 경쟁에 달렸다. 앞으로 40년 간다는 말은 현재 채굴 기술을 전제로 할 때 채산성이 맞고 채굴할 수 있다고 확인된 석유 매장량을 뜻한다.

석유 확정(확인) 매장량(proved reserves)은 점점 증가하는 추세다. 그래서 채굴 기술이 더 발전하면 70~80년은 더 석유를 쓸 수 있다는 주장도 있다. 더 깊은 지하에 있는 '원시 매장량'까지 고려하면 앞으로 300년은 끄떡없다.

각성제는 일본인이 발명했다. 1888년 한방 약품 연구자였던 나가이 나가요시(長井長義)가 '마황'이라는 물질에서 유효 성분인 에페드린을 추출하는 데 성공했다. 나가이 나가요시는 연구를 계속해 에페드린 유도체인 메스암페타민도 발명했다. 1919년에는 오가타 아키라(緒方章)가 에페드린과 메스암페타민의 합성에 성공해 각성제의 원형이 발명되었다.

메스암페타민은 뇌를 흥분시키고 졸음을 쫓으며 피로를 줄여주는 효과가 있어, 1941년에 '히로뽕(Philopon)'이라는 상품명으로 일반인에게 판매했다. 당시 일본 군부에서 이 필로폰을 대량 사들여 야간 행군이나 군수공장 노동자의 사기를 고양하고 졸음을 예방하기 위해 복용시켰다. 특공대 대원도 출격하기 전에 필로폰을 사용했다. 그러나 제2차 세계 대전 후 무시무시한 부작용이 알려지면서 법률로 규제되었다.

카디건은 전쟁터에서 탄생한 패션이다. 전장에서는 부상병이 줄줄이 야전병원으로 이송된다. 팔에 총상을 입거나, 등이나 배를 다친 병사도 있다. 그런데 점퍼나 스웨터는 치료 과정에서 벗기거나 입힐 때 애먹을 수 있다.

제1차 세계 대전 중에 영국군의 경기병여단을 지휘한 제7대 카디건 백작 토머스 브루더넬(Thomas Brudenell) 중장이 부상병의 옷을 쉽게 벗기고 입힐 수 있는 옷을 고안했다. 앞에 단추가 달린 이 스웨터는 단추를 풀면 손쉽게 벗기고 입힐 수 있으며 모직물이어서 따뜻했다. 이 옷은 부상병들에게 환영받았고, 중장의 이름을 따서 '카디건'이라 부르게 되었다.

현대 사회에서 대량 소비되는 물건 중 하나인 미용 티슈는 주로 네모난 종이 상자에 들어 있어 한 장씩 뽑아 쓰기에 편

리하다. 요즘에는 화장대나 테이블 위에 올려놓고 사용하지만, 원래는 전쟁용 물자로 개발되었다.

제1차 세계 대전 중에 탈지면이 부족해지자 흡수력이 뛰어난 티슈가 개발되어 탈지면 대용품과 붕대로 사용되었다. 제1차 세계 대전에서 독가스를 사용해 흡수력을 개선한 티슈가 병사들의 방독면 필터로도 이용되었다. 티슈는 전쟁을 뒷받침한 중요한 물자였다.

그러다가 전쟁이 끝나자 티슈가 남아돌아 창고에 산더미처럼 쌓였다. 이에 애가 탄 기업이 할리우드와 브로드웨이의 스타들에게 화장을 지우는 용도로 써달라고 협찬하면서 티슈 사용이 세련된 미용법이라고 홍보했다.

이 마케팅 전략은 성공을 거뒀고, 이후 티슈는 일반 가정용품으로 거듭났다.

러닝머신이 고문 도구였다?

흔히 '러닝머신'이라고 부르는 트레드밀(treadmill)은 발판의 벨트가 회전하고 그 위를 계속 걷거나 달릴 수 있게 만들어진 실내 운동기구다.

그러나 트레드밀의 탄생 이야기에는 오싹한 역사가 숨겨져 있다. 원래 트레드밀은 건강을 위한 것이 아니라, 인간의 몸을 괴롭히기 위해 만들어진 고문 도구였다!

19세기 초, 영국의 감옥에는 트레드휠(treadwheel)이라는 도구가 설치되어 있었다. 커다란 통 바깥에 계단이 달린 기구였는데, 죄수들은 회전하는 통 위에서 계속 걸어야 했다. 영원히 바

위를 밀어 올린 시시포스처럼 끊임없이 계속 계단을 걸어야 한다고 해서 '영구 계단(everlasting staircase)'이라 부르기도 했다. 1865년 영국 감옥법에 따르면, 16세 이상 죄수는 처음 3개월 동안 반드시 이 트레드휠을 경험했다.

20세기 들어 이 감옥법이 폐지되어 트레드휠은 교정시설에서 모습을 감췄다. 이후 이 트레드휠을 모델로 실내 운동을 위한 러닝머신이 탄생했고, 죄수들을 대신해 현대인이 구슬땀을 흘리며 기계 위에서 걷고 달리게 되었다.

118

터키석은 정말 튀르키예에서 채굴한 것일까?

아름다운 청록색을 띠는 터키석은 이름과 달리 튀르키예(터키)에서 채굴되지 않는다. 터키석의 산지는 옛날부터 시나이 반도와 이란이다. 그런데 왜 '터키석'이라는 엉뚱한 이름이 붙었을까?

'터키석'이라는 이름의 유래를 알려면 13세기 프랑스로 시간 여행을 떠나야 한다.

당시 중근동에서 산출된 물품은 튀르키예를 거쳐 유럽으로 들어갔다. 그런데 프랑스인들은 동방에서 온 이 진귀한 보석도 튀르키예에서 들어온 것으로 여겨 '터키석'이라고 불렀다. 프랑스에서 터키석이라는 엉뚱한 이름이 붙은 이 보석은 이후 전 세계에 알려지면서 이름이 그대로 굳어버렸다.

불황으로 사람들이 씀씀이를 줄이는 시대에도 에르메스, 루이뷔통, 구찌 등 소위 명품은 일명 '오픈런(매장이 열리기 전부터 기다렸다가 문이 열리자마자 달려가서 물건을 사는 현상)' 현상이 나타날 정도로 인기가 높다.

백화점에선 명품 브랜드를 모시기 위해 공을 들이고, 유행에 민감한 젊은이들이 모이는 번화가에 멋지게 꾸민 명품 매장이 문을 열어 사람들을 불러 모은다.

예전에는 명품이라고 하면 가방을 떠올려 아예 '명품백'이라는 단어까지 생겨났다. 그런데 요즘에는 가방 외에도 구두, 지갑 등 자잘한 소품이 많이 팔린단다. 아무리 비싼 브랜드라도 소품은 가방보다 부담이 덜하기 때문이다. 또 지갑 같은 소품은 매일 가지고 다닐 수 있고, 어울리는 옷을 갖춰 입으려고 신경 쓸 필요도 없어 여러모로 활용도가 높다. 이런 고객의 심리를 읽은 명품 브랜드 회사는 소품을 다양하게 갖춰 소비자를 공략한다.

옷은 패스트패션 브랜드에서 그때그때 유행하는 저렴한 것을 사 입고, 지갑 등 소품은 마음에 드는 명품을 소장하려는 사람도 많다.

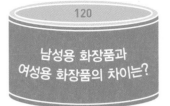

120

**남성용 화장품과
여성용 화장품의 차이는?**

남성용 화장품과 여성용 화장품에는 어떤 차이가 있을까?

얼굴에 바르는 크림의 경우, 남성은 지성 피부가 많아 여성용보다 유분기가 적고 피지 분비를 억제하는 비타민 H가 함유된 제품이 많다.

예전에는 화장수를 뭉뚱그려 '스킨'이라고 불렀는데, 요즘에는 토너, 스킨로션, 밸런서, 부스터, 소프너 등 종류가 다양하다. 남성용은 대개 면도 후에 사용하기에 살균 작용이 뛰어난 알코올 성분을 함유한 제품이 많고, 여성용은 자극을 줄이기 위해 알코올을 빼거나 줄인 제품이 많다.

샴푸는 남성용과 여성용의 성분이 거의 같다. 그런데 남성은 비듬으로 고민하는 사람이 많다 보니 비듬 방지 성분을 첨가한 제품이 출시되고 있다. 최근에는 남성용의 경우 '탈모 방지 샴푸'가 대세다.

121

**음식 모형을
진짜 음식과 똑같이
만들지 않는 이유는?**

대형 마트나 쇼핑몰 푸드코트에 가면 진짜 음식을 쏙 빼닮은 밀랍으로 만든 요리 모형을 볼 수 있다. '진짜 음식을 쏙 빼닮았다'고 설명한다. 그런데 사실 최고 수준의 기술을 가진 전문가는 음식 모형을 진짜 음식과 약간 다르게 제작한다. 음식 모형을 실물과 똑같이 만들면 인지 부조화가 일어나기 때문이다. 쉽게 말하면, 진짜 음식을 그대로 재현하면 먹음직스러워 보이지 않는다.

우리가 아는 메뉴를 떠올려보면 쉽게 이해할 수 있다. 머릿속에서는 음식보다 훨씬 미화되기 때문이다. 따라서 음식 모형은 식욕을 자극하기 위해 진짜 음식보다 더 먹음직스러워 보이도록 만든다.

122

새 차에서 나는
독특한 냄새의 정체는?

새로 출시된 차에서는 독특한 냄새가 난다. 이 냄새를 좋아하는 사람도 있지만, 속이 울렁거리고 멀미가 난다며 싫어하는 사람도 있다.

새 차에서 나는 독특한 냄새는 다양한 물질의 냄새가 섞인 집합체다. 공장에서 갓 출고된 차에서는 접착제와 도료, 내장 시트, 시트와 각종 기물을 덮은 비닐 등이 내뿜는 강렬한 냄새가 난다. 또 엔진룸의 오일과 고무 냄새가 혼합되어 에어컨을 통해 차 안으로 흘러 들어온다. 이 모든 냄새가 뒤섞여 흔히 '새 차 냄새'라고 하는 독특한 냄새가 만들어진다.

**와이셔츠 기장이
긴 이유는?**

'와이셔츠'라는 말은 일본인의 어설픈 청취 능력에서 빚어진 일본식 조어다. 영어는 자음을 약하게 발음해 '화이트셔츠'에

서 'w' 발음이 빠져 '와이셔츠'처럼 들린다.

어쨌든 와이셔츠는 다른 셔츠와 달리 앞뒤 기장이 길고 양쪽 너비가 짧다. 이런 모양에는 실용적인 의미가 담겨 있다. 앞뒤로 긴 부분은 '속옷 대신'이었다. 옛날 유럽인은 팬티를 입지 않았다. 팬티 대신 와이셔츠의 긴 기장으로 중요한 부위를 앞뒤로 덮어, 앞뒤 기장이 긴 와이셔츠가 만들어졌다.

**자동차 연료계 바늘이
갑자기 0으로
떨어지는 경우는?**

연료를 가득 채우면 연료계 바늘이 F(full)를 가리킨다. 그런데 초반에는 연료계 바늘이 좀처럼 움직이지 않는다. 그러다

가 연료가 절반 정도 남으면 바늘의 움직임이 갑자기 빨라진다. 순식간에 0을 뜻하는 E(empty)까지 가버려 허둥지둥 주유소를 찾느라 정신이 없다. 왜 잠잠하던 연료계 바늘이 갑자기 빠르게 움직이는 걸까?

연료계의 원리를 간단히 설명하면, 연료 탱크 안에 부레처럼 생

긴 플로트(float)라는 부품이 있고, 이 플로트의 높이로 연료 잔량을 알 수 있는 구조다. 그런데 연료를 가득 채우면 플로트가 올라와도 실제 연료는 플로트보다 아래 있어 이 여분의 연료가 소비될 때까지 연료계 바늘은 F를 가리킨다. 그래서 초반에는 연료계가 움직이지 않다가 후반으로 갈수록 빨리 움직인다고 느껴진다.

연료계 바늘이 E를 가리켜도 실제로는 플로트 아래에 연료가 남도록 설계되어 있다. 차종에 따라 다르지만, 약 60킬로미터는 주행 가능하다. 그 정도 거리를 달리다 보면 대개 주유소를 발견할 수 있다……

125

전봇대를
어떻게 세울까?

전봇대를 세우는 작업은 의외로 간단하다. 먼저 전봇대를 옆으로 뉘어 전용 운반차에 싣는다. 세울 장소에 대형 굴착기로 구덩이를 파고 전봇대를 크레인으로 들어 올려 구덩이에 꽂는다. 그리고 구덩이 주위를 흙으로 덮고 기계로 다진 뒤 주위를 콘크리트로 굳힌다.

전봇대는 전체 길이의 6분의 1 정도를 땅속에 묻는다. 그런데도 전봇대가 쉽게 넘어지지 않는 것은 전봇대에 걸쳐진 전선이 지지대 역할을 하기 때문이다.

전선이 전봇대를 지탱할 수 있는 것은 전봇대가 생각보다 가볍기 때문이다. 콘크리트 기둥 안은 텅 비어 있다. 게다가 전봇대 하부는 지름 40센티미터이지만 상부는 약 20센티미터로 위로 갈수록 가늘어 중량이 많이 나가지 않는다.

126

가스 탱크는
왜 둥근 모양일까?

자연에는 공처럼 둥근 모양이 많다. 채소와 과일, 씨앗과 콩 모두 동글동글하다. 자연이 곡선을 사랑하는 데는 물론 의미가 있다. 콩은 껍질을 튼튼하게 만들어 내부를 보호하기 위해 동그란 모양을 하고 있다.

가정이나 음식점 등에서 볼 수 있는 가스 탱크의 모양이 둥근 것도 마찬가지 이유다. 같은 재료, 같은 두께로 만든 직육면체 탱크와 구형 탱크의 강도를 비교할 때 구형의 강도가 훨씬 높다는 사실이 실험으로 증명되었다. 또 구형은 부지 면적이 좁아도 설치할 수 있다. 이처럼 장점이 많아 가스 탱크를 둥글게 만든 것이다.

127

'줄무늬 셔츠'가 마도로스의 상징이 된 섬뜩한 사연은?

마도로스(matroos)란 네덜란드어로 선원, 뱃사람을 의미한다. 옛날 영화 속에서는 줄무늬 셔츠 차림의 거친 사내들로 자주 등장했다. 마도로스가 줄무늬 셔츠를 입게 된 이유에 대해서는 다음과 같은 섬뜩한 이야기가 전해진다.

선내 규율이 엄격했던 범선 시대에 규율을 위반한 선원은 채찍으로 매를 맞았다. 심한 벌을 줄 때는 배 안의 난간에 묶어놓고 해군 함대를 모두 돌며 수백 차례씩 채찍질을 당했다. 대개 심한 매질을 견디지 못하고 사망했는데, 용케 목숨을 부지하더라도 채찍으로 맞은 자리에 깊은 흉터가 남았다.

이렇게 채찍형을 당해 등에 생긴 큼직한 세로줄 흉터가 마도로스의 상징이 되었다고 한다.

배가 출항하면 밀실이 만들어진다. 고립된 밀실에서는 인간의 심리가 변해 체벌 강도가 높아진다는 사실을 방증하는 이야기일 수도 있다.

크리스마스 선물을 양말에 넣는 관습은 물론 기독교 문화권에서 시작되었다. 산타클로스의 모델로 알려진 성 니콜라스가 가난한 자매를 위해 창가에 있던 양말 안에 몰래 금화를 넣었다는 전설에서 유래한다.

그런데 '부츠 모양 용기에 과자를 넣는다'라는 아이디어는 의외로 일본에서 시작되었다. 태평양 전쟁이 끝나고 얼마 지나지 않았을 때 무역 관련 일을 하던 어느 회사가 외국의 크리스마스트리에 걸려 있던 장식품 중에서 양말을 보고 아이디어를 떠올려 부츠를 만들기 시작했다고 한다.

당시에는 골판지에 은박지를 붙여 자그마한 산타클로스와 별 모양을 몇 개 붙인 단순한 디자인이었다. 그 회사는 은색 부츠 안에 비스킷 등 간단한 과자를 넣어서 판매했다. 그러다가 고도성장기가 되어 사람들의 주머니 사정이 좋아지자 제과 기업들이 줄줄이 판매 경쟁에 뛰어들었다. 디자인도 은색 한 가지에서 빨간색과 금색이 섞인 크리스마스 특유의 화려한 색감으로 발전해 크리스마스철이 되면 빠지지 않는 상품이 되었다.

129

호른의 나팔은 왜 뒤를 향할까?

호른은 금관악기 중에서 이색적인 악기로 꼽힌다. 트럼펫이나 트롬본처럼 대부분 악기는 나팔 부분이 앞쪽으로 튀어나와 있는데, 호른은 나팔 끝이 뒤를 향해 있다.

호른의 기원은 사냥에서 사용하던 뿔피리다. 집단으로 사냥을 나갈 때는 반드시 호른 연주자가 선두에 섰다. 사냥감을 발견하면 '여기에 사냥감이 있다'라는 신호로 호른을 불어 사냥꾼들에게 알리기 위해서였다. 이때 사냥꾼들이 호른 뒤에 있어 호른 나팔의 방향이 뒤를 향하게 되었다.

130

홍차를 얇은 도자기 잔에 담는 특별한 이유가 있다고?

홍차는 주로 도자기 재질의 얇은 잔에 마신다. 반면 커피는 손잡이가 달린 두툼한 머그잔에 마실 때가 많다. 홍차를 얇은 도자기 잔에 마시는 이유가 뭘까?

홍차는 본래 투명도가 높기 때문에, 빛을 통과하는 도자기 잔에 담으면 더 아름답고 영롱하며 맛있어 보인다. 반면 커피는 진한

갈색이라서 얇은 잔보다 빛을 완전히 차단하는 두꺼운 잔에 담아야 맛있어 보인다.

음료를 마실 때 '눈'으로 먼저 맛본 다음 입으로 먹기 때문에 음료의 종류에 따라 다른 잔을 사용하게 되었다.

131

웨딩드레스는
왜 흰색일까?

흰색 웨딩드레스는 16세기 영국에서 탄생했다. 웨딩드레스를 고안한 옷 가게 주인은 "흰색은 신부의 순결을 상징한다"라고 대대적으로 광고했는데, 표현이 너무 노골적이라는 비판이 쏟아졌다. 교회 관계자들이 "신부는 당연히 순결하다. 굳이 강조할 필요 없다!"라며 비판에 가세해, 흰색 웨딩드레스는 인기를 끌지 못한 채 조용히 사라졌다.

그러다가 1800년대 초 프랑스 파리에서 흰색 웨딩드레스가 다시 등장했다. 당시 파리 사교계에서는 흰색 야회복이 대유행했다. 그러자 흰색 드레스는 순식간에 '서민이 가장 동경하는 드레스'로 부상했다. 서민적인 파리 여성들은 평생 한 번뿐인 결혼식에서 흰색 드레스를 소망하게 되었고, 일반인들 사이에서 결혼식에 흰색 드레스를 입는 유행이 생겨났다.

패션의 본고장 파리의 유행이 퍼져나가 오늘날에는 전 세계적으로 결혼할 때 신부가 흰색 웨딩드레스를 입는다.

132

비행기와 낙하산 중
무엇이 먼저 탄생했을까?

'닭이 먼저일까, 달걀이 먼저일까'라는 난제를 비행기에 적용하면, '비행기와 낙하산 중 무엇이 먼저 탄생했을까?'라는 질문을 던질 수 있다. 낙하산은 비행기에서 뛰어내릴 때 사용하는 물건이다. 그러니 당연히 비행기가 탄생한 후에 발명되었다고 생각하기 쉬운데, 사실은 그 반대다.

비행기는 라이트 형제가 1903년에 발명했다. 낙하산은 그보다 100년 앞선 1793년에 프랑스의 장 피에르 블랑샤르(Jean Pierre Blanchar)가 열기구에서 뛰어내릴 때 사용했는데, 이 낙하산을

세계 최초의 낙하산으로 보는 견해가 있다. 참고로, 낙하산의 원형은 르네상스 시대의 거장 레오나르도 다빈치(Leonardo da Vinci)가 구상했다. 완성품이 아닌 아이디어를 기준으로 하면 낙하산이 비행기보다 400년 이상 먼저 탄생한 셈이다.

오래된 구식 에스컬레이터에 타면 기묘한 경험을 한다. 손을 올리고 있는 난간이 나보다 먼저 앞으로 나간다. 에스컬레이터 난간은 디딤판과 연동하기에 난간이 먼저 앞으로 가는 일은 원래 일어날 수 없을 텐데, 도대체 왜 이런 현상이 생길까?

그 이유는 많은 사람이 타면 그 무게로 디딤판 속도가 떨어지기 때문이다. 그런데 난간은 한 손을 얹기만 해서 속도가 떨어지지 않아, 난간이 먼저 앞으로 나가는 현상을 경험한다.

134

양복 왼쪽 깃에는 왜 구멍이 뚫려 있을까?

남자들이 입는 양복의 왼쪽 깃에는 자그만 구멍이 뚫려 있다. 군복의 어깨에 소속과 계급을 나타내는 견장을 붙이듯, 양복을 입는 직장인 중에는 왼쪽 깃에 난 구멍에 회사 배지를 다는 사람이 적지 않다.

그런데 그 구멍은 배지를 꽂으라고 있는 것이 아니다. 영어로 '플라워홀(flower hole)'이라고 하는데, 이름처럼 가슴에 꽃을 장식하기 위한 구멍이다. 남성 정장이 탄생한 영국에서 파티나 모임이 있을 때 남성은 가슴에 꽃을 다는 관습이 있어 양복에 구멍이 생겨났다.

135

넥타이는 왜 길이가 모두 같을까?

인간의 체형은 각양각색이다. 목이 굵은 사람이 있는가 하면 가는 사람이 있고, 몸통이 긴 사람이 있는가 하면 짧은 사람이 있다. 그런데 시중에서 판매하는 넥타이는 대체로 길이가 같다. 브랜드에 따라 미세한 차이는 있지만, 일본 넥타이의 경우 138센티미터 전후가 많다.

넥타이 제조 회사 측에서는 매는 방법에 따라 길이를 조절할 수 있어 넥타이 길이를 같게 만든다고 주장하는데, 생산 효율 때문이라는 설이 진실에 가깝다. 넥타이 원단을 자를 때, 138센티미터 전후가 버려지는 자투리 천 없이 가장 알뜰하게 넥타이를 만들 수 있다고 한다.

이상적인 넥타이 길이는 맸을 때 겉으로 보이는 쪽이 허리띠보다 약간 아래, 뒷면의 짧은 쪽과 차이가 2~3센티미터다. 당연히 사람마다 이상적인 넥타이 길이가 있을 터인데, 시판 넥타이의 길이가 모두 같으니 넥타이에 까다로운 사람은 딱 맞는 길이의 넥타이를 맞춤 주문해야 할까?

136

물보라가 일어나지 않는 도로의 비밀은?

비가 내리는 날 고속도로를 달리다 보면 앞에 가는 차량이 일으키는 물보라가 줄어드는 구간이 있다. 그 이유는 그 구간의 도로포장이 특별하기 때문이다.

일반적인 포장은 크기가 다른 골재(자갈)를 빽빽하게 채워 골재끼리 맞물려 강도가 발생한다. 그런데 틈이 없어 물이 빠져나갈 구멍이 없어지며 노면에 빗물이 고인다는 문제점이 있다. 이런 도로를 자동차가 주행하면 물보라가 일어난다. 하지만 공간을 적당히 두고 골재를 배치해 강력 접착제로 굳혀 강도를 보강하면 이렇게 만들어진 틈으로 빗물이 배수로를 타고 흘러가 노면에 물웅덩이가 만들어지지 않고, 차량이 지나가도 물보라가 일어나지 않는다. 이런 포장 기술이 적용된 길을 '배수성 도로'라고 한다.

137

리필용 세제와 샴푸는 왜 용량이 적을까?

리필 형태의 세탁세제나 주방세제, 샴푸 등을 사용하는 사람이 점점 늘고 있다. 가격이 저렴하고 환경보호에도 도움이 되기 때문이다. 그런데 본체 용기의 용량이 3리터인데 리필용은 2.6리터 식으로, 리필용은 대개 본체 용기 용량보다 적게 출시된다.

기업에서 비용 절감을 위해 꼼수를 부린다며 눈살을 찌푸릴 필요는 없다. 왜일까? 본체 내용물을 전부 사용하기 전에 리필용 세제와 샴푸를 용기에 넣는 사람이 많기 때문이다. 이때 본체 용기와 리필용 용량이 같으면 넘쳐흐른다. 또 리필용 제품은 대개 파우치에 담겨 있는데, 이 파우치는 불안정해 가득 들어 있으면 담을 때 쏟기 쉽다. 리필용 제품의 용량이 적은 것은 소비자에 대한 기업의 배려라고 할 수 있다.

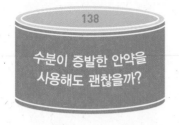

138

수분이 증발한 안약을 사용해도 괜찮을까?

안약은 보관 상태가 나쁘면 수분이 증발해 양이 줄어든다는 문제가 있다. 특히 햇볕이 드는 곳에 보관하면 양이 점점 줄어든다. 수분이 증발하면 당연히 농도가 달라질 텐데, 이런 안약을 눈에 넣어도 괜찮을까?

사용해도 무방하다. 수분이 약간 증발해도 안약의 성분에는 큰 변화가 없고 농도 변화도 문제가 없다. 제조할 때 그 정도 보관 리스크를 계산해서 성분을 조정하기 때문이다. 다만 효능이 다소 떨어질 수는 있다.

139

뚱뚱한 사람은 비행기에서 안전벨트를 어떻게 착용할까?

일본 객실 승무원의 증언에 따르면, 한 스모 선수가 좌석 하나로 부족해 두 자리를 차지한 적이 있다. 좌석이야 두 자리를 사용하면 그만이지만, 이런 경우에는 안전벨트를 어떻게 매야 할까?

그렇다고 탑승을 거부할 수 없어 항공사 측에서는 평소 거의 쓸일 없는 '안전벨트 연장선(seat belt extende)'을 준비해둔다. 일종의 연장 코드를 연결해서 안전띠를 채우는 방식이다. 어느 항

공기에나 이렇게 초헤비급 승객을 위한 장치가 탑재되어 있다. 이런 장치가 있으면 승객도 승무원도 안심할 수 있다.

기상도에서는 왜 고기압을 파란색, 저기압을 빨간색으로 표시할까?

기상도에 색을 칠할 때 고기압은 파란색, 저기압은 빨간색으로 표시하는 것이 일반적이다.

고기압은 맑으니까 해처럼 붉은색으로, 저기압은 비가 내리니까 푸른색으로 하면 좋으련만 왜 반대로 표시할까?

기압도 색깔을 이렇게 정한 데는 나름의 이유가 있다. 빨간색에는 원래 사람의 시선이 머물기 때문에 저기압에 빨간색을 사용한다. 신호등의 빨간불처럼, 저기압의 존재를 부각해 재해에 대한 경각심을 촉구하기 위해서다. 그리고 고기압은 저기압의 빨간색과 대비되도록 파란색으로 정했다.

기상도의 색깔은 국제적으로 정해진 약속이어서 임의로 바꿀 수 없다. 기상 업무에 관한 일은 세계기상기구(WMO)라는 국제연합의 전문기관에서 결정한다. 각국 기상청은 이 국제기구의 기술 규칙에 따라 기상도 표현법을 정한다. 원칙적으로 WMO의 결정에 강제력은 없으나 혼란을 방지하기 위해 방송국 등에 기상도의 표현법을 통일하도록 요청하고 있다.

141

자동차 번호판의 나사는 왜 좌우 크기가 다를까?

일반 차량의 번호판에는 상단 글자 좌우에 번호판을 고정하는 나사가 박혀 있다. 자세히 보면 왼쪽 나사가 크고 오른쪽 나사가 작다. 왜 굳이 나사의 크기를 다르게 할까?

나사는 번호판을 고정하는 용도로 사용된다. 다만 왼쪽 나사에는 '이 나사를 풀어서 악용할 수 없도록' 봉인 장치가 설정되어 있다.

번호판은 자동차의 차종과 소유주를 특정할 수 있는 개인정보다. 자동차를 구매하면 의무적으로 자동차 등록증 등 필수 서류를 제출하고, 자동차 소유권을 등록해야 한다. 이 중요한 번호판을 떼어내면 '도로교통법'과 '자동차관리법'에 위반되어 단속 대상이 되며, 과태료 처분을 받는다. 번호판의 왼쪽 나사는 묵묵히 자신의 임무를 다하고 있는 것이다.

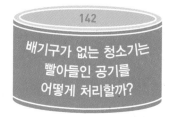

142

배기구가 없는 청소기는 빨아들인 공기를 어떻게 처리할까?

청소기 배기구에서 나오는 공기에 먼지가 잔뜩 들어 있다고 불만을 느끼는 소비자가 많았다. 그래서 배기구로 공기가 나오지 않는 청소기가 개발되어 인기 상품이 되었다.

그렇다면 배기구로 공기를 배출하지 않는 청소기는 먼지와 함께 빨아들인 공기를 어떻게 처리할까? 물론 빨아들인 공기는 사라지지 않는다. 공기를 순환시켜 최대한 배기구로 내보내지 않는 구조다.

자세히 보면 이런 청소기는 호스가 이중으로 되어 있다. 먼지와 함께 빨아들인 공기는 안쪽 호스를 통과해 본체로 들어가고 필터를 거치며 먼지를 제거한다. 그 후 공기는 파이프 안을 지나 호스 바깥을 통과해 청소기 헤드 흡입구를 통해 빠져나간다. 그러나 공기를 내보내기는 하지만 흡입구와 가까워 곧바로 먼지와 함께 청소기 안으로 빨려 들어간다. 그리고 다시 먼지와 함께 안쪽 파이프를 통과하는 구조다. 따라서 이 구조에서도 공기의 20퍼센트 정도는 밖으로 빠져나간다.

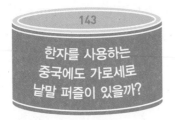

143

한자를 사용하는 중국에도 가로세로 낱말 퍼즐이 있을까?

가로세로 낱말 퍼즐은 가로 열쇠와 세로 열쇠 문제를 풀어서 장기판처럼 생긴 칸 안에 단어를 만들어나가는 게임이다. 심

심풀이로 시작했다가 시간 가는 줄 모른 채 푹 빠지는 매력이 있다. 이 게임을 영어로는 크로스워드(crossword) 퍼즐이라고 하는데, 보통 '십자말풀이' 또는 '가로세로 퍼즐'이라고 부른다. 이 게임은 영국 출신 아서 윈(Arthur Wynne)이 고안했다. 1913년 《뉴욕 타임스》 일요판에 게재된 퍼즐이 최초다. 이후 1924년에 연필이 달린 크로스워드 퍼즐 단행본이 출간되면서 전 세계적으로 퍼져나갔다.

물론 중국에도 이 퍼즐이 전해졌다. 다만 중국은 한자 전용 국가라서 퍼즐도 한자와 한자를 연결하는 방식으로 변환되었다.

144

괘종시계는 몇 번째 소리가 정각일까?

여러 나라에서 번역되어 알려진 〈할아버지의 낡은 시계〉라는 곡은 "길고 커다란 마루 위시계는 우리 할아버지 시계.

90년 전에 할아버지 태어나던 날 아침에 받은 시계란다"라는 가사로 시작한다.

90년이나 묵은 시계라면 큼직한 추가 달린 괘종시계일 가능성이 크다. 괘종시계는 무엇보다 시간을 알리는 특유의 묵직한 소리가 특징이다.

괘종시계는 12시가 되면 12번 울리는데, 그중 몇 번째가 12시 정각일까? 정답은 첫 번째 음이다. 긴 바늘이 숫자 12를 가리킬 때 시계가 울리기 시작하는 구조로 되어 있기 때문이다.

큐피 인형의 다리 사이에는 남녀를 구분하는 표식이 없어, 겉으로 보아서는 성별을 판별할 수 없다.

큐피 인형은 1912년 미국의 가정 잡지에 윌슨이라는 여류 작가가 큐피 인형을 삽화로 넣은 시 코너를 연재하면서 탄생했다. 이 코너가 인기를 얻으면서 삽시간에 전 세계로 퍼져나갔다.

큐피는 로마 신화에 나오는 사랑의 신 큐피드에서 아이디어를 따왔다고 전해진다. 그리스 신화에서는 에로스에 해당하는 신이다.

큐피드는 '청년'으로 표현되는 고귀한 신이므로, 큐피는 '남성'이라는 의미가 된다. 하지만 큐피는 큐피드에서 아이디어를 얻었을 뿐, 큐피드 그 자체는 아니기에 이 사실만으로 큐피의 성별을 단정 지을 수는 없다.

146

푸아르 윌리엄은
어떻게 술병 안에
배(과일)를 집어넣을까?

서양배가 들어간 '푸아르 윌리엄(Poire Williams)'이라는 술이 있다. 병 입구보다 커다란 배가 통째로 들어 있어 신기하다. 맛보다는 도대체 어떻게 병 안에 배를 집어넣었을지가 더 궁금하다. 그 방법은 이렇다.

가지가 붙은 작은 서양배 열매를 빈 병 안에 넣는다. 그대로 두어 병 안에서 배가 크게 자랐을 때 가지에서 열매를 떼어낸다. 그러면 병 안에 배 하나가 통째로 들어간 모양이 된다. 그 상태로 술을 채워 숙성시키면 이런 독특한 술이 완성된다.

147

일회용 손난로의
수명은 얼마나 될까?

일회용 손난로 포장을 보면 '제조일'이 표기되어 있다. 그리고 사용 기한은 일반적으로 제조일로부터 3년으로 되어 있다.

그러나 3년 넘겼다고 해서 쓸 수 없는 것은 아니다. 사용 기한이란 어디까지나 생산 기업이 '표시된 온도의 성능을 보장하는 기간'이라는 뜻이다. 그 기간을 넘겨도 내용물이 딱딱하게 굳지 않았다면 사용할 수 있다. 다만 사용 기한이 지난 제품은 최고

온도를 넘길 정도로 발열하거나 지속 시간이 짧아지는 등 성능이 떨어질 수 있다.

148

중국 젓가락은
왜 뭉뚝할까?

한국과 중국, 일본은 젓가락 문화가 발달해 있다. 그런데 세 나라에서 사용하는 젓가락의 길이와 모양이 제각기 다르다. 한국 젓가락은 끝이 둥글고 납작하며, 일본 젓가락은 끝으로 갈수록 가는데, 중국 젓가락은 전체적으로 굵기가 같고 세 나라 중 길이가 가장 길다.

이런 차이는 식문화에서 비롯되었다. 한국 젓가락은 나물이나 콩자반처럼 크기가 작고 둥근 반찬도 쉽게 집을 수 있도록 끝이 둥글고 납작하다. 그리고 일본 젓가락은 생선 중심의 식단에서 구운 생선이나 생선조림의 가시를 발라 먹기 편하게 끄트머리가 가늘고 뾰족하다.

반면 육류 요리가 발달한 중국은 생선 가시를 발라 먹을 일이 거의 없다. 생선을 먹을 때도 기름에 튀긴 요리가 많아 잔가시를 발라낼 필요가 없다. 그래서 젓가락 끝이 뭉툭하고 굵기가 일정한 젓가락이 자리 잡았다.

5장

생명이 있는 것은 다 아름답다
생물통조림

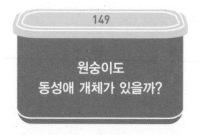

149

원숭이도 동성애 개체가 있을까?

인간 사회와 마찬가지로 원숭이 사회에서도 동성 애적인 성행위를 드물지 않게 볼 수 있다. 예컨대

붉은얼굴원숭이라고도 부르는, 남아시아에 서식하는 짧은꼬리 마카크(Macaca arctoides)는 암컷이 암컷 위에 올라타 성기를 문 지르고 격렬하게 네 발을 경련시켜 신음하며 성적 절정에 이르 는 광경을 흔히 관찰할 수 있다. 일본원숭이도 수컷끼리 서로 성기를 잡아당기는 동성애적 행위가 빈번하게 목격된다.

하지만 인간처럼 동성애적 행위 안에 '연애 감정'이 존재하지 는 않고 성행위에만 집중한다고 할 수 있다. 원숭이의 뇌는 인 간 뇌의 약 5분의 1밖에 되지 않아 동성에게 성적 감정을 품을 만한 복잡한 감정 기능을 갖추고 있지 않다. 원숭이들은 오로지 쾌감 추구를 위해, 혹은 단순한 스킨십 수단으로 동성애적 성행 위에 몰두한다.

150

사자와 호랑이 중 누가 더 강할까?

호랑이는 '백수의 왕', 사 자는 '밀림의 제왕'으로 불 리는 최강의 맹수다. 만약 사자와 호랑이가 싸우면

어떻게 될까?

현실에서는 사자와 호랑이의 서식지가 달라 마주칠 일도 없다. 인간이 동물원 등에서 일부러 싸움을 붙이지 않는 한 싸움이 성립하지 않는다. 만약 인간이 싸움을 붙인다면 누가 이길까?

고대 로마 시대에 콜로세움을 무대로 사자와 호랑이가 싸웠다는 기록이 남아 있다. 당시에는 호랑이가 우세했다는데, 호랑이보다 얌전한 사자가 승부를 피했을 가능성도 있다.

옛날 런던 동물원에서도 사자와 호랑이의 대결이 몇 차례 있었다. 그런데 싸움을 벌일 때마다 승자가 달랐다. 그렇다면 사자와 호랑이의 대결은 무승부로 보는 것이 타당하지 않을까?

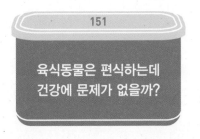

151

육식동물은 편식하는데 건강에 문제가 없을까?

동물이 건강하려면 고기와 생선뿐 아니라 비타민이 풍부하게 함유된 채소까지 골고루 먹어야 한다.

그런데 채소를 먹지 않고 편식하는 육식동물은 건강에 아무런 문제가 없을까?

사자 등의 육식동물은 다른 동물의 날고기를 먹는다. 그런데 이 날고기에는 각종 비타민과 미네랄, 단백질, 지방 등이 균형 있게 들어 있다. 또 먹이가 되는 초식동물의 내장에는 반쯤 소화된 식물이 들어 있어 비타민 보충에 도움이 된다.

날고기 덕분에 육식동물은 채소를 챙겨 먹을 필요가 없을 뿐 아니라, 포만감이 오래 지속되어 사냥을 한 뒤에는 한동안 먹지 않고도 살 수 있다.

모든 생물은 산소가 없으면 살 수 없을까?

지구에서 태어난 생물은 산소와 물 없이는 살아갈 수 없다. 그러나 곰벌레는 예외적이어서 산소와 물 없이도 살 수 있다.

고작 1밀리미터도 안 되는 곰벌레는 완보동물(緩步動物)의 일종이다. 글자 그대로 느릿느릿 걷듯이 이동하는 느긋한 생물이다. 그러나 타의 추종을 불허할 정도로 강인한 생명력을 지닌 경이로운 생물이다. 섭씨 150도 이상의 고온에서도, 섭씨 영하 200도의 저온에서도 멀쩡하다. 곰벌레 중에는 섭씨 영하 273도의 절대 영도에서 살아가는 독종도 있다. 또 100분의 1밀리미터 머큐리(mmHg)라는 진공에 가까운 상태에서도 단기간 살 수 있고, 120년 동안 건조한 상태로 보관했는데도 살아 있었다는 데이터가 있다.

방사선에 대한 내성도 인간의 1,000배 이상으로 강하다. 핵전쟁이 발발하든 지구가 사막화하든, 곰벌레는 씩씩하게 살아남을 수 있다.

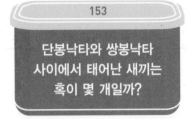

153

단봉낙타와 쌍봉낙타 사이에서 태어난 새끼는 혹이 몇 개일까?

낙타는 크게 단봉낙타와 쌍봉낙타로 나뉜다. 단봉낙타는 아라비아와 북아프리카에서 살고 쌍봉낙타는 중앙아시아와 고비사막에서 서식한다.

그렇다면 단봉낙타와 쌍봉낙타가 교미해서 태어난 새끼 낙타는 혹이 몇 개일까? 정답은 '1.5봉 낙타'다. 농담이 아니다. 뒤에 있는 혹이 앞의 혹 절반 크기밖에 안 되는 낙타가 실제로 태어났다고 한다.

154

말은 왜 두 마리씩 짝지어 다닐까?

드넓은 목초지에서 자유롭게 노니는 말들을 보면 대개 짝을 지어 이동한다. 그런데 짝을 지어 다니는 모습이 독특하다. 상대방의 꼬리에 코가 오도록 머리를 서로 다른 방향으로 둔 자세로 딱 붙어 있다. 서로 사랑하는 사이라서 그러는 걸까?

말은 파리와 벌레를 쫓기 위해 끊임없이 꼬리를 흔든다. 그런데 상대방의 꼬리 옆에 머리를 내밀고 있으면 머리 위에 앉은 파리를 자동으로 쫓을 수 있다. 따라서 두 마리의 말이 머리를 서로 다른 방향으로 두는 것은 서로의 꼬리로 자신뿐 아니라 상대방의 몸에 앉은 파리도 쫓는, 도랑 치고 가재 잡는 양동 작전이라고 할 수 있다. 그뿐만 아니라 말은 겨울이 되면 서로가 내뱉는 숨으로 몸을 덥히기 위해 머리를 같은 방향으로 두고 나란히 붙어 지낸다.

155

염소는 왜
종이를 좋아할까?

동물원에 사는 염소는 평소에 곡류와 인공 사료를 먹는다. 그런데 염소에게 종이나 화장지를 주면 기뻐하는 표정으로 오물거리며 씹어 먹는다. 아무 맛도 나지 않는 종이를 염소는 왜 맛있게 먹을까?

염소는 원래 초식동물이기 때문이다. 시판되는 종이와 화장지의 원료는 풀 줄기나 수목 섬유다. 따라서 종이를 삼켜 위장에서 소화하면 생식물과 영양적으로 거의 차이가 없다. 염소는 그 사실을 본능적으로 알고 종이를 먹어치운다. 다만 같은 종이라도 방수가공 등 약품으로 화학 처리된 종이는 냄새만 맡고 먹지 않는다. 배우지 않았는데도 염소는 화학물질이 몸에 좋지 않다는 사실을 알고 있다.

156

고릴라는
헤엄칠 수 있을까?

고릴라는 기본적으로 헤엄을 칠 수 없다.

뉴욕의 한 동물원에서 고릴라가 잠시 한눈팔다 연못에 빠지는 사고가 발생했다. 물에 빠진 고릴라는 한 차례 떠오르는가 싶더니 자꾸 가라앉아 결국 익사하고 말았다.

고릴라뿐만 아니라 원숭이계 동물은 모두 물을 좋아하지 않는다. 일본 다마동물원에서도 침팬지가 해자에 떨어져 익사하는 사건이 있었다. 그리고 예전에 우에노동물원에서 기르던 긴팔원숭이를 섬에서 사육했는데, 사육장이 물가에서 고작 3미터밖에 떨어져 있지 않았으나 긴팔원숭이는 단 한 번도 헤엄치려는 시늉조차 하지 않았다.

사람도 훈련하지 않으면 헤엄을 칠 수 없다. 생각해보면, 사람과 같은 계통인 원숭이가 헤엄치지 못하는 것은 그리 이상한 일이 아니다.

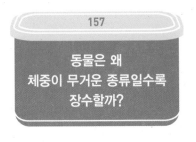

동물은 왜 체중이 무거운 종류일수록 장수할까?

인간에게 비만은 만병의 근원이다. 비만으로 인한 합병증 때문에 수명이 단축된다고 하는데, 동물계 전체를 보면 체중이 무거운 종류일수록 장수하는 경향이 있다. 예를 들어, 고양이와 토끼보다 침팬지가 장수하고, 침팬지보다 덩치가 더 큰 고릴라가 오래 살며, 고릴라보다 아프리카코끼리가 더 오래 사는 식이다.

이는 단위 체중당 기초대사율과 관계있다. 기초대사율이란 안정 시 단위 시간당 에너지 소비량을 나타낸 수치인데, 대사율이 높을수록 노화가 빨라지고 체중이 적을수록 대사율이 높아진다. 따라서 체중이 많이 나가는 동물은 대사율이 낮아 장수한다.

야행성 동물을 새끼 때부터 낮에 활동하도록 키우면 어떻게 될까?

올빼미나 날다람쥐 등 야행성 동물을 새끼 때부터 낮에 활동하도록 키우면 어떻게 될까?

결론부터 말하면, 야행성 동물은 새끼 때부터 생활 방식을 주행성으로 맞춰도 낮에 활동하기 어렵다. 시각 구조상 행동 방식을 바꿀 수 없기 때문이다.

인간의 망막은 강한 빛과 색채를 느끼는 신경세포가 대부분이다. 그런데 올빼미나 날다람쥐는 약한 빛에 반응하는 신경세포가 대부분을 차지해 태양이 있는 낮에는 눈부셔서 눈을 뜰 수가 없다. 야행성 동물에게는 야간의 빛 정도가 활동하기 적당한 조도다.

따라서 올빼미나 날다람쥐를 낮에 키워도 먹이를 줄 때만 일어나고 나머지 시간에는 잠을 자며, 밤이 되면 활동하는 방식으로 자랄 가능성이 크다.

159

목이 긴 기린은 기립성 저혈압 증상을 겪지 않을까?

저혈압인 사람은 종종 자리에서 일어날 때 순간적으로 눈앞이 캄캄해지며 휘청할 정도로 어지럼증을 느끼는 기립성 저혈압 증상을 겪는다. 기립성 저혈압은 혈액이 뇌로 충분히 공급되지 않을 때 발생한다.

그렇다면 목이 긴 기린도 기립성 저혈압 증상을 겪지 않을까? 기린의 머리는 지상에서 5미터 높이에 있는데, 혈액이 원활하게 공급될까?

그러나 걱정할 필요는 없다. 기린은 인간보다 혈압이 두 배나 높아 머리까지 피가 잘 돌아서 기립성 저혈압에 시달리지 않기 때문이다. 그 정도로 혈압이 높으면, 반대로 고개를 숙일 때 뇌 내 혈관이 파열할 수 있겠다는 쓸데없는 걱정이 들기도 한다. 하지만 다행스럽게도 기린의 머릿속에는 혈압을 조절하는 혈관이 그물망처럼 촘촘하고 튼튼하게 뻗어 있어 혈관 파열을 걱정하지 않아도 된다.

160

동물도 나이를 먹으면 새치가 늘어날까?

인간은 나이가 들면 희끗희끗한 새치가 늘어난다. 새치는 머리카락에서 색소가 빠지면서 생기는 신체 현상이다. 한번 새치가 자란 모공에서는 두 번 다시 검은 머리가 나지 않는다.

동물도 나이를 먹으면 인간만큼 두드러지지는 않지만 차츰 새치가 늘어난다. 예를 들어, 인간과 가까운 개나 고양이는 주둥이 언저리에 희끗희끗한 새치가 난다. 원래 주둥이 주변 털은 색깔이 밝아 알아차리기 어렵지만, 나이 든 개와 고양이의 얼굴을 자세히 관찰하면 수염 외에도 희끗희끗한 털들이 돋아 있다. 좀 더 꼼꼼히 살펴보면, 새치가 자란 나이 든 동물은 머리와 두부의 털 숱이 적어지고, 온몸에 난 털의 윤기가 줄어 푸석한 상태임을 알 수 있다.

참고로, 태어날 때부터 털이 하얀 토끼와 개, 고양이도 나이를 먹으면 윤기가 없는 흰털이 자란다.

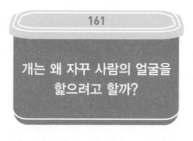

161

개는 왜 자꾸 사람의 얼굴을 핥으려고 할까?

개는 보호자의 얼굴을 핥는 행동을 좋아한다. 얼핏 보면 애정 표현이나 기쁨을 주체하지 못해서 그러는 것 같지만, 동물생태학자에 따르면 개의 '얼굴 핥기 행동'에는 숨겨진 메시지가 있다.

아직 스스로 먹이를 구하지 못하는 강아지는 배가 고프면 어미

애정 표현?

의 코끝을 핥으며 먹이를 달라고 조른다. 즉, 개의 세계에서는 상대방의 얼굴을 핥는 행동이 새끼가 어미에게 먹이를 달라고 조르는 행동이나 어리광 표현과 같다. 또한 상대방에게 복종의 뜻을 표하는 수단이기도 하다. 따라서 반려견이 얼굴을 핥는 보호자는 반려견에게 '얼굴 핥는 행위'를 용인해준 셈이다.

참고로, 개가 영원히 충성을 맹세하게 하려면 얼굴을 핥았을 때 "잘했어"라고 칭찬해주거나 애정 어린 손길로 쓰다듬어주면 안 된다. 반려견이 보이는 복종의 표시에 특별한 반응을 보이지 말고 '적당한 만족감'을 전하는 정도가 바람직하다.

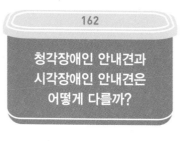

162

청각장애인 안내견과 시각장애인 안내견은 어떻게 다를까?

시각장애인을 돕는 안내견은 종종 볼 수 있어 제법 익숙하다. 시각장애인 안내견만큼 대중에게 널리 알려져 있지는 않지만, 귀가 불편한 분들을 돕는 청각장애인 안내견도 있다.

그렇다면 청각장애인 안내견은 어떤 일을 할까? 귀가 들리지 않는다고 상상하면 쉽게 짐작할 수 있다. 예를 들어, 아침에 자명종이 울리면 깨우거나 현관 초인종 소리가 나면 방문객이 왔음을 알려준다. 또 아기가 울거나 화재 감지기가 울릴 때도 몸짓으로 표현해 도움을 준다.

청각장애인 도우미견의 역사를 보면, 미국에서는 1975년, 영국에서는 1982년부터 훈련을 시작했고, 1987년에 국제도우미견협회(ADI)가 설립되었다. 매년 수백 마리의 청각장애인 도우미견이 훈련을 받고 청각장애인의 삶을 돕고 있다. 현재 미국, 영국 등 10여 개국 80여 단체가 회원으로 등록되어 있으며, 전 세계적으로 약 2,500여 마리의 도우미견이 활동하고 있다.

청각장애인 안내견이 되려면 '좁은 문'을 통과해야 한다. 시각장애인 안내견은 혈통 등 엄격한 적합성 검사와 훈련이 필요한데, 청각장애인 안내견은 순종적이고, 사람을 좋아하며, 소리에 민감할 뿐만 아니라, 훈련 능력이 뛰어나야 한다. 대체로 시각장애인 안내견보다 소형견이 많고, 적성만 맞으면 품종은 가리지 않는다.

163

푸들은 왜 헤어스타일이 비슷할까?

푸들 특유의 귀여운 모양으로 털을 다듬은 개는 16세기 상류 계급의 살롱을 그린 그림에 처음으로 등장했다. 이 무렵부터 푸들을 귀부인에게 어울리는 개로 여기는 풍조가 있었다.

푸들은 원래 물새 사냥에 이용하던 사냥개였다. 푸들 특유의 헤어스타일은 물에 드나들기 좋은 형태로 털을 다듬은 결과였다.

가슴 부근은 차가운 물에서 심장을 지키도록 털을 두껍게 남기고, 다른 부분은 수영하는 데 방해되지 않도록 짧게 잘라, 현재 우리가 아는 푸들의 헤어스타일이 만들어졌다.

지금은 애견 미용에서도 패션이 중시되며, 푸들의 털 디자인이 한 단계 더 진화하고 있다. 곱슬곱슬한 털을 다소 우스꽝스러운 형태로 다듬어 인형처럼 보이는 푸들을 물속에 넣으면 그 옛날 조상의 피가 되살아나 용감한 사냥개로 변신할지도 모른다.

164

개도 웃을 수 있을까?

동물 중에서 인간과 침팬지 정도만 웃을 수 있다고 생각하는 사람이 있는데, 의외로 개도 웃을 줄 안다.

개는 원래 꼬리를 흔들어 보호자에게 기쁨을 표현한다. 그런데

인간과 함께 살면서 보호자의 표정을 관찰해온 개는 보호자가 기분이 좋으면 웃는다는 사실을 깨달았다. 그래서 기쁠 때 웃는 표정 짓는 방법을 학습해, 보호자를 흉내 내어 웃는 얼굴을 만들게 되었다. 사람처럼 즐거워서 자연스럽게 나오는 웃음은 아니지만, 어쨌든 개도 웃는 얼굴을 만들 줄 안다.

개는 주로 코에 주름을 만들고 윗입술을 내려 이빨을 보이는 방식으로 웃는다. 개의 얼굴로 웃는 표정을 짓기란 쉬운 일이 아니다. 그래서 개가 웃고 있는데 사람에게 전해지지 않을 때도 많다.

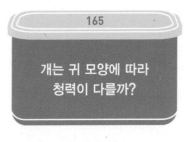

165

개는 귀 모양에 따라 청력이 다를까?

개는 견종에 따라 귀 모양이 다양하다. 쫑긋 선 귀, 접힌 귀, 축 처진 귀 등이 있는데, 모두 인간이 품종개량을 거듭한 결과다.

먼 옛날에는 개의 귀가 모두 늑대처럼 쫑긋 선 모양이었는데 인간이 다양한 모양으로 변형시켰다. 가령 포인터와 비글은 사냥할 때 귀를 물리거나 사냥감을 쫓아 좁은 굴에 들어갈 때 걸리적거리지 않도록 귀에 추를 달아 일부러 축 늘어지게 종을 개량했다. 주둥이가 길쭉한 콜리와 셔틀랜드 시프도그는 귀가 바짝 서면 표정이 차가워 보인다는 미관상의 문제로 접힌 귀로 개량되었다.

물론 청력도 귀 모양의 영향을 받는다. 역시 귀가 쫑긋 서면 청력이 더 뛰어나고, 처지면 청력이 떨어진다. 처진 귀가 귀마개처럼 귀를 가려 청력이 둔해지는 것이다.

166

시각장애인 안내견은 왜 리트리버가 많을까?

전 세계적으로 시각장애인 안내견의 90퍼센트가 리트리버종이다. 기본적으로 똑똑하고 얌전하며 훈련을 받을 수 있고, 인간을 안내할 수 있는 충분한 체격이면 어떤 견종이라도 안내견이 될 수 있다. 따라서 리트리버뿐만 아니라 셰퍼드, 콜리, 복서 등 다양한 견종이 안내견으로 활동하고 있다.

그런데 유독 리트리버가 사랑받는 이유는 셰퍼드보다 더 순한 외모 때문이다. 안내견은 조끼만 입히고 입마개를 씌우지 않는다. 따라서 시각장애인 안내견의 조건을 종합해보면, '일반적으로 반려견의 출입이 가능한 장소는 모두 들어갈 수 있고, 입마개를 착용하지 않으며, 사람을 인도할 정도로 덩치가 있고 힘이 센 개'여야 한다. 입마개를 하지 않은 대형 견에 공포심을 느끼는 사람이 많아 인상이 순한 리트리버가 안내견으로 많이 이용된다.

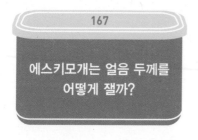

167

에스키모개는 얼음 두께를 어떻게 잴까?

북극의 빙원에서 생활하는 에스키모개는 얼음의 두께를 알아, 미리 위험 지역을 피한다.

이런 능력을 갖춘 개를 개 썰매의 선두에 세우면 얼음이 얇은 위험한 장소를 피하고 안전한 경로를 선택해서 나아갈 수 있다. 에스키모개는 달리면서 위험한 장소를 감지한다. 놀랍게도 에스키모개들은 눈이 아니라 귀로 얼음 두께를 판단한다. 얼음 아래 흐르는 물소리로 얼음의 두께와 위험도를 판단하면서 안전하게 질주한다.

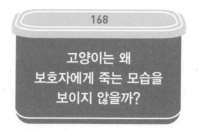

168

고양이는 왜 보호자에게 죽는 모습을 보이지 않을까?

고양이는 죽음이 가까워지면 보호자의 곁을 떠나, 죽는 모습을 보여주지 않는다는 속설이 있다.

고양이는 야생동물의 습성에 따라 죽음이 다가오면 혼자가 된다. 다치거나 체력이 약해지면 고양이는 일단 몸을 숨기려고 애쓴다. 외부의 적에게서 몸을 지키고, 보호자나 다른 고양이와 부대끼며 체력을 소모하고 싶지 않기 때문이다. 이렇게 숨어 있는 동안 체력이 회복되면 보호자 곁으로 돌아가고, 회복되지 않으면 외롭게 무지개다리를 건너간다.

물론 집고양이 중에는 체력이 약해지면 점점 더 사람에게 달라붙는 경우도 있는데, 이 역시 생존의 방편이다.

169

빌려온 고양이는
정말로 얌전할까?

'꿔다 놓은 보릿자루 같다'라는 속담을 일본에서는 '빌려온 고양이처럼 얌전하다'라고 표현한다. 그런데 빌려온 고양이가 얌전한 모습을 보이는 것은 일시적인 가면일 뿐이다.

고양이는 평소 자기 영역 안에서 생활하는데, 고양이의 영역에는 두 가지 종류가 있다. 하나는 먹이와 주거 영역이다. 먹이를 조달하고 잠을 자는 공간이다. 고양이는 이 영역에 외부 개체의 침입을 허락하지 않는다. 자기 영역을 지키기 위해 공격성을 드러낸다. 또 하나는 동료와 소통하기 위해 여러 마리가 공유하는 영역이다. 동료끼리 정보 교환이 이뤄지는 사랑방 같은 공간에도 낯선 고양이를 쉽게 끼워주지 않는다.

고양이는 영역 의식이 강해 '빌려온 고양이'는 신중하게 눈치를 볼 수밖에 없어 초반에는 얌전하다. 그러나 상황을 파악하고 나면 가면을 벗어던지고 원래 성격으로 돌아가 잽싸게 자기 영역을 확보한다.

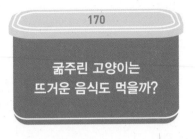

170

굶주린 고양이는
뜨거운 음식도 먹을까?

고양이, 개, 소, 말 등 동물은 모두 뜨거운 음식에 약하다. 원래 자연계에서 사는 동물은 뜨거운 먹이를 먹을 기회가 거의 없다. 뜨거운 먹이라고 해봤자 숨통이 끊어진 사냥감 정도다.

인간과 친숙한 동물 중에서는 고양이가 대표적이다. 그렇다고 고양이가 뜨거운 음식을 전혀 먹지 않는 건 아니다. 인간과 지내면서 따끈따끈한 먹이에 익숙해지면 서서히 뜨거운 먹이를 먹을 수 있다. 또 굶주렸을 때는 목숨을 부지하기 위해 말 그대로 찬밥 더운밥 가리지 않는다.

171

코브라는 어떻게
곡예를 부릴까?

인도에 가면 곡예사가 피리를 불어 코브라를 춤추게 하는 뱀 곡예를 볼 수 있다. 얼핏 보기에는 코브라가 피리 가락에 맞춰 춤을 추는 것 같지만, 사실은 그저 흥분한 것일 뿐이다.

코브라는 적이 나타나면 자신이 독사임을 과시하기 위해 고개를 바짝 쳐들고 목 옆의 볏을 활짝 펴는 습성이 있다. 곡예사는 이 습성을 이용해 코브라를 자극한다. 흥분한 코브라는 항아리 안에서 고개를 치켜들고 나오는데, 그 모습이 구경꾼에게는 마치 춤추는 것처럼 보인다.

물론 관객 모르게 코브라를 흥분시키려면 숙련된 기술이 필요하다. 피리 연주를 하면서 관객 모르게 뱀이 들어 있는 항아리를 두드리는 등 나름의 방법으로 뱀을 자극한다. 그리고 코브라에게 물리지 않도록 이빨이 닿지 않는 아슬아슬한 거리를 유지하며 흥분을 부추겨야 하니 어려운 곡예라고 할 수 있다.

172

수컷 삼색 고양이는
왜 없을까?

삼색 고양이는 암컷밖에 없다는 말이 있다. 거짓말 같지만 사실이다.

고양이도 인간과 마찬가지로 X 염색체와 Y 염색체가 성별을 결정한다. XY이면 수컷이 되고 XX이면 암컷이 되는데, X와 Y 중에서 삼색 고양이의 털 색깔과 관계있는 유전자는 X다.

삼색 고양이의 털 색깔은 갈색, 검은색, 흰색인데, 갈색 털 유전자와 검은색 털 유전자는 모두 X 염색체 위에서 발현된다. 그러나 두 가지가 동시에 발현되지는 않고 둘 중 하나만 발현된다. 즉, 갈색 털 유전자와 검은색 털 유전자를 모두 가지려면 X 염색체가 두 개 필요하다.

X 염색체가 두 개 있으면 XX로 암컷이다. 그래서 수컷 삼색 고양이는 태어나지 않는다.

173

일벌은 왜
부지런히 일만 할까?

부지런히 일하는 일꾼을 '일벌' 또는 '일개미'에 비유하곤 한다. 실제로 일벌은 꿀과 꽃가루를 모으는 '외근'도 하고 둥지 짓기와 육아 등 '내근'도 한다. 그 외 시간에는 몸 청소를 하고 제자리를 맴돌거나 주위를 돌아다니는 등 한시도 몸을 쉬지 않고 분주히 일하는 타고난 일꾼이다.

그런데 부지런한 일벌도 나이에 따라 업무 내용이 달라진다. 예를 들어 청년 일벌은 내근을 많이 하고 어르신 일벌은 외근을 많이 한다. 물론 중년 일벌도 바쁘게 움직이거나, 종종거리며 돌아다니거나, 토막잠을 자며 쉴 틈 없이 꾸준히 활동한다.

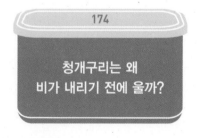

174

청개구리는 왜
비가 내리기 전에 울까?

개구리가 울면 비가 내린다는 '개구리 예보법'은 기상청도 한 수 접고 들어가야 할 정도로 높은 예보율을 자랑한다. 청개구리가 울기 시작하고 30분 이내에 비가 내릴

확률은 무려 70퍼센트에 가깝다.

비구름이 몰려오면 기압이 내려가고 온도가 상승한다. 개구리는 피부가 항상 촉촉하고 피부로 수분을 받아들여 호흡하기 때문에 온도 변화에 민감하다. 청개구리가 온도 변화를 감지한다는 이야기는 사실이지만, 개구리들이 한꺼번에 우는 '개구리 합창'의 비밀은 아직 밝혀지지 않았다.

175

누구도 본 적 없는
공룡의 색깔을
어떻게 재현했을까?

지금까지 발견된 공룡 화석은 뼈, 날개, 발자국 등이다. 이 화석으로 몸 크기와 형태는 상상할 수 있지만 몸 색깔까지는 알 수 없다. 그런데 공룡 도감에 나오는 공룡은 선명한 색깔을 가지고 있다. 누구도 본 적 없는 공룡의 색깔을 어떻게 재현했을까?

공룡의 채색은 현존하는 파충류, 특히 악어를 참고해서 유추한 것이라고 한다. 그런데 악어는 철저한 육식동물이지만, 공룡 중에는 잡식공룡도 있고 초식공룡도 있어 악어와 색깔이 전혀 다른 공룡도 존재했을 거라는 의견이 있다. 어쩌면 우리가 도감이나 영상에서 보아온 공룡과 완전히 다른 색채일 가능성도 부인할 수 없다.

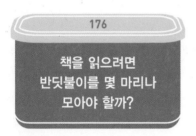

반딧불이와 관련된 '형설지공(螢雪之功)'이라는 말이 있다. 옛날 중국 동진 시대 차윤(車胤)이라는 인물이 공부를 좋아했으나 가난해서 등잔불을 켤 돈이 없어 자루에 반딧불이를 모아 그 빛으로 밤에도 책을 읽었다는 이야기에서 유래한다.

중국 진(晉)나라 때 학자 손강(孫康)은 독서를 무척 좋아했는데, 가난해서 등잔에 넣을 기름을 살 돈이 없었다. 그래서 겨울밤 눈에 반사된 달빛으로 공부했다고 한다.

눈에 반사된 달빛이라면 어슴푸레하게나마 책을 읽을 수 있을

법하다. 그런데 반딧불이 불빛으로 공부하려면 반딧불이를 도대체 몇 마리나 모아야 할까? 어느 반딧불이 연구가는 실험 결과 2,000마리가 있으면 책을 읽을 수 있다면서 1,000마리씩 다른 상자에 담아 양쪽에 두면 좀 더 효율적이라고 덧붙였다. 반딧불이 2,000마리는 상당한 양이다. 차윤이 정말로 이 정도로 많은 반딧불이를 모았다면, 공부보다 반딧불이 채집이 더 힘들지 않았을까?

177

민달팽이에 설탕을 뿌리면
어떻게 될까?

어린 시절 민달팽이에 소금을 뿌리는 '과학 실험'을 해본 사람이 있을 것이다. 민달팽이에 소금 대신 설탕을 뿌리면 어떻게 될까? 소금 대신 설탕을 뿌려도 민달팽이를 녹일 수 있다.

소금을 뿌리면 민달팽이가 녹는 이유는 삼투압의 원리 때문이다. 액체는 농도가 연한 쪽에서 진한 쪽으로 이동하는 성질이 있고, 체내 대부분이 수분으로 되어 있는 민달팽이는 몸 표면에 소금을 뿌리면 삼투압으로 인해 체내 수분이 체외로 이동한다. 그 결과, 몸이 수축해서 녹는 것처럼 보인다.

설탕을 사용해도 소금을 사용할 때와 마찬가지로 삼투압 현상이 나타난다. 설탕의 삼투압은 소금의 10분의 1 수준이지만, 몸이 수분으로 이루어진 민달팽이는 이 정도로도 충분히 치명상을 입을 수 있다.

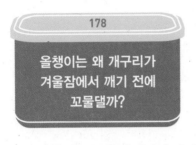

178

올챙이는 왜 개구리가 겨울잠에서 깨기 전에 꼬물댈까?

올챙이는 어미 개구리가 아직 겨울잠을 자는 동안 연못이나 강에 모습을 드러낸다. 그런데 어떻게 어미가 잠을 자는 동안 새 생명이 태어날까?

개구리는 땅속에서 겨울잠을 자고, 3월 무렵 잠에서 깨어나 산란 준비를 시작한다. 2~5일 동안 산란을 마친 개구리는 땅속으로 돌아가 따뜻해질 때까지 겨울잠을 더 잔다.

개구리 알은 그동안 세포 분열을 거듭해 올챙이가 된다. 그리고 어미 개구리가 다시 땅에서 기어 나오기 전에 성장해서 꼬물꼬물 헤엄친다.

179

나비와 나방은 어떻게 다를까?

나비는 아름답다며 찬사를 아끼지 않고, 나방은 징그럽다며 혐오한다. 하지만 학문적으로는 나비와 나방의 구별이 없고, 둘 다 나비목에 속하는 곤충이다.

다만 편의상 더듬이와 뒷날개가 붙은 모습으로 구별한다. 더듬이 끝에 초점을 맞춰 관찰하면, 나방은 더듬이 끝이 뾰족하고 나비는 두툼하다. 뒷날개가 돋은 시극(frenulum, 앞날개가 고정된 나비류의 뒷날개 돌기) 부분을 보면 나방은 가시처럼 뾰족하고 나비는 아무것도 없다. '먹이를 무는 입'과 '빨대처럼 생긴 주둥이'로도 구별할 수 있는데, 나비는 빨대처럼 생긴 주둥이가 있고 나방은 입과 주둥이 둘 다 있다.

참고로, 세계에는 약 30만 종의 나비목 곤충이 있는데, 그중 나비는 고작 1만여 종밖에 안 되고 나머지는 모두 나방이다.

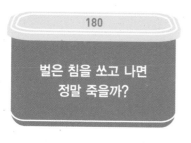

벌 중에는 침을 한 번 쏘고 나면 죽는 종이 있다. 바로 일벌이다. 일벌은 만화나 애니메이션 등에서 주로 남성으로 그려지는데, 사실은 모두 암컷이다. 이 일벌의 침은 산란관이 발달해서 만들어진 기관이다.

꿀벌의 침은 낚싯바늘처럼 갈고리 모양으로 생겨 한 번 찌르면 좀처럼 빠지지 않는다. 한 번 쏜 침을 억지로 빼면 독주머니가 찢어지거나 체력을 소모해 목숨을 잃는다.

그러나 말벌과 말벌과의 일종인 쌍살벌은 침이 쭉 곧은 모양이어서 침을 쏜 뒤 바로 빼, 여러 번 찌를 수 있다.

개미는 둥지에서 얼마나 멀리까지 외출할까?

연구자에 따르면, 일본 오키나와에 서식하는 왕침개미는 직선거리로 3.1미터 앞 목적지에 도착하는 데 약 5.2배인 16미터를 걸었다. 또 같은 종류의 다른 개미는 4.7미터 앞으로 가는 데 약 2.3배인 10.9미터를 걸었다. 홋카이도에 서식하는 불개미의 일종은 4미터 앞의 장소로 가는 데 약 7.1배인 28.3미터를 걸었다는 보고도 있다.

다른 조사도 참고하면, 개미는 한 번에 10~30미터 가까이 걸을 수 있다. 몸길이를 15밀리미터라고 잡으면 자기 몸길이의 700~2,000배를 걷는 셈이다. 키 170센티미터인 사람이 1~3.5킬로미터를 걷는 것과 비슷하다. 생각보다 짧은 거리처럼 느껴지는데, 사람과 비교하면 개미가 훨씬 많이 걷는다. 개미는 하루에 몇 번씩 이 정도 거리를 외출하기 때문이다.

182

고추잠자리는 왜 같은 방향을 향해 앉을까?

고추잠자리 떼는 지상에서 쉴 때 같은 방향을 향해 앉는 습성이 있다. 다른 곤충과 마찬가지로 변온동물이기 때문이다.

잠자리는 자력으로 체온을 조절할 수 없어 체온을 유지하려면 햇볕을 쬐어야 한다. 그래서 고추잠자리 떼는 쉴 때 일제히 몸 옆면이 태양을 향하도록 자세를 취해 햇볕을 받는 표면적을 넓힌다. 따라서 태양의 방향에 맞추다 보니 같은 방향으로 앉는 것이다. 반대로 체온이 너무 높을 때는 꼬리를 태양 쪽으로 향하고 앉아 햇볕이 닿는 면적을 줄여 적정 온도를 유지한다.

183

곤충의 피는 무슨 색일까?

인간의 피가 붉은 이유는 산소를 운반하는 '헤모글로빈'이라는 붉은 색소가 적혈구에 포함되어 있기 때문이다. 그러나 곤충은 '기관계'라는 호흡기관을 통해 산소를 몸속으로 직접 받아들여 몸에 산소를 운반하는 헤모글로빈도 적혈구도 존재하지 않고 오로지 백혈구 종류만 있다. 곤충의 혈액은 백혈구와 액체 혈장으로 이루어져 있고, 색깔은 무색에 가까운 호박색, 노란색, 녹색 등 다양하다.

곤충 중에서 산소를 운반하는 붉은 헤모글로빈 색소를 가진 곤충은 낚시 미끼로 쓰이는 깔따굿과의 애벌레(붉은 깔따구) 정도다. 피를 빨아먹고 사는 얄미운 모기와 헷갈리는 깔따구의 피가 하필 붉은색이라니, 참으로 기막힌 우연 아닌가?

184

마트에서 파는
유정란을 품으면
병아리가 될까?

암탉과 수탉이 교배해서 낳은 알을 '유정란'이라고 한다. 이 유정란을 섭씨 37.2~37.6도로 유지하고 습도를 일정하게 관리하면 약 3주 후 부화한다. 그렇다면 마트에서 파는 유정란을 품어도 부화할까? 그러나 마트 등에서 판매하는 유정란이 병아리가 될 확률은 거의 0에 가깝다.

일단 유정란이라고 해도 제대로 수정되지 않은 알이 많다(수정률은 60~80퍼센트). 전문가도 수정 여부를 판별하기 어렵기 때문이다. 수정되지 않은 알은 아무리 열심히 품어도 병아리가 될 수 없다. 그리고 부화시키려면 온도와 습도를 철저하게 관리해야 하는데, 일반 가정에서는 환경을 조성하기가 어렵다.

그리고 마트 등에 진열되는 달걀은 품질 유지를 위해 알을 모은 뒤 섭씨 5도 이하로 급랭 처리한다. 그 시점에서는 병아리가 되는 온도 관리 조건이 충족되지 못한다.

그러므로 안타깝지만, 가정에서 유정란으로 병아리가 깨어나게 하려면 엄청난 정성과 행운이 필요하다.

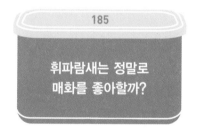

185

휘파람새는 정말로 매화를 좋아할까?

화투패 중에 붉은 꽃과 새가 함께 그려진 패가 있다. 이 그림 속의 새가 휘파람새이고 붉은 꽃이 매화다.

이처럼 일본에서는 옛날부터 휘파람새와 매화가 짝지어 등장하는 경우가 많았다.

휘파람새는 2월 중순부터 3월에 걸쳐 활동을 개시하는데, 매화도 그 시기에 꽃이 핀다. 휘파람새는 매화에 몰리는 벌레를 잡아먹기 위해 매화나무에 앉는다. 따라서 휘파람새는 매화를 좋아한다기보다 매화에 몰리는 벌레를 좋아하는 것이다. 먹잇감이 되는 벌레만 있으면 휘파람새는 어디로든 날아간다.

플라밍고의 고향인 아프리카 대륙에는 '대지구대'라는, 남북으로 뻗은 폭넓은 계곡처럼 푹 파인 열곡대가 있다. 이 지구대 부근에는 지각 심부에서 마그마가 상승하고, 탄산수소나트륨 성분이 지표에 솟아나 만들어진 '나트론'이라는 탄산수소나트륨 호수가 있다.

야생 플라밍고는 이 호수 부근에 서식하며 소다 호수에 대량 번식하는 조류(藻類)를 주식으로 삼는다. 플라밍고가 선홍색을 띠는 이유는 이 조류의 색소 때문이다. 먹이로 그 정도 선명한 분홍색을 낼 수 있다니, 자연의 섭리는 참으로 오묘하다.

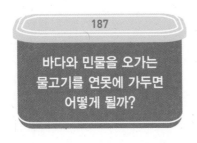

은어와 연어 등은 바다와 강을 오가는 물고기다. 그런데 하천과 댐 공사 등으로 바다로 돌아가지 못하

고 연못이나 호수에 갇힐 때가 있다. 이렇게 바다로 돌아가지 못한 물고기는 어떻게 될까?

은어와 연어, 송어는 민물에 적응해서 성장하고 번식하며 멋지게 살아간다. 실제로 일본 최대 호수인 비와호에 사는 은어는 원래 오사카만까지 내려갔으나 인근 강이 하천 개수 등으로 오갈 수 없자 비와호에 정착했다. 드넓은 비와호를 바다로 착각한 것이다.

그런데 바다와 민물을 오가는 물고기라 하더라도 바다에서 산란하고 강에서 자라는 장어는 사정이 다르다. 연못이나 호수에 갇히면 알을 낳지 못해 번식할 수 없다.

188
장어는 왜
미끈미끈할까?

장어가 미끈미끈한 이유는 장어의 일생과 관련 있다. 장어는 바다에서 태어나 민물인 강과 늪지에서 성장한 뒤 산란 시기가 되면 다시 바다로 돌아간다. 그래서 장어는 염분이 많은 바다와 민물에 모두 적응해서 살 수 있다. 장어의 미끈미끈한 몸은 삼투압으로 바다에서나 강에서나 불편함 없이 살 수 있도록 조절한다.

예를 들어, 장어는 민물에서 삼투압보다 체내에서 훨씬 높은 압력을 유지해, 민물이 몸 안으로 들어오지 못하도록 막는다. 많든

적든 물고기들은 몸 표면에 점액질을 가지고 있는데, 장어는 그 점액질을 더 현명하게 활용하는 셈이다.

미꾸라지는 맑은 물에서 살 수 없다. 탁한 물에 살던 미꾸라지를 맑은 물로 옮겨놓으면 차츰 활력을 잃고 마침내 폐사한다. 콜룸나리스병(columnaris disease)에 걸려 몸 곳곳이 허옇게 벗겨지고 아가미가 부패한 듯한 상태로 변하기 때문이다. 미꾸라지는 왜 깨끗한 물에 있으면 병에 걸려 시름시름 앓을까?

진흙 속에 사는 미꾸라지의 피부와 아가미에는 일종의 세균이 서식한다. 이 세균이 미꾸라지를 다른 병원체로부터 지켜준다. 그런데 깨끗한 물속에는 이 세균이 없어 다른 종의 병원균이 증식해 병에 걸리기 쉽다.

어미 소가 송아지에게 젖을 먹이거나 참새가 새끼에게 먹이를 물어다 입에 넣어주는 모습은 쉽게 상

상할 수 있다. 하지만 물고기가 치어에게 먹이를 가져다주는 광경은 좀처럼 떠올릴 수 없다.

대부분의 어류는 알을 낳기만 하고 새끼를 양육하지 않는다. 어류는 알로 태어나자마자 자립해야 한다.

그러나 '과보호' 유형의 부모도 있다. 가령 인도네시아에 서식하는 방가이 카디널피시는 수정시킨 알을 수컷이 입안에서 키운다. 3주 정도면 부화하는데, 알에서 깨어난 후에도 수컷 물고기 입속에서 살며, 스스로 먹이 사냥을 할 수 있을 때가 되어야 입 밖으로 나온다.

이처럼 과보호 유형의 물고기는 다른 물고기에 비해 한 번에 낳는 알의 수가 적다. 물고기도 저출산이 진행되면 과보호하는 경향이 나타나는 모양이다.

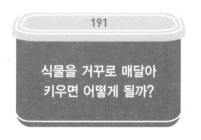

식물의 뿌리는 땅속으로 뻗고 줄기는 하늘을 향해 자란다. '만약 식물을 거꾸로 매달아 키우면 어떻게 될까?' 이런 의문에서 시작된 실험이 있다.

식물을 거꾸로 매달아 키웠더니 뿌리는 역시 아래를 향해 뻗고, 줄기는 하늘을 향해 자랐다. 즉, 식물을 거꾸로 매달아서 키워도 뿌리와 줄기 모두 구불구불 에움길을 돌아 원래 가야 할 방향을 찾아간다. 뿌리는 중력 방향으로 뻗고, 줄기는 중력과 반대 방향으로 성장하는 식물의 성질은 거꾸로 매달아도 달라지지 않는다.

그러나 조명을 이용하면 식물과 중력의 관계를 바꿀 수 있다. 가령 양상추를 거꾸로 매달아 아래에서 2만 럭스(lux) 이상의 빛을 비추면, 줄기는 빛의 방향(아래)으로 자란다. 이 방법을 적절히 이용하면 좁은 공간을 몇 층으로 활용해 식물을 재배하거나 야간에도 채소를 성장시킬 수 있다.

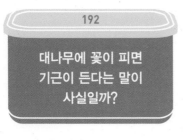

'대나무에 꽃이 피면 기근이 든다'라는 옛말이 있다. 지역에 따라 기근이라고 하기도 하고, 전쟁이라고 하기도 한다.

어쨌든 옛사람들은 대나무에 피는 꽃을 흉조로 보았다. 대나무는 몇십 년에 한 번 꽃이 피는데, 꽃이 핀 대나무는 모두 말라 죽기 때문이었다.

1983년 여름 중국 서부 쓰촨성의 대나무에 일제히 꽃이 핀 적이 있다. 그래서 댓잎을 먹고 사는 판다가 먹이 부족에 시달린 끝에 결국 수백 마리나 굶어 죽었다.

판다뿐만이 아니다. 인간 사회에서도 대나무의 개화는 예로부터 기근의 전조로 여겨 두려워했다. 볏과 식물인 대나무가 고사하면 벼가 말라 죽는 흉년을 연상시키기 때문이었다.

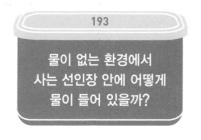

선인장 줄기와 잎에 상처를 내면 물이 나온다. 선인장은 줄기 안에 물을 대량 저장하고 있어 사막에서도 살아갈 수 있다. 그런데 사막처럼 물이 없는 환경에서 자라는 선인장은 어떻게 물을 저장할까?

물론 선인장도 뿌리로 수분을 빨아들인다. 그런데 그 양이 적어 증발하는 수분량을 최대한 억제하는 구조로 되어 있다. 예를 들어, 선인장의 뾰족뾰족한 가시는 사실 잎이다. 수분 증발을 방지하기 위해 잎의 표면적을 최대한 줄인 결과 가시처럼 생긴 독특한 모양이 만들어졌다.

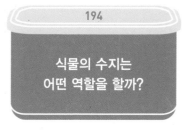

나무껍질에서 분비되는 끈적끈적한 물질을 '수지'라고 한다. 특히 흑송의 둥치에서 분비되는 송진은 연고 등의 원료로 널리 활용된다. 그렇다면 이 수지는 수목에 어떤 역할을 할까?

확실히 밝혀지지는 않았지만 유력한 두 가지 가설이 있다. 첫째, 수목의 딱지 역할을 한다. 수지는 표피에 상처가 생기면 활발하게 분비되는데, 세균과 곤충의 침입을 막기 위해 수지로 딱지를 만든다는 가설이다. 둘째, 약 역할을 한다. 수지가 외부에 배어나오면 정유(精油) 함유량이 60퍼센트까지 급격히 증가한다. 이 정유로 상처 부위를 치유한다는 가설이다.

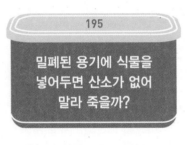

195

밀폐된 용기에 식물을 넣어두면 산소가 없어 말라 죽을까?

자연계에서 동물은 산소를 흡수하고 이산화탄소를 배출하며, 식물은 이산화탄소를 소비하고 산소를 배출해 균형을 유지한다.

식물도 호흡을 한다. 그런데 식물이 소비하는 양보다 발생시키는 양이 훨씬 많다. 그렇다면 산소를 만들어내는 식물을 밀폐된 용기에 넣으면 어떻게 될까?

식물은 이산화탄소를 대량 소비하는 탄산동화작용으로 생명 유지에 필요한 탄수화물을 만들어낸다. 그러나 밀폐된 용기 안에서는 이산화탄소가 서서히 줄어들어, 호흡으로 배출한 이산화탄소가 필요해진다.

마침내 동화작용으로 흡수한 이산화탄소와 식물이 스스로 만들어낸 이산화탄소의 양이 균형을 이루면 밀폐용기 안에서도 식물은 상당 기간 생존할 수 있다. 하지만 새로운 조직을 만들려면 호흡으로 발생시킨 이산화탄소로는 양이 부족해 어느 시점에 이르면 성장을 멈추고 점점 마른다.

가로변에는 왜
포플러를 많이 심을까?

포플러는 한 종의 나무가 아니라 포풀루스속에 속하는 모든 수종을 가리킨다. 미루나무, 사시나무 등이 포풀루스속에 속하는데, 북미에서 건너온 양버들을 주로 '포플러'라고 부른다. 포풀루스속 나무들은 대기 정화 능력이 뛰어나 전 세계에서 가로수로 많이 활용된다.

가로수의 대기 흡수 능력은 '엽면 확산 저항치'라는 수치로 가늠하는데, 이 수치가 낮을수록 흡수 능력이 높아 대기 정화 능력이 탁월하다. 예를 들어, 정원수로도 많이 심는 동백은 이 수치가 3.0 이상인 반면, 느티나무는 0.4~0.6이다. 따라서 느티나무는 흡수 능력이 동백의 7배가 넘는다. 그리고 포풀루스속 나무는 느티나무보다 우수한 0.3이다.

이처럼 포풀루스속 나무는 오염된 대기를 흡수하고 산소를 배출하는 힘이 탁월해 차량 통행량이 많은 도심의 가로수로 많이 심는 것이다.

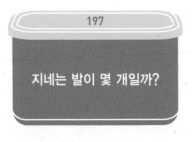

197

지네는 발이 몇 개일까?

지네는 길쭉한 몸통 옆에 다리가 빽빽하게 달린 곤충이라서 징그럽다는 이미지가 강하다.

옛날에는 지네를 다리가 100개 달렸다고 해서 '백각(百脚)'이라 부르기도 했다. 그렇다면 지네의 다리는 정말 딱 100개일까?

지네 중에는 다리를 100개 이상 가진 종류도 있고, 많게는 254개 가진 종류도 있다. 물론 다리가 100개 안 되는 종류도 있다. 가장 적은 종류는 28개밖에 안 된다. 이처럼 종류에 따라 다리 수가 제각각이다.

198

벌 몸통에는 왜 노랗고 까만 줄무늬가 있을까?

위험을 알리는 표시로 많이 사용되는 검은색과 노란색 줄무늬 아이디어는 꿀벌의 몸통에서 따왔다.

벌침에 쏘이면 통증이 심하다.

개구리가 벌을 다른 벌레와 착각해서 잘못 삼키면 낭패를 본다. 호되게 대가를 치른 개구리는 벌처럼 생긴 벌레에게는 두 번 다시 다가가지 않는다. 이런 경험이 반복되면서 '벌은 건드리지 않는다'라는 기억이 유전자에 각인되어 벌이라는 사실을 인지하면 그 어떤 동물도 섣불리 건드리지 않는다.

벌은 자신의 존재를 상대방에게 확실히 인지시켜야 신변의 안전을 도모할 수 있다. 그래서 존재감을 극대화하기 위해 눈에 확 띄는 검은색과 노란색 줄무늬로 진화했다고 추정된다.

식물은 번식하기 위해 꽃을 피운다. 꽃향기와 꿀로 곤충과 새를 유혹해 수술의 꽃가루를 암술로 옮기는 방식으로 수정한다. 이것을 '유성생식'이라고 한다.

그 반면에 부모의 몸에서 포자가 떨어져나가 발아하는 것을 '무성생식'이라고 한다. 무성생식을 하는 다시마나 파래 같은 해조류는 수정이 필요 없어 꽃을 피우지 않는다. 육지에서 자라는 고사리, 이끼, 버섯 등도 무성생식으로 번식해 꽃을 피우지 않는다.

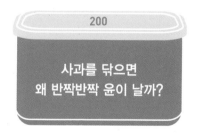

사과는 천으로 닦으면 반짝반짝 윤이 난다. 사과 표면에 천연 '밀랍'이 있기 때문이다. 표면의 밀랍은

사과를 위한 '천연 비옷 역할'을 해 비가 쏟아져도 사과 열매 속

까지 빗물이 스며들지 않는다.

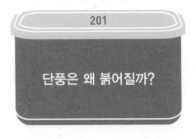

201

단풍은 왜 붉어질까?

가을에 단풍이 붉게 물드는 것은 잎을 떨어뜨리기 위한 준비 작업이라고 할 수 있다.

겨울이 다가와 기온이 내려가면 뿌리가 빨아 올리는 수분량이 줄어든다. 게다가 공기가 건조해지면서 잎에서 증발하는 수분량이 점점 증가해 조치를 하지 않으면 나무는 말라 죽는다.

그래서 낙엽수는 잎을 떨어뜨려 수분 증발을 억제하는 방식을 선택했다. 월동 준비로 가지와 잎 경계에 일종의 방지턱을 만들어 수분과 양분의 흐름을 막는 것이다. 그러면 광합성으로 만들어진 당분이 줄기로 전해지지 않고 잎에 저장된다. 이 당분이 초록색 색소를 분해하는 한편, 붉은색 색소를 생성해 낙엽수의 잎이 울긋불긋하게 물든다.

202

에인절피시의 무늬는 세로줄무늬일까 가로줄무늬일까?

물고기 중에는 줄전갱이와 돌돔처럼 몸에 얼룩무늬가 있는 종이 적지 않다. 그렇다면 돌돔과 열대어인 민물천사고기(흔히 '에인절피시'라고 부른다)와 같이 등에서 배에 걸친 얼룩무늬는 세로줄일까 가로줄일까?

정답은 가로줄이다. 물고기의 무늬를 볼 때는 헤엄치는 모습이 아니라 머리를 위로 해서 무늬의 방향을 보기 때문이다. 즉, 물고기의 가로줄무늬는 등에서 배에 걸친 무늬이고 세로줄무늬는 줄전갱이처럼 머리에서 꼬리를 향한 무늬다.

고양이는 높은 곳에서 떨어져도 빙그르르 회전해 멋진 자세로 착지한다. 건물 3층 높이까지는 생명에 지장이 없다. 그러나 4~5층 정도 되면 사망률이 높아진다.

그런데 뉴욕의 한 수의사가 고양이는 5층에서 떨어졌을 때보다 6~7층에서 떨어졌을 때 사망률이 낮다고 보고했다. 그 비밀은 가속도에 있다. 높은 곳에서 떨어지는 고양이는 눈으로 지면까지 거리를 판단하고, 충격을 흡수하도록 자세를 잡아 착지한다. 고양이는 4~5층에서 떨어지면 가속도 탓에 지면과의 거리감을 잡기 어렵다. 그러나 그 이상 높이에서 떨어지면 공기의 저항이 커져 지면 가까이에서는 가속도가 줄어들어 등속도로 낙하한다. 그러면 지면과의 거리를 측정하기 쉬워져 고양이는 타고난 능력을 발휘해 부드럽게 착지할 수 있다.

**물이 담긴 페트병을 두면
정말 고양이가 싫어할까?**

길고양이는 동네를 자유롭게 돌아다닌다. 화장실도 그날 기분에 따라 정할 법한데, 의외로 매일 정해진 장소에 변을 누는 습성이 있다.

길고양이가 하필 우리 집 마당이나 현관 앞을 화장실로 정하면 냄새가 심해 참을 수가 없다. 그래서 어떤 사람이 물을 채운 페트병을 놓아두면 고양이가 다가오지 않을 거라는 묘안을 생각해냈다.

일본에서 주택가를 걷다 보면 담장이나 울타리에 페트병을 조르르 늘어놓은 모습을 볼 수 있는데, 과연 효과가 있을까? 고양이의 생태에 정통한 전문가에 따르면 물을 채운 페트병은 빛을 난반사해 처음에는 고양이가 겁을 먹고 다가오지 않지만, 점점 익숙해지면서 겁내지 않아 한 달 정도 지나면 효과가 없다.

캥거루 수컷도 주머니를 지니고 있을까?

캥거루의 배에는 주머니가 있다. 이 주머니 안에서 새끼를 길러 '육아 주머니'라고 한다.

캥거루는 태반이 발달하지 않아 어미의 몸 안에서 태아를 성장시킬 수 없다. 그래서 새끼는 약 2센티미터 크기의 초미숙아 상태로 태어난다. 이렇게 작고 가냘픈 새끼를 암컷 캥거루는 주머니 안에서 몇 개월간 품어 키운다. 따라서 캥거루의 육아 주머니는 다른 포유동물의 태반과 같아, 수컷 캥거루에게는 없다.

6장

우주만물의 이치를
깨우쳐주는
물리·화학·지구
& 우주통조림

마술사가 숟가락을 구부리는 묘기의 비밀은?

마술사가 마치 초능력자처럼 숟가락을 구부리는 묘기를 보여줄 때가 있다. 초능력자보다 더 그럴싸하게 묘기를 보여주는 마술사도 있다. 이 마술의 비밀은 알고 보면 김이 빠질 정도로 시시한 속임수다.

숟가락에 미리 열을 가해 달궈두면 부드러워진다. 또 사전에 절단해서 퍼티로 절단 부분을 이어 눈속임을 하면 슬쩍 손을 대기만 해도 숟가락이 엿가락처럼 휘는 마술을 보여줄 수 있다. 관객의 시선을 피해 미리 흐물흐물한 상태로 만들어둔 숟가락으로 바꿔치기하는 기초적인 수법도 있다. 물론 사람들이 보지 않는 동안 힘으로 숟가락을 구부리는 방법도 가능하다.

이런 초능력자들은 교묘한 손놀림으로 속임수를 수행하는 방법을 알 뿐이다.

이제 더 이상 숟가락 마술을 못하겠군...

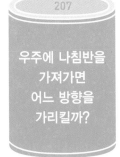

우주에 나침반을 가져가면 어느 방향을 가리킬까?

지구에서 나침반을 사용하면 바늘이 남북 방향을 가리킨다. 지구에서는 자력이 작용하기 때문이다. 지구의 자력은 지구가 회전하면서 발생하는데, 태양계 행성 중에서 지구의 자력이 가장 강하다.

그렇다면 나침반을 우주에 가져가면 바늘이 어느 방향을 가리킬까?

우주 공간에서는 나침반 바늘이 제멋대로 움직이다가 멈춘다. 지구에서 100미터 이상 벗어나면 자력이 전달되지 않는다. 우주 공간에서는 일정한 방향으로 자력이 작용하지 않아 바늘이 일정한 방향을 가리키지 않는다.

초고층 건물 꼭대기에서 수도꼭지를 틀면 바로 물이 나오는 이유는?

208

모든 수도꼭지는 땅속에 매설된 수도관이나 배수관보다 높은 곳에 있는데 어떻게 물이 나올까?

물을 공급하는 배수지가 수도꼭지가 있는 건물보다 높은 곳에 있으면 간단하다. 물은 고지대에서 저지대로 자연스럽게 흐르므로, 수압을 이용하면 배수관이 땅속에 있더라도 물을 건물 위까지 끌어 올릴 수 있다. 그런데 배수지가 건물보다 저지대에 있을 경우 적절한 수압을 가하지 않으면, 배수관으로 물이 흐르지 않아 건물에 불이 공급되지 않는다.

그래서 수도공사를 할 때는 배수 펌프를 사용해 항상 건물 3층까지 물이 공급될 정도의 압력을 가한다. 그리고 4층 이상 건물은 추가로 수압을 높이는 펌프를 설치해, 배수관의 물을 단숨에 밀어 올린다.

209

공항의 금속탐지기는 브래지어 와이어에도 반응할까?

2001년 미국에서 9·11 테러가 발생한 이후 경계 태세가 강화된 워싱턴 공항에서 한 여성이 금속탐지기에 걸렸다. 자세히 살펴보니 원인은 브래지어 후크였다.

이런 뉴스를 접하면 여성들은 금속탐지기를 통과할 때 움츠러든다. 최신 고기능성 브래지어에는 '모아주고 밀어 올려주는' 기능을 갖춘 스테인리스 재질의 와이어가 들어 있다.

이 뉴스 이후 일본 속옷 전문 기업은 곧바로 '금속탐지기에 반응하지 않는 브래지어' 개발에 착수했다. 와이어는 수지성으로, 후크는 비자기성으로 바꿔 시제품을 테스트했더니 동전이 반응하는 정도의 감도라서 무사히 통과했다.

그러나 이 브래지어가 폭발적인 인기를 끌며 팔려나갔다는 소식은 들리지 않는다. 정밀도가 높은 일부 탐지기에서만 적발될 뿐, 일반적인 공항의 금속탐지기로는 브래지어 때문에 특별히 마음 졸일 필요가 없기 때문이다.

강력한 냉동고를 활용하면 온도를 무한대로 내릴 수 있지 않을까? 물론 그렇게 생각할 수도 있지만, 현실적으로 불가능하다. 아무리 강력한 냉동고라도 절대영도 이하로는 온도가 내려가지 않는다. 절대영도를 섭씨로 환산하면 영하 273.15도다.

절대영도 개념은 영국의 과학자 켈빈 경(Lord Kelvin)이 발견했다. 켈빈은 샤를의 법칙을 기반으로 가설을 세웠다. 샤를의 법칙이란 온도가 1도 오르내릴 때마다 기체의 부피는 섭씨 0도일 때보다 273분의 1씩 증감한다는 내용이다.

1도 낮아질 때마다 273분의 1씩 부피가 줄어든다면, 영하 273도일 때는 부피가 0이 된다. 즉, 더 이상은 부피가 줄어들 수 없으므로 켈빈은 '영하 273도보다 낮은 온도는 없다'라는 가설을 세웠다. 이 가설은 그 후 증명되어 절대영도를 켈빈의 이름에서 머리글자를 따서 K라고 표기한다.

211

**열이 나면
형상기억합금
브래지어의
모양이 변할까?**

'형상기억합금'이란 외부에서 힘 등이 가해졌을 때 모양이 변하더라도 일정한 온도에서 원래 형태로 돌아가는 성질을 지닌 특수한 금속을 말한다.

1951년 개발 과정에서 카드뮴을 함유한 합금에 고온 상태에서 모양을 기억하게 하면 다른 모양으로 변하더라도 일정 온도에서는 원래대로 돌아온다는 사실을 확인했다.

이 형상기억합금은 여성들의 브래지어 와이어에도 자주 사용된다. 세탁 등으로 와이어가 변형되어도 사람의 피부에 가까운 온도에서는 원래 형태로 돌아온다. 그렇다면 갑자기 열이 날 경우 입고 있던 브래지어의 모양이 달라질까? 다행히 섭씨 36~39도에서는 모양이 변형되지 않는다.

212

**식품의 수분이
몇 퍼센트인지
어떻게 알까?**

전분에는 약 18퍼센트의 수분이 함유되어 있다. 그러나 대다수 사람은 이것이 어느 정도인지 전혀 짐작하지 못한다. 그렇다면 식품의 수분은 어떻게 측정할까?

방법은 의외로 간단하다. 전분의 무게

를 재고, 가열해서 함유된 수분을 완전히 증발시킨 다음, 다시 전분의 무게를 잰 뒤 처음 무게로 나누면 된다.

물질 속의 수분량을 정식으로 검사하는 방법은 계측하는 물질을 섭씨 105~110도 정도로 가열해 용기 안에 들어 있는 수증기를 완전히 빼낸 뒤 '수분이 사라진 무게'를 '수분을 함유한 처음 무게'로 나눠 산출한다.

물질에 포함된 수분량은 공기 중 수분을 잘 흡수하는 물질과 그렇지 않은 물질에 따라 달라진다.

방수 스프레이를 뿌린 옷을 세탁하면 물을 튕겨낼까?

옷에 뿌리기만 해도 비 내리는 날 축축함에서 벗어나게 해주는 방수 스프레이에는 불소수지와 에탄올, 분사제 등이 들어 있다. 에탄올 등의 성분은 분사하고 얼마 지나지 않아 증발하고 섬유 표면에는 불소수지만 남는다. 이 불소수지가 섬유를 코팅해 섬유가 젖지 않게 해준다.

그렇다면 세탁할 때도 물을 튕겨내 옷을 빨 수 없을 것 같은데, 다행히 장시간 물에 담가두면 원래 상태로 돌아온다. 불소수지는 섬유의 표면만 코팅하고 내부까지 스며들지 않는다. 화학적으로 방수 가공된 옷에는 영구적인 효과가 있는데, 스프레이는 일시적으로만 효과를 발휘한다.

**불은
왜 위로
타오를까?**

촛불이나 성냥불은 위가 뾰족한 모양의 불꽃을 만든다. 모닥불을 피우거나 무서운 화재 사고 현장에서도 불은 언제나 위로 타오른다. 그 이유는 불꽃 주위에서 상승 기류가 발생하기 때문이다.

물체가 탈 때는 대량의 열이 발생해 주위 공기를 가열하는데, 그로 인해 공기가 팽창하며 가벼워져서 생긴 상승 기류가 불을 위로 타오르게 만든다.

때로 화재 사고 현장에서 강풍이 부는 것도 상승 기류 때문이다. 대량의 열로 달궈진 공기가 급격하게 상승하며 바람이 생겨 불꽃이 점점 더 격렬하게 타오르며 번진다. 굴뚝이 있으면 아궁이에 넣은 장작이 더 잘 타는 현상도 상승 기류가 빠져나가는 길을 만들어주기 때문이다.

215

옷은 젖으면 왜 색깔이 진해질까?

옷이 젖으면 어떤 재질의 원단이라도 색깔이 진해 보이는 이유는 뭘까?

'색깔이 우리 눈에 보이는 현상'은 그 색깔의 파장이 빛에 반사되기 때문이다. 물체나 소재가 빛을 모두 반사할 때는 새하얗게 보이고, 반사되지 않은 빛의 양이 적을수록 거무스름하게 보이며, 빛을 전부 흡수해 반사한 빛이 없을 때는 시커멓게 보인다.

일반적으로 의류의 표면은 섬유에 굴곡이 있어 빛의 난반사가 잘 일어난다. 이 상태에서 젖으면 반사하는 빛의 양이 줄어들어 원래보다 어둡고 진해 보인다.

216

금성과 화성도 달처럼 위상의 변화가 있을까?

금성은 '샛별', '개밥바라기' 등의 별명을 가지고 있다. 새벽 동쪽 하늘이나 저녁나절 서쪽 하늘에서 어슴푸레하게 보이는데, 밤에는 일등성의 수십 배 밝기로 빛난다.

금성은 반지름과 밀도가 지구와 거의 같고 물과 산소는 없으며 매우 고온의 행성이다. 그리고 달처럼 위상의 변화를 보인다. 한편 화성은 지름이 지구의 절반 정도이고 질량은 10분의 1이며 기온이 매우 낮은 행성으로, 위상의 변화를 보이지 않는다. 금성은 지구의 공전궤도 안쪽을 도는 반면, 화성은 바깥쪽을 돌기 때문이다.

화성은 지구 바깥쪽에서 687일에 걸쳐 태양을 일주한다. 그래서 지구에서 화성을 관측할 때 태양광선을 받는 면밖에 볼 수 없어 위상의 변화를 관찰할 수 없다. 반면 225일에 걸쳐 지구 안쪽에서 도는 금성은 달과 마찬가지로 태양광을 받고 그늘이 지는 부분도 볼 수 있어 달처럼 차고 이지러지는 위상의 변화를 관찰할 수 있다.

만년설은 정말
'1만 년' 동안
쌓인 것일까?

알프스나 에베레스트처럼 해발고도가 높은 산에는 여름에도 녹지 않는 '만년설'이 쌓여 있다. 이 만년설은 정말 이름처럼 1만 년 동안 녹지 않고 쌓인 것일까?

그렇지 않다. 쌓인 눈은 외부 공기와 햇빛이 닿는 표면뿐만 아니라 지면에 닿는 층도 지열 때문에 녹는다. 만년설이 아래층으로 이동해 지열로 녹는 기간은 15년 정도다.

다만 남극이나 알래스카 같은 극지에는 정말로 1만 년 동안 녹지 않은 '만년빙'이 있다. 이 만년빙은 내린 눈이 녹지 않고 그대로 얼어서 만들어진 것이다. 실제로 수만 년 전에 내린 눈으로 이루어진 빙하도 있다.

산의 높이는 '해발고도'로 표기한다. 해발고도는 기준점이 되는 해수면인 수준원점(水準原點)에서 측정 대상까지의 고도를 측정한다. 그런데 해수면은 조수간만에 따라 높이가 오르내린다.

해발고도가 이렇게 오락가락하면 혼란을 초래할 수 있어, '중등조위면(中等潮位面, 평균해면)'이라는 개념을 만들었다. 오랜 세월에 걸쳐 조수간만을 관찰해 만조 시와 간조 시의 평균을 낸 중등조위면을 기준으로 해발고도를 결정한다.

평야 지대에서 느릿느릿 흐르는 강의 유속은 초속 1미터도 되지 않는다. 그런데 폭우가 쏟아져 물이 불어나면 초속 3~4미터 정도 된다. 흙탕물이 섞인 탁류가 되면 속도는 더 빨라진다.

강을 흐르는 물의 속도, 즉 유속을 측

정하는 방법은 두 가지다.

유량이 많고 속도가 빠를 때는 길이 0.5~4미터 막대 형태의 부표형 유속계('라그랑주식 유속계')를 강에 던져넣어, 일정한 거리를 떠내려가는 데 걸리는 시간을 측정한다. 그리고 거리를 시간으로 나눠 유속을 계산한다.

유량이 적고 천천히 흐를 때는 '오일러식 유속계'를 사용한다. 풍차처럼 주위에 회전축이 달린 컵이 일정 시간 물속에서 몇 번 회전하는지 헤아려 유속으로 환산한다.

다만 강의 흐름은 같은 지점에서도 수심과 위치에 따라 달라진다. 그래서 오일러식 유속계로는 수심의 20퍼센트와 80퍼센트 깊이의 관측치를 평균 낸 수치를, 라그랑주식 유속계로는 길이에 따라 0.85~0.96의 보정 계수를 곱해 평균 유속을 산출한다.

220

인간은 최대
몇 살까지
살 수 있을까?

인간은 사고를 당하거나 질병에 걸리지 않아도 언젠가 죽는다. 마지막에는 장기들이 오래 사용한 기계처럼 고물이 된다. 이런 상태를 '노쇠'라고 한다. 사람은 체내에 산소를 받아들이는데, 이 산소가 연소하는 과정에서 '활성산소'라는 독성 산소가 발생한다. 그 독성으로 체내 장기가 손상되고 노화가 진행된다. 그리고 점점 노쇠해 죽음을 맞이하는 단

계에 들어간다.

활성산소를 제거하면 인간의 수명을 연장할 수 있지 않을까? 미국의 어느 과학자는 만약 활성산소를 제거하는 방법이 발견된다면 남성은 800~900세, 여성은 2,400세까지 살 수 있다고 주장한다. 여성이 장수하는 건 호르몬과 관련 있다.

약 복용 시간을 왜 식전, 식후, 식후 즉시 등으로 구분할까?

221

약국에서 주는 약 봉투를 보면 식전, 식후, 식후 즉시 등으로 약 먹는 시간이 표시되어 있다. 약 복용 시간은 약의 성질에 따라 결정된다.

위에 음식물이 있을 때 먹으면 흡수율이 떨어지는 약은 식전에 복용하도록 처방한다. 그리고 음식물에 의해 흡수가 더 잘되거나 철분제, 관절염 치료제처럼 위장장애가 나타날 가능성이 있는 약은 식사 직후에 복용하도록 권고한다. 제산제와 감기약처럼 위를 자극할 우려가 있는 약은 식후에 먹도록 처방한다. 또 식후에 약을 챙겨 먹는 습관을 들일 수 있게 식후에 복용하도록 지정하는 약도 있다. 어떤 약이든 병원에서 내린 처방대로 약사의 지시에 따라 먹어야 안전하다.

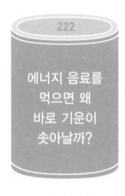

야근이나 밤샘 작업을 할 때 에너지 음료를 챙겨 먹는 사람이 적지 않다. 에너지 음료를 마시면 신기하게 바로 기운이 솟아나는 느낌이 든다. 그런데 마신 직후에는 기운이 용솟음치다가 시간이 지나면 마법이 풀린 것처럼 갑자기 효과가 사라진다는 주장도 있다.

이런 주장에는 나름대로 이유가 있다. 마신 직후 눈이 번쩍 떠지며 기운이 나는 느낌이 드는 것은 대부분의 에너지 음료에 들어 있는 알코올과 카페인 성분들로 인해 일시적으로 신경이 흥분되기 때문이다.

물론 편의점에서 파는 일반적인 에너지 음료 외에 약국에서 파는 자양 강장 음료에는 생약 성분이 들어 있는 제품도 있다. 생

약 성분이 온몸을 순환해서 피가 되고 살이 되려면 상당한 시간이 걸린다. 에너지 음료를 마시고 건강해지려면 그만큼 시간과 투자가 필요하다.

223

전기레인지가
불 없이도
뜨거워지는
원리는?

"아니 땐 굴뚝에 연기 나지 않는다"라는 유명한 속담이 있는데, '아니 땐 굴뚝에서 냄비가 끓는' 신통방통한 조리기구가 있다. 바로 전기레인지다. 전기레인지의 원리는 다음과 같다.

전기레인지 상판 아래에는 코일이 들

어 있다. 전기난로와 비슷하다. 전기난로가 발열용 기구라면, 전기레인지는 전기 발생용 기구로, 이 코일에 전류가 흐르면 자력선이 발생한다.

그래서 상판 위에 냄비를 얹으면 발생한 자력선이 상판을 통과해 냄비 바닥에 닿는다. 냄비 바닥에 자력선이 닿으면 전지 유도로 전류가 발생하는데, 전류의 힘으로 열이 발생해 냄비가 가열된다. 다만 모든 조리도구를 전기레인지에 사용할 수 있는 것은 아니다. 자력선이 통과하는 철제나 법랑 또는 전기레인지 전용 조리도구가 아니면 발열하지 않는다.

전기레인지는 열효율이 우수하다. 가스레인지의 열효율은 약 40퍼센트인데, 전기레인지는 80퍼센트나 된다. 에너지 손실이 적어 사용하는 가정이 늘어나고 있다.

우주
왕복선에서는
대변을 어떻게
처리할까?

우주에 머무르는 우주 비행사의 배설물은 어떻게 처리할까?

우주 왕복선 안에는 양변기가 설치되어 있어, 우주 비행사들은 변기에 앉아서 볼일을 본다. 배설된 대변은 공기압의 힘으로 잘게 분쇄된 후 변기 아래

있는 탱크에 모인다.

비행사가 화장실에서 나가면 탱크 안은 진공 상태가 되고, 모인

대변은 동결·건조된다. 이 과정을 거치면 다음 사람이 화장실에 들어갔을 때 앞 사람이 남긴 잔향을 맡으며 볼일 보는 상황을 피할 수 있다. 그리고 탱크 안의 대변은 최종적으로 지구로 돌아온다. 소변도 마찬가지여서, 호스가 달린 컵 형태의 장치에 소변을 본다.

참고로, 변기 아래에는 앉았을 때 발을 고정하는 고정장치가 붙어 있다. 고정장치로 몸을 고정하지 않으면 볼일을 볼 때 몸이 둥실둥실 떠오르는 불상사가 발생하기 때문이다.

225

샴푸와 린스의 본질적 차이는 무엇일까?

샴푸와 린스는 본질적으로 다르다. 첫째, 샴푸는 유분을 제거하고, 린스는 유분을 보충한다. 둘째, 샴푸는 마이너스 이온을 가지고 있고, 린스는 플러스 이온을 가지고 있다.

샴푸로 머리를 감으면 모발의 오염과 기름기가 제거되는 것은 샴푸의 성분 때문이다. 마이너스 이온을 지닌 계면활성제가 거품이 되고, 이 거품이 오염과 유분을 감싸 떨어져나오게 한다. 계면활성제의 마이너스 이온이 모발에 남으면, 푸석푸석해 엉키고 마찰을 일으켜 정전기가 생긴다. 그런데 린스에 사용된 계면활성제는 플러스 이온을 가지고 있어, 머리카락이 촉촉하고 부드러워진다.

모기향과 액체 타입 모기약은 어떻게 다를까?

'모기향'이라고 하면 소용돌이 모양으로 돌돌 말린 특유의 형태가 떠오른다. 물론 요즘에는 모기향보다 '매트식'이나 '액체식' 모기약을 더 많이 사용한다. 모기를 쫓는 역할에는 변함이 없으나 형태와 성분이 달라졌다.

모기향은 모기에게만 작용하고 인체에는 무해한 피레트린(pyrethrin)이라는 물질이 주성분이었다. 제충국이라는 꽃에서 추출한 피레트린에 전분과 방부제를 넣고 반죽해서 소용돌이 모양으로 굳혀 만들었다.

한편 '매트식' 혹은 '액체식' 모기약은 모기의 신경에 작용해 죽음에 이르게 하는 피레스로이드(pyrethroid)가 주성분이다. 피레스로이드는 피레트린보다 강력해 밀폐된 장소에서 장시간 사용하면 목이 칼칼하거나 따끔거린다며 통증을 호소하는 사람도

있다. 따라서 제품에 첨부된 사용상 주의사항을 꼼꼼히 읽고 안전하게 사용해야 한다.

'체지방률(body fat)'이란 체중에서 체지방 무게가 차지하는 비율을 말한다. 겉으로는 뚱뚱해 보이지 않아도 체지방률이 높으면 내장지방이 많은 '마른 비만'일 수 있다.

그래서 건강에 신경 쓰는 사람들 사이에서 체지방률을 측정할 수 있는 '체지방계'라는 상품이 인기를 끌고 있다. 그런데 체지방계는 겉에서 보이지 않는 지방의 양을 어떻게 측정할까?

체지방계는 수분을 대량 함유한 근육 등에는 전기가 통하는데 지방에는 통하지 않는다는 원리를 이용한 장치다. 즉, 몸에 미세 전류를 흘려 전도율이 낮으면 체지방률이 높다는 뜻이다. 이렇게 산출된 전기 저항치에 성별, 키 등의 정보를 추가하면 체지방률을 계산할 수 있다.

다만 체지방계로 측정한 체지방률은 어디까지나 '추정치'일 뿐이다. 맥주를 다량 마시거나 사우나 등으로 땀을 많이 흘린 뒤에는 수치가 상당히 달라질 수 있다. 따라서 최대한 같은 조건에서 측정해야 더 정확한 결과를 얻을 수 있다.

228

한류와 난류가 절대로 섞이지 않는 이유는?

구로시오(黑潮) 해류는 멕시코 만류 다음으로 큰 해류다. 태평양 서부 대만 동쪽에서 시작해 북쪽으로 일본에 걸쳐 흐르는 난류다. 반대로 쿠릴 해류는 북극에서 나온 한류다.

난류와 한류는 같은 바닷물이니 섞일 것 같은데, 신기하게도 각자 정체성을 유지한 채 바다를 순환한다. 해류는 지구를 에워싼 공기 흐름의 영향을 받기 때문이다. 적도 부근 해상에서 부는 무역풍은 적도보다 약간 북쪽에서, 동쪽으로부터 서쪽 방향으로 분다. 반면 중위도 지방에서는 언제나 편서풍이 분다. 이런 바람에 해수가 움직여 난류와 한류가 만들어진다. 두 종류의 바람이 계속 부는 한 해수는 난류와 한류로 나뉘고, 평균 온도가 되지 않는다.

229

우주 왕복선은 왜 뒤집힌 자세로 비행할까?

우주 왕복선은 발사 몇 초 후 반회전해서 뒤집힌 자세로 비행한다. 그래서 우주 비행사는 우주 왕복선 내부에 거꾸로 매달린 자세로 비행해야 한다. 우주 비행사는 왜 불편하게 뒤집힌 자세로 비행할까?

우주 왕복선은 뒤집힌 자세로 비행하면 비행으로 받는 바람과 익현(翼弦, 날개의 전방과 후방을 연결하는 선)의 각도가 작아진다. 그러면 기체에 가해지는 부하를 줄일 수 있다. 날개는 섬세한 부분이라서 이렇게 부하를 줄이지 않으면 파손될 위험이 있다. 그렇다면 왜 처음부터 뒤집힌 상태로 발사하지 않을까? 그 이유는 예산을 절감하기 위해서다.

여름이 되면 '불쾌지수'라는 용어를 자주 듣는다. 이 단어는 원래 1959년 미국에서 실내 냉난방을 조정하기 위한 기준으로 사용되었다. 불쾌지수란 '무더위'를 수치화한 것으로, 다음과 같은 공식으로 구할 수 있다.

불쾌지수 = 0.72 × (기압 + 습구 온도)

습구 온도란 구 부분을 젖은 수건으로 감싼 습도계 온도다. 불쾌지수 70~75는 '다소 불쾌', 75~80는 '대다수가 불쾌', 80 이상은 '모두 불쾌'를 나타낸다. 불쾌지수가 80 이상이면 폭력 범죄 등이 빈발한다는 사실이 밝혀졌는데, 이는 무더위가 대뇌에 악영향을 미치기 때문이다.

열기구 위는
더울까
시원할까?

열기구가 하늘에 뜨는 원리는 매우 단순하다. 풍선 안에 공기보다 가벼운 수소와 헬륨 가스를 채우면 전체 비중이 대기보다 가벼워져 공기 중에 둥실둥실 떠오른다.

열기구가 바람을 타고 하늘 높이 떠오르니 열기구 위도 시원하지 않을까? 그러나 열기구는 바람을 타고 바람과 같은 속도로 움직여, 열기구 위에서는 바람이 전혀 느껴지지 않는다. 또 열기구에는 다양한 열원이 있다. 열기구 내부의 기체를 데우는 버너의 열기, 데워진 기체의 여열 등으로 찜통 같다. 바람을 가르며 하늘을 나는 열기구 위는 시원해 보이지만 실제로는 엄청 덥다.

재채기의 속도는
얼마나 될까?

평소 호흡을 시속으로 재면 10~20킬로미터 정도 된다. 풍속으로 보면 인간의 호흡은 상당한 '강풍'이다. 그렇다면 기침은 어떨까?

입에서 튀어나오는 공기는 시속 200킬로미터에 달하고 재채기는 시속 320킬로미터쯤 된다. 불과 1초 사이에 100미터 앞의 사람에게

닿는 속도이므로, 재채기는 초고속 열차보다 빠르다.

여우비는 왜 내릴까?

하늘이 맑은데 느닷없이 빗방울이 후드득 떨어질 때가 있다. 영어로는 '선 샤워(sun shower)'라 표현하고, 보통은 '여우비'라고 부른다.

옛날 사람들은 맑은 하늘에서 갑자기 비가 내리면 호랑이가 장가가거나 여우가 시집간다고 믿었다.

갑작스러운 날씨 변화가 마치 여우에게 홀린 기분이 들게 해서 '여우비'라 부르게 되었다는 설도 있고, 여우를 사랑한 구름이 여우가 시집가자 슬퍼서 내리는 비라는 이야기도 있다. 또 어떤 지방에서는 구미호가 울면 맑은 날 비가 내린다는 구전도 있다. 옛날 사람들은 비가 내리는 원인을 알지 못해 신비한 기운을 느껴 낭만적인 이야기를 만들어낸 모양이다. 물론 지금은 여우비의 수수께끼가 과학적으로 해명되었다.

여우비에는 두 종류가 있다. 보이지 않는 먼 곳의 구름에서 내린 비가 강풍에 날려와 떨어지는 비가 그 하나다. 그리고 상공에 비를 머금은 구름이 존재했는데, 비가 지상에 떨어질 무렵 비구름이 사라져 귀신이 곡할 노릇이라고 느껴지는 비가 다른 하나다. 여우비의 원인을 과학적으로 분석하면 의외로 단순하다.

유빙(流氷)에는 두 종류가 있다. 육지에 있는 빙하가 무너져 내려 바다로 흘러간 '유빙'과 바닷물이 얼어서 만들어진 '해빙'이다. 담수가 얼어서 생긴 유빙이나 짭짤한 바닷물이 얼어서 만들어진 해빙 모두 녹이면 식수로 사용할 수 있다.

화학에서는 혼합물의 구성 성분이 균일하게 섞인 상태를 '용액'이라고 한다. 용질의 농도가 용해도보다 낮아 더 많이 용해할 수 있는 용액을 '불포화용액'이라고 하는데, 이 불포화용액을 얼리면 용매와 용질로 분리된다는 화학 법칙이 있다.

바닷물은 얼리면 물(용매)과 소금(용질)으로 분리된다. 즉, 바닷물에는 염분이 포함되어 있지 않아 유빙을 녹이면 당연히 일반적인 물처럼 마실 수 있다. 게다가 물맛도 상당히 좋다.

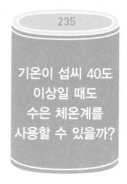

235

기온이 섭씨 40도 이상일 때도 수은 체온계를 사용할 수 있을까?

예전에는 병원이나 가정에서 수은 체온계를 많이 사용했다. 그런데 최고 기온이 평균 체온보다 높은 중동, 아프리카, 적도 바로 아래 섬들에서는 수은 체온계를 거의 사용하지 않았다.

수은 체온계는 수은의 열팽창을 이용해 체온을 측정하는 방식으로 되어 있다. 수은주는 한번 상승하면 주위 온도가 낮아져도 내려가지 않는다. 그렇지만 수은의 부피 수축이 일어나 수축한 만큼 체온계의 휘어진 부분에 틈이 생긴다. 그래서 체온을 다시 잴 때는 체온계를 흔들어 틈을 없애야 한다.

그렇다면 기온이 체온과 같거나 그보다 높으면 어떻게 될까? 가령 체온이 섭씨 37도이고 기온도 섭씨 37도라면 틈이 생길 여지가 없어 체온계를 아무리 흔들어도 수은주가 내려가지 않는다. 그래서 매번 체온계를 차가운 물에 담가 식혀야 하는데, 열대 지역에서는 차가운 물을 구하기가 쉽지 않아 수은 체온계를 사용할 수 없다.

236

교통사고는 왜 운전을 시작하고 30분 후에 주로 발생할까?

일본 홋카이도 경찰 조사 결과에 따르면, 홋카이도 내에서 발생하는 교통사고의 50퍼센트 이상이 운전하고 30분 정도 지났을 때 발생했다. 운전을 시작하고 30분 정도 지나면 집중력이 흐트러지기 때문이다.

운전은 본래 뇌에 매우 자극적인 작업인데, 어느 정도 경험을 쌓은 운전자는 운전을 시작하고 얼마 지나지 않아 바로 운전 감각을 되찾는다. 그러면 운전이 차츰 뇌에 자극을 주지 않고, 안전한 단순 작업으로 변한다. 그 시간이 약 30분 후라는 말이다. 고속도로를 주행하는 운전자의 뇌를 측정한 실험에서도 졸음이 몰려올 확률이 가장 높은 시간대는 운전을 시작하고 30~40분 사이였다.

237

달리는 자동차에서 뛰어내릴 때 어느 방향이 더 안전할까?

자동차 운전 중에 갑자기 브레이크와 핸들이 말을 듣지 않고 먹통이 되어 자동차가 낭떠러지로 곤두박질칠 위험한 상황이라면 무조건 자동차에서 뛰어내려야 한다. 이런 경우 어느 방향으로 뛰어내려야 더 안전할까?

달리는 자동차에서 진행 방향으로 뛰어내리면 매우 위험하다. 자동차에서 벗어난 몸은 '관성의 법칙'에 따라 자동차와 같은 속도로 앞으로 움직이려 하기 때문이다. 자동차 속도에 몸무게까지 더해져 엄청난 속도로 지면과 충돌한다. 따라서 뒤를 향해 뛰어내리면 속도가 상쇄되어 그나마 지면과 충돌했을 때 충격이 줄어든다.

가장 중요한 부분은 뛰어내릴 때 몸의 방향이다. 앞을 향해 뛰어내리면 착지와 동시에 벌러덩 드러누운 자세로 쓰러지며 뒤통수를 부딪칠 위험이 커진다. 뒤쪽을 향해 뛰어내려야 그나마 목숨을 구할 가능성이 높다.

238

달콤한 어린이용 치약은 왜 충치의 원인이 되지 않을까?

어린이용 치약은 바나나나 딸기처럼 달콤한 맛이 나는 제품이 많다. 치약에서 달콤한 맛과 향이 느껴지면 어린이들이 과자를 먹는 느낌이 들어 양치질을 즐거워할 거라는 발상에서 만들어졌다.

흔히 단 음식을 많이 먹으면 충치가 생긴다고 하는데, 단맛이 나는 치약으로 이를 닦아도 괜찮을까?

입속에 사는 충치균에 음식물에 포함된 당분이 반응하면서 충치가 생긴다. 당분이 산(acid)으로 변화하고, 이 산이 치아의 에

나멜질을 녹이며 충치가 생기는데, 어린이용 치약에 들어 있는 감미료 성분은 사카린나트륨이라는 합성 감미료라서 설탕 등의 당분과 성질이 다르다. 이 성분은 단맛을 내지만 충치균에 반응하지 않으므로 충치가 생기지 않는다.

고장 난 시계를 움직이게 하는 염력의 비밀은?

1970~1980년대 초능력자가 출연하는 TV 프로그램에서 흔히 보던 장면이 있다.

"초능력자가 TV를 통해 염력을 보내 고장 난 시계를 움직이겠습니다. 여러분은 시계를 꼭 쥐고 기다려주세요."

그리고 나면 방송 직후 전국에서 방송국으로 멈춰 있던 시곗바늘이 움직이기 시작했다는 전화가 폭주했다. 이는 초능력이 아니라 논리적으로 충분히 설명할 수 있는 현상이다.

시계가 멈추는 원인은 다양한데, 아날로그 시계는 톱니바퀴 사이에 고인 기름 찌꺼기가 말썽을 일으켜 고장 날 때가 많다. 이런 시계를 손으로 꼭 쥐고 있으면 손의 온도로 기름 찌꺼기가 녹아 시곗바늘이 움직이기 시작한다. 그리고 손으로 태엽을 감는 시계는 약간의 진동만으로도 다시 움직인다.

전국으로 방송되는 프로그램이라면 텔레비전 앞에서 시계를 꼭 쥐고 화면을 뚫어지게 바라보는 시청자가 수백만 명에 이를 것이다. 그중 기름이 녹아서 움직이기 시작한 시계는 0.1퍼센트밖에 안 되어도 시계가 300만 개라고 치면 3,000개가 움직인 셈이니 방송국 전화통에 불이 날 만도 하다.

240

형상기억합금 안경은 아무리 구부려도 괜찮을까?

안경을 쓰다 보면 테가 눌려서 찌그러져 곤란할 때가 있다. 안경을 쓴 채로 옷을 입거나 벗을 때는 물론 출퇴근길 북적이는 지하철이나 버스에서 이리 밀리고 저리 밀리다가 내려서 보면 어느새 안경테가 찌그러진 모양일 때가

있다. 살짝만 모양이 틀어져도 초점이 맞지 않거나 자꾸 미끄러져 몹시 신경 쓰인다.

하지만 형상기억합금을 사용한 안경테라면 이런 걱정에서 벗어날 수 있다. 일반적인 금속은 힘을 가하면 전체 모양이 변형될 뿐 아니라 원자와 원자의 연결 부위까지 변한다. 그런데 형상기억합금은 힘을 가해 전체 모양이 변해도 원자 사이의 연결 방식은 변하지 않는다. 그래서 가해지는 힘이 0이 되면 원래 모양으로 돌아온다. 예를 들어, 안경테를 90도 구부렸다가 반대 방향으로 90도 구부리면 원래 모양으로 감쪽같이 돌아온다.

하지만 형상기억합금에도 한계는 있다. 안경테를 꽈배기처럼 빙글빙글 꼬면 금속 피로가 쌓여 어느 순간 툭 부러진다.

7장

지리를 알면 역사도 덤으로
지리·역사통조림

241

제1차 세계 대전의 승패는 인플루엔자가 결정했다?

제1차 세계 대전 중에 유럽에서 창궐한 인플루엔사가 선생의 승패를 결정했다고 알려져 있다. 전쟁 중 인플루엔자 사망자는 약 2,000만 명이었다. 전쟁 희생자 1,800만 명보다 많은 사람이 인플루엔자로 희생된 것이다.

특히 전쟁 말기인 1918년에는 인플루엔자가 전황에 큰 영향을 미쳤다. 그해 봄 독일군은 대공세를 감행해, 파리 동쪽에 있는 마른 지역을 공략했다. 그런데 당시 프랑스군 사이에 인플루엔자가 대유행해 독일군의 공세에 쓰러진 병사보다 인플루엔자로 쓰러진 병사가 훨씬 많았다.

같은 해 여름 연합군이 반격에 나서자 독일군은 속절없이 후퇴한 뒤 그대로 11월에 전면 항복을 선언했다. 봄에 프랑스에서 맹위를 떨친 인플루엔자가 여름에 독일군을 덮치는 바람에 기세등등하던 독일군은 주춤주춤 후퇴할 수밖에 없었다.

242

인더스 문명이 멸망한 원인은?

세계사 교과서에 따르면 인더스 문명은 아리아인의 침입으로 멸망했다. 그러나 그 전에 이미 인더스 문명은 기울어가고 있었다. 인더스 문명이 쇠퇴한 원인은 환경 파괴였다.

인더스 문명은 벽돌을 구워서 건물을 지었다. 벽돌은 가옥뿐 아니라 신전, 도로, 배수 설비 등에 이용되었는데, 이 벽돌을 굽기 위해 막대한 양의 나무를 벌채했다.

삼림을 대규모로 벌채하면 토사 붕괴와 산사태를 유발해 대형 수해로 이어질 수 있다. 인더스강 유역에 번성한 인더스 문명은 삼림 파괴로 인더스강이 범람해 일대 지역이 육지의 섬처럼 변하면서 마침내 쇠퇴하고 말았다. 아리아인이 침입했을 때 이미 인더스 문명은 멸망 직전이었다.

243

프랑스 혁명이 일어난 진짜 원인은 이상기후였다?

이상기후가 프랑스 혁명의 방아쇠를 당겼다는 주장이 있다. 1788년 프랑스 각지에서 거듭된 우박으로 농작물에 엄청난 피해가 발생했다. 농사를 지어 먹고사는 농민들은 생존을 위협받았다.

당시 프랑스 국민의 90퍼센트를 차지하던 농민과 평민은 과중한 세금에 시달리며 10퍼센트가 채 되지 않는 귀족과 성직자들의 생활을 뒷받침해야 했다. 그런데 엎친 데 덮친 격으로 자연재해가 발생하자 농민들의 불만이 폭발해 각지에서 시위와 폭동이 발생했다. 그리고 이듬해인 1789년 7월 14일, 분노한 민중은 바스티유 감옥을 습격했다.

만약 한 해 농사를 망칠 정도로 우박 피해가 심하지 않았다면 농민들은 궁핍한 생활을 좀 더 견뎠을 수도 있다. 갖가지 사회적 모순으로 조만간 혁명이 일어나더라도 그 시기가 조금 더 늦어졌을 수 있고, 프랑스 혁명 시기가 늦춰졌더라면 역사는 다른 방향으로 펼쳐졌을지도 모른다.

244
고대 로마에는
왜 폭군이 많았을까?

고대 로마의 황제와 귀족은 납 식기를 사용했다. 네로, 칼리굴라, 카라칼라 등 고대 로마에 폭군이 유독 많았던 이유는 납 식기 사용으로 생긴 중금속 중독 때문이라는 설이 있다.

매일 납 식기를 사용하면 녹아서 나온 납이 체내에 축적된다. 고대 로마에서는 수도관에도 납을 사용했기에 매일 상당량의 납이 체내에 축적되었다고 추정할 수 있다.

연구에 따르면, 고대 로마 황제의 하루 납 섭취량은 현대인의 8배에 달해 허용량을 훨씬 초과하는 위험한 수준이었다. 납을 이 정도로 섭취하면 신장과 간에 서서히 이상이 나타나고, 뇌와 신경계에도 영향을 미칠 수 있다.

따라서 로마의 황제들은 납 중독으로 환각에 시달려 잔학 행위를 저질렀다고 의심할 수 있다.

중세 기사들은 왜 넘어지면 일어나지 못했을까?

당연한 이야기이지만, 중세 유럽에는 알루미늄과 두랄루민이 없어 기사의 갑옷을 모두 두꺼운 강철로 만들었다. 그 무게가 70~80킬로그램이나 되어 기사들은 넘어지면 갑옷 무게 때문에 일어날 수가 없었다.

전장에서는 그 틈을 노려 쓰러진 적진으로 말을 타고 돌격하거나 목과 팔, 겨드랑이 등 갑옷 이음매 사이로 단도를 찔러넣어 숨통을 끊는 게 중세의 전투 방식이었다.

그렇다면 왜 기사들은 행동에 제약이 있는 무거운 갑옷을 입었을까? 이유는 간단하다. 방어를 위해서였다. 철제 화살을 기계로 날리는 강력한 무기로부터 몸을 지키기 위해서는 무거운 갑옷이 필요했다. 가벼운 갑옷은 두께가 얇아 쇠뇌를 막을 수 없었기 때문이다.

잠깐!
일단 일으켜주세요

?

246

아라비아 숫자는 아랍인이 발명한 것이 아니다?

1, 2, 3…을 '아라비아 숫자'라고 부른다. 그런데 아라비아 숫자는 아라비아인이 발명한 것이 아니라 고대 인도의 학자가 만들었다.

고대 유럽에서는 문화 수준이 높은 아랍으로 많은 유학생을 파견했다. 당시 유학생들이 이 숫자를 유럽에 전해 아라비아에서 온 숫자라는 의미에서 '아라비아 숫자'라고 불렀다.

247

물의 도시 베네치아가 언젠가 가라앉을 거라고?

이탈리아의 베네치아는 과거 1,200년간 물속으로 1.4미터나 가라앉았다. 앞으로 수몰 속도가 더 빨라져 1,000년 후에는 3미터 정도 가라앉을 것으로 추정된다.

베네치아는 원래 아드리아해의 간석지였던 늪지대에 인공적으로 조성된 도시다. 800년경 이탈리아 북동부에 살던 베네토인이 간석지 위에 차곡차곡 돌을 쌓고 그 위에 벽돌로 집을 지으면서 도시가 형성되었다.

그런데 원래 늪지대였기에 지반이 서서히 가라앉기 시작했다. 게다가 현대 들어 내륙부의 공장이 지하수를 끌어다 쓰기 시작하면서 침하 속도가 더욱 빨라졌다.

이미 주거지 1층을 사용할 수 없게 된 건물도 있어, 많은 시민이 내륙으로 이주했을 정도다. 이대로 계속된다면 4000년경에는 베네치아가 완전히 물속으로 가라앉아 사라질 예정이라고 한다.

미국 서부 개척사는 백인이 아메리카 원주민을 무력으로 학살한 역사라고 할 수 있다. 그러나 백인이 완패한 사례도 소수 있다. 그중에서 커스터 기병대의 전멸이 가장 유명하다.

1876년 커스터 중령이 이끄는 제7기병 연대는 리틀빅혼강에서 수족의 대규모 야영지를 발견하고 돌격했다. 그런데 불과 한 시간 만에 약 650명의 부대원이 전멸했다. 커스터 중령이 공을 세워야 한다는 조바심에 무모하게 돌격한 결과였다. 1,800명으로 이뤄진 적의 병력은 명지휘관 크레이지 호스(Crazy Horse)가 이끄는 최강의 부대였다.

이 전쟁에서 큰 공을 세우면 커스터 중령은 대통령 후보로 지명되는 장밋빛 미래를 꿈꿀 수 있었다. 마침 독립 100주년을 기념하는 해여서, 커스터는 역사에 이름을 남기려는 욕심이 넘쳤다. 결국 커스터의 지나친 명예욕이 부대원들을 죽음으로 내몬 셈이었다.

249

제1차 세계 대전이
'옷' 때문에 일어났다고?

1914년 6월, 오스트리아의 황위 계승자였던 프란츠 페르디난트 폰 외스터라이히에스테 대공이 세르비아 청년에게 암살되었다. 이 사건이 도화선이 되어 화약고 같던 유럽 정세에 불이 붙으며 제1차 세계 대전이 발발했다. 그런데 만약 당시 대공이 다른 옷을 입었더라면 세계 대전으로까지 발전하지 않았을 거라는 주장이 있다.

대공은 멋 부리기를 즐기는 사람, 요즘 말로 '패션 피플'이었다. 암살당한 날에도 몸에 꼭 맞는 스타일의 옷을 입고 있었다. 대공이 쓰러졌을 때 시종들은 꽉 끼는 옷을 벗기려고 한참이나 분투했다. 그 때문에 응급조치가 늦어져 대공이 목숨을 잃었다는 이야기다.

250

'건배' 관습은
독살 방지 노력에서
비롯되었다?

서양에서는 기원전부터 정적 등 방해가 되는 인물을 없애기 위해 와인 등의 술에 독을 타는 독살이 널리 자행되었다. 특히 음모의 시대인 중세 유럽에서는 음료와 음식에 독이 들어 있을지 몰라 사람들이 먹고 마실 때마다 불안에 떨었다. 그래서

'건배'라는 의식이 탄생했다.

지금은 누군가를 축하하며 잔을 들어 올리는데, 원래는 잔에 독이 들어 있지 않다고 증명하기 위해 주인이 먼저 술잔을 비우는 절차였다.

하와이 오하우섬의 상징인 다이아몬드헤드는 호놀룰루 시내와 와이키키 해변을 내려다보는 휴화산이다. 그런데 '다이아몬드'라는 이름이 붙은 이곳에서는 다이아몬드가 채굴된 적이 없다.

19세기 영국인 선원이 이 산에서 반짝반짝 빛나는 돌을 발견했다. 그런데 나중에 알고 보니 다이아몬드가 아니라 수정이었다. 하지만 사기꾼들은 그것을 다이아몬드라고 속여 팔아넘겼다. 그 후부터 이 산을 '다이아몬드헤드'라고 불렀다.

이 산을 현지어로는 레아히(Lē'ahi)라고 부르는데, 역시 다이아몬드와 아무 관계 없는 '다랑어(tuna) 머리'라는 뜻이란다.

252

소금 때문에 당이 멸망했다?

중국 역사상 가장 빛나는 시대를 구축한 당에는 한 가지 약점이 있었다. 바로 재정 적자였다. 심각한 재정 적자를 타개하기 위해 소금 과세를 단행한 것이 당이 멸망한 직접적인 원인이 되었다.

당은 세수를 늘리기 위해 소금 자유 판매를 금지하고, 기존의 4배나 되는 세금을 부과했다. 과중한 세금에 소금 밀매까지 횡행하자 여기저기서 소규모 반란이 일어났다. 마침 반란 시기를 노리고 있던 황건적이 농민들을 이끌고 봉기했다. 이미 당은 민심을 잃은 상태였다.

황건적이 당의 각 도시를 공격해 보화와 식량을 약탈해서 농민들에게 나눠주자 순식간에 반란군의 수효가 불어났다. 마침내 60만 명이나 되는 대군이 당의 수도인 장안으로 몰려갔다. 소금에 지나친 과세를 부과한 결과 그토록 빛나던 당나라는 허망하게 무너졌다.

253

신데렐라의 '유리구두'가 오역의 산물이라고?

세계에서 가장 유명하고 가장 널리 퍼진 이야기 중 하나인 '신데렐라' 이야기에 나오는 신데렐라는 궁전 무도회에서 서둘러 집으로 돌아가다가 유리구두가 벗겨졌다. 신데렐라의 미모에 반한 왕자는 그 유리구두를 들고 신데렐라를 찾아 돌아다니다가 마침내 구두 주인을 찾아낸다는 것이 줄거리다.

이 이야기에는 '유리구두'라는 인상적인 물건이 등장한다. 그런데 이 유리구두는 사실 오역의 산물이다. 원래 이야기에서는 신데렐라가 유리구두가 아니라 가죽구두를 신었다.

프랑스의 동화 작가 샤를 페로(Charles Perrault)가 프랑스에 오랫동안 전해져 내려오던 옛 민화를 바탕으로 널리 알려진 지금 형태로 신데렐라 이야기를 정리했다. 그런데 페로가 십필 과정에서 신데렐라가 신었던 무도화 '하얀 다람쥐 가죽(vair)' 구두를 실수로 '유리(verre)'로 잘못 번역해 신데렐라의 유리구두 이야기가 탄생했다.

254

에어로빅은 NASA가 우주 비행사들을 위해 개발한 훈련 프로그램이었다?

에어로빅은 '유산소운동'이라는 뜻으로, 산소를 체내에 받아들이면서 하는 운동을 가리킨다. 주로 심폐 기능을 강화하는 목적으로 한다.

원래 에어로빅은 미국항공우주국(NASA)에서 비행사들을 위해 개발한 훈련 프로그램 중 하나였다. 이 훈련이 NASA에서 일하는 일반 직원들에게 퍼졌고, 차츰 미국을 넘어 전 세계 여성들 사이에서 유행했다.

NASA의 업무는 아주 작은 오차도 허용하지 않는 작업의 연속이라서 스트레스가 쌓이기 쉽다. 에어로빅은 운동 부족을 해소하고 스트레스를 발산하기에 적합한 운동이다. 우주 비행사를 위한 프로그램이었기에 일반인에게는 움직임이 다소 격렬한 수준이어서 자칫하면 무릎이나 허리를 다칠 수 있다.

255

썰매를 탄 산타클로스는 백화점이 만들어낸 광고다?

산타클로스는 크리스마스이 브에 순록이 끄는 썰매를 타고 다니면서 착한 아이들에게 선 물을 나눠준다.

그런데 순록이 끄는 썰매를 타고 다니는 산타클로스 이야기는 20세기에 만들어졌다. 시카고의 대형 백화점 몽고메리워드가 크리스마스 세일 광고에 사용한 순록 캐릭터를 알리기 위해 이 미 인기 있던 산타를 억지로 순록 썰매에 태웠다. 그때 만든 광 고용 노래가 바로 〈루돌프 사슴코〉다.

256

콩나물이 러일 전쟁의 승패를 갈랐다는데?!

1904년에 일어난 러일 전쟁 최 대 격전지는 뤼순항의 203고 지였다. 이 전투 때 러시아군은 요새에서 농성을 펼치고 일본

군이 공격에 나섰다. 이 전투에서 러시아군이 전투력을 소진한 주요 원인은 괴혈병이었다. 수많은 러시아 병사가 괴혈병으로 쓰러졌다. 요새전이 장기전으로 번져 요새 안에 신선한 채소가 부족해졌기 때문이다.

그런데 일본군이 요새 안으로 진입했을 때 러시아군 요새에는 손도 대지 않은 대두가 산더미처럼 쌓여 있었다. 만약 러시아군

이 이 콩으로 콩나물을 재배할 줄 알았더라면, 러일 전쟁의 승패가 달라졌을 수도 있다. 콩나물은 비타민 C가 풍부해 괴혈병 예방에 좋은 식품이기 때문이다.

게다가 볕이 잘 들지 않는 어두침침한 요새 안은 콩나물 재배에 최적의 환경이었다.

257

과달카날섬에서
일본군이 전멸한 것은
대변량 때문이라고?

1942년 여름, 태평양의 과달카날섬에서 미군과 일본군이 대격전을 벌였다. 미군은 이 전투에 5만 명의 상륙군을 투입해 일본군의 항복을 받아냈다. 이때 일본군은 총 3만 명의 병력 중

3분의 2를 잃었다. 미군이 일본군의 병력을 과대평가해 과달카날섬에 대규모 병력을 투입했기 때문이다.

과달카날섬을 빼앗기 위해 미군은 일본군 진지를 탐색할 스파이를 잠입시켰다. 스파이는 화장실로 달려가서 대변량을 보고 장병의 수를 가늠했다. 결과적으로, 스파이는 일본군의 병력을 과대평가했다.

이유는 식단에 있었다. 당시 채식 위주였던 일본인의 대변량이 육식 중심이던 미군의 네 배에 달했기 때문이다. 이 사실을 알지 못한 미군은 실제보다 많은 일본군이 있다고 판단해 대규모 병력을 투입했던 것이다.

258

사막은 왜
남위·북위 20도 부근에
많을까?

북반구에서는 아프리카 대륙의 사하라 사막, 남반구에서는 호주의 그레이트빅토리아 사막 등 큰 사막은 북위·남위 20도 부근에 펼쳐져 있다.

원래는 지구에 사막이 없었다. 신생대 제3기 초(6,500만 년 전) 무렵에는 비가 지구 전체에 쏟아져 사하라 사막도 녹음이 우거진 산림지대였다. 신생대 제4기로 접어들면서 지구 전체에 기후 변화가 일어나 열대와 온대, 한대 등의 기후대가 형성되었다. 현재는 적도에서 위도 20도에 걸쳐 대규모 대기 순환이 이뤄지고 있다. 먼저 적도 부근부터 데워진 공기가 약 10킬로미터 상공으로 올라가 구름을 형성해 비를 내린다. 그 후 바짝 메마른 공기가 남북으로 갈라져 남위·북위 20도 부근에서 각각 하강 기류가 되어 불어온다. 그런데 고기압 하강 기류에서는 비를 내리는 구름이 만들어지지 않아 이 지대에 사막이 형성되었다.

전 세계 사막의 면적을 모두 합치면 약 3,000만 제곱킬로미터로, 전체 육지의 40퍼센트를 차지한다.

사막이라고 하면 모래가 끝없이 펼쳐진 광경을 상상하는데, 실제 사막의 풍경은 이와 다르다. 모래가 펼쳐진 면적은 사하라 사막의 경우 약 20퍼센트 이하이고, 모래 비중이 많은 아라비아 사막도 약 30퍼센트다. 나머지는 흙과 자갈, 암석 등으로 이뤄져 있다. 사막을 채운 모래도 원래 사막에 있던 것이 아니다. 오랜 세월 건조되어 물러진 바위가 부서져 자갈이 되고, 자갈이 다시 모래로 변한 것이다.

건조한 지역에서는 직사광선에 노출되어 사막 지대 안에 격렬한 상승 기류가 형성된다. 건조해서 구름은 생기지 않고, 대신 모래바람이라는 광풍이 휘몰아친다. 건조해서 부슬부슬해진 바위가 강풍을 맞으면 부스러져 작은 입자로 탈바꿈한다. 이런 일이 반복되어 사막의 모래가 생겨났다.

안데스 고지대 사람들은 남녀 노소를 가리지 않고 모자를 즐겨 쓴다. 테두리가 있는 솜브레로, 두건 형태의 몬테라, 원뿔 모양의 테두리가 없는 편물 모자 유추 등 종류가 다양하다.

안데스 일대에 번영한 잉카 문명 시대 사람들은 가느다란 끈과 띠를 머리에 두른 듯한 머리 장식을 했는데, 색상과 모양에 따라 소속 집단의 상징을 나타냈다. 그리고 황제만 권위를 상징하는 머리 장식을 착용했다. 그러다가 스페인의 정복 후 모자를 쓰는 습관으로 남았다. 축제나 의례용 등 쓰임새에 따라 모자 종류가 다르다. 현재 원뿔 모양 모자인 유추 등은 방한용품으로만 사용된다.

미합중국의 수도 워싱턴의 이름은 초대 대통령 조지 워싱턴(George Washington)에서 따왔다. 그렇다면 뒤에 붙은 'D.C'는 도대체 무슨 뜻일까?

D.C는 '컬럼비아구(District of Columbia)'의 줄임말이다. '컬럼비아'는 아메리카 대륙을 발견한 크리스토퍼 콜럼버스(Christopher Columbus)의 이름에서 따왔다.

독립 초기, 국가의 중대사를 결정하는 수도를 어디로 정할지는 중요한 문제였다. 합중국 전체 의회를 특정 주에서 개최하는 것은 공평하지 않다고 판단한 정부는 어느 주에도 속하지 않는 연방 구역의 새로운 수도를 만든다는 법안을 제안했다.

이렇게 해서 현재 수도가 있는 지역을 확보해 '컬럼비아 준(準)주'라 명명하고, 연방 도시를 '컬럼비아시'로 삼았다. 그러나 의회가 특정 주에서 개최되면 평등하지 않기에, 연방 의회 직할이라는 뜻의 '컬럼비아구'라고 이름 지었다.

262

아프리카의 국경과 미국의 주 경계는 왜 직선일까?

국경과 주 경계선, 도시 경계선은 대개 산과 강, 바다 등 자연을 대상으로 삼아 구불구불하고 복잡한 경계선이 만들어지는 경향이 있다. 그런데 북아프리카에는 마치 자를 대고 똑바로 그은 듯한 직선 국경과 주 경계선이 있다.

아프리카의 국경은 식민지 시대 유럽 열강들이 지도에 정말로 자를 대고 선을 그어서 만들었다. 민족 분포를 무시한 이 국경선은 지금도 부족 간 대립의 불씨로 작용하고 있다.

미국의 주 경계선은 대출금 상황을 위해 미국 정부가 그은 것이다. 미국이 신생 독립국이던 시절 영국과의 전쟁으로 거액의 빚을 지자, 광활한 서부 토지를 모두 6마일(약 10킬로미터) 사방으로 나누고, 다시 1마일(약 1.6킬로미터) 사방으로 나눠 그 토지를 주민에게 매각했다. 매각한 토지가 사방 6마일 땅끼리 합쳐지며 인구가 늘어났고, 6만 명 이상 되면 주로 승격되었다. 그래서 주 경계선이 직선이 되었다.

263

북극권과 남극권의
범위는?

북이나 남 고위도 지방으로 가면 온종일 해가 저물지 않고 밤에도 훤한 대낮이 펼쳐진다. 이런 백야를 볼 수 있는 지역이 북극권과 남극권이다. 정확히는 북위 66.5도보다 북쪽이 북극권이고, 남위 66.5도보다 남쪽이 남극권이다.

지구는 공전궤도 면을 기준으로 23.5도 기울어져 있다. 90도에서 23.5도를 빼면 66.5도인데, 이보다 고위도로 가면 자전을 해도 온종일 해가 지평선에서 저물지 않는다. 예를 들어, 공전궤도상에서 북반구가 여름일 때는 자전축이 태양 쪽으로 23.5도 기울어 있어 북극권이 온종일 햇빛을 받는다. 이때 남극권에서는 온종일 태양이 저물지 않는다. 공전으로 계절이 바뀌면 반대로 되는 구조다.

264

고대 문명 중 4대 문명만 역사에 남은 이유는?

세계 4대 문명이라고 하면 이집트, 메소포타미아, 인더스, 황허 문명을 꼽는다. 그렇다면 고대에는 이 네 개 문명밖에 없었을까?

당연히 4대 문명 외에도 여러 문명이 존재했다. 예를 들어, 아메리카 대륙에는 아주 옛날부터 독자적인 금속 문명이 번성했다. 자연 상태의 구리를 도구로 두드려 도끼 등을 만드는 기술이 탄생했다.

그런데 왜 4대 문명만 역사에 크게 이름을 남겼을까? 그 이유는 이 네 지역에 문자가 있었기 때문이다. 문자에 의한 기록이 문명의 발자취를 전하며, 4대 문명의 존재를 보다 크게 부각했다. 다른 문명은 문자를 보유하지 않아 기록을 남기지 못하며 기나긴 세월 기억 속에 잠들어 있었다.

265

미라 도굴범은 왜 미라를 훔쳤을까?

중세 유럽에는 이집트 피라미드에 몰래 들어가 미라를 빼돌리는 불경스러운 도굴범들이 있었다. 미라가 만병통치약으로 소문나면서 미라 도굴범이 기승을 부렸다.

미라는 몇천 년이나 부패하지 않고 보존된 시신이다. 이를 보고 중세 유럽에서는 불가사의한 힘이 있다고 믿어, 미라로 만든 약이 위장 질환과 각종 장기에 생긴 질병, 부상에 두루두루 효과 있다는 소문이 퍼지면서 미라가 만병통치약으로 둔갑해 날개 돋친 듯이 팔려나갔다. 이처럼 미라 열풍이 불자 미라로 한몫 챙기려는 도굴범들이 속출한 것이다.

266

인류가 최초로 사용한 악기는?

인류가 최초로 만든 악기는 물론 타악기다. 쉽게 말해 큰북이다. 두드리기만 하면 소리가 나니, 아마도 인류가 음악을 즐기기 시작하면서 원시적인 타악기가 등장했을 것으로 추정된다.

유적과 문헌에서도 타악기가 최초로 등장한다. 기원전 2500년 경 수메르인이 만든 조각에 현재와 거의 다르지 않은 모양의 큰 북이 등장한다. 당시에 이미 나무와 가죽을 사용한 큰북이 제작되었음을 알 수 있다.

『기네스북』에 따르면 교통 체증 관련 세계 기록은 프랑스와 독일에 있다.

'길이'를 기준으로 한 정체는 프랑스가 세계 1위 기록을 가지고 있다. 1980년 2월 16일, 리옹에서 파리로 향하는 도로에서 발생한 정체가 무려 176킬로미터에 달했다. 그리고 '차량 대수'를 기준으로 한 정체는 독일이 세계 1위 기록을 가지고 있다. 1990년 4월 12일, 동독에서 서독으로 향하는 정체 차량 대열이 150만 대를 기록했다.

영국에서는 왕세자를 '프린스 오브 웨일스(Prince of Wales)'라고 부른다. 1284년부터 역대 왕세자를 이렇게 불렀다. 영국은 잉글랜드가 중심이고, 웨일스는 과거 다른 나라 이름이었다.

그런데 왜 영국 왕세자에게 사라진 나라의 이름을 붙일까?

13세기 잉글랜드의 국왕 에드워드 1세가 웨일스를 정복했다. 그는 당시 카나번성에서 태어난 웨일스 왕자를 웨일스 사람들에게 선보이며 '웨일스에서 태어나 잉글랜드어를 할 줄 아는 프린스'라고 소개했다.

그 후 영국 왕세자를 '프린스 오브 웨일스'라 부르고, 대대로 국왕이 왕세자에게 칭호를 수여하는 행사를 웨일스 카나번성에서 거행하고 있다.

269

해적선 깃발에는 왜 해골 마크를 그릴까?

검은 바탕에 하얀 넙다리뼈를 X자로 교차시키고 그 위에 해골을 얹은, 해적 영화에 단골로 등장하는 해적 깃발은 17~18세기 유럽 해적선에서도 사용되었다.

유럽에서는 이미 15세기 무렵부터 해골이 '죽어야 할 운명'을 뜻하는 도식으로 사용되었다. 해적선은 저항하면 무자비하게 목숨을 빼앗겠다는 경고의 의미로 해골을 그린 깃발을 매달았는데, 그 외에 뼈다귀만 그린 깃발, 모래시계를 그린 깃발 등도 내걸었다. 그리고 이런 해적 깃발을 아울러 '졸리 로저(Jolly Roger, 유쾌한 로저)'라고 불렀다.

해적선은 약탈 대상으로 점찍은 선박이 지나가면 해적 깃발을 내리고 자국이나 상대국의 깃발을 내걸어 안심시켰다. 그러다가 해당 선박이 접근하면 졸리 로저 깃발을 내걸고 약탈과 폭행, 살육에 나섰다. '유쾌한 로저'는 사실 '무서운 로저'였다.

영국인의 홍차 사랑은 익히 알려져 있다. 홍차를 마시는 시간이 일곱 차례나 있을 정도다.

① 아침에 일어나 침대에서 한 잔

② 오전 11시에 한 잔

③ 점심 먹은 후에 입가심으로 한 잔

④ 오후 3시에 애프터눈티

⑤ 오후 3시 30분부터 마시는 하이티

⑥ 저녁 식사 후에 한 잔

⑦ 잠자리에 들기 전 하루를 마무리하면서 한 잔

영국인은 왜 이토록 홍차를 사랑할까?

영국인에게 홍차는 단순한 음료가 아니다. 영국인은 홍차를 우리는 의식 자체를 사랑한다. 그래서 큰 사건에 직면하면 본능적으로 홍차를 우린다. 홍차를 우리다 보면 마음이 차분해지기 때문이다. 한마디로, 영국인에게 홍차는 '국민적 신경 안정제'라고 할 수 있다.

영국에서 간편하게 티백으로 우리는 홍차가 인기 없는 것은 이런 과정을 거치지 않기 때문이라는 주장도 있다.

271

지도에서는
왜 북쪽이 위일까?

지도 제작 초기부터 북쪽을 위로 잡은 것은 아니다. 고지도에서는 남쪽과 서쪽이 위인 경우도 많다. 전 세계적으로 보면 남쪽을 위로 잡은 옛날 지도도 있다. 그렇다면 언제 북쪽을 위로 통일되었을까?

신항로 개척 시대에는 위치를 확인하려면 해도와 나침반이 필수품이었다. 이 나침반에 방위 자석이 사용되었는데, 이 나침반의 바늘이 북쪽을 가리켰다. 그때부터 북쪽을 위로 그린 지도가 보급되었다.

5만분의 1 축척도 지도에는 너비 1밀리미터 도로가 잔뜩 그려져 있다. 1밀리미터의 5만 배는 50미터다. 그런데 도로가 이렇게 넓을 리 없다. 그 이유는 지도를 작성할 때 정확도보다 시각적 전달력을 우선하기 때문이다.

너비 10미터 정도 도로를 엄밀하게 축척을 따져서 그리면 0.1밀리미터가 된다. 이렇게 가느다란 선이 많으면 지도가 복잡해져 식별하기 어렵기 때문에 편의상 너비 10미터 도로도 1밀리미터 너비로 그린다.

해안선은 시시각각 변한다. 파도가 밀려올 때는 해안선이 육지와 가까워지고 파도가 빠져나가면 해안선이 바다 쪽으로 물러난다. 조수간만의 차로 해안선 위치가 달라지는데, 이 차이가 지점에 따라 몇 미터에 이르기도 한다.

이렇게 시시각각 변하는 해안선을 지도에 그릴 때는 기준을 확실하게 잡아야 하는데, 만조 시 해안선을 기준으로 한다. 나라마다 조금씩 다르지만, 만조 시 평균 해안선을 기준으로 그리는 사례가 많다.

세계 지도를 펼쳐보면 동경 180도 부근에 북극과 남극을 연결하는 '날짜 변경선'이 그어져 있다. 육지를 피하려다 보니 도중에 동과 서로 굽어져 있다.

이 날짜 변경선은 1884년 미국에서 열린 국제자오선회의에서 결정되었다. 이 선을 서쪽에서 동쪽으로 넘어갈 때는 날짜를 하루 늦추고, 동쪽에서 서쪽으로 넘어갈 때는 하루 더하기로 결의했다.

날짜 변경선이 없으면 지구를 한 바퀴 돌 때 난감한 상황이 발생한다. 여행자가 해당 지역의 시각에 시계를 맞추면 고국으로 돌아갔을 때 날짜가 하루 어긋난다. 지구의 자전과 같은 방향으로 이동하면 날짜가 하루 빨라지고, 반대 방향으로 움직이면 하루 늦어진다. 그래서 날짜 변경선을 설정했다.

육지를 피해 선을 그린 이유는 인도네시아나 필리핀처럼 섬으로 이루어진 군도 국가를 배려한 것이다. 같은 나라(섬)인데 변경선 동쪽에 있느냐 서쪽에 있느냐에 따라 날짜가 달라지는 상황을 피하기 위해서다.

275

제임스 딘이
SM 플레이 애호가였다고?

영화배우 제임스 딘(James Dean)은 1955년 9월 자동차 사고로 스물네 살 짧은 생을 마감했다. 반세기 가까이 지난 지금도 그의 인기는 사그라들지 않고 있다. 그런데 젊음과 스포츠카, 청바지를 상징하며 대체할 배우가 없던 제임스 딘에게는 성적 비밀이 있었다. 그는 SM(sadist+masochist) 플레이에 빠져 있었다.

제임스 딘의 부검 보고서에 따르면 그의 가슴 한 면에 화상 흔적이 있었다. 화상 흔적은 사고 때문이 아니었다. 지인의 증언으로 제임스 딘이 SM 플레이 애호가였다는 사실이 밝혀졌다. 마조히스트였던 그는 자신의 가슴을 내주며 "담뱃불로 여기를 지져줘"라고 애원하는 플레이를 즐겼다고 한다. 시신의 화상 흔적은 담뱃불로 지져서 생긴 흉터였다. 제임스 딘은 SM 플레이 동료들 사이에서 '인간 재떨이'로 불렸다.

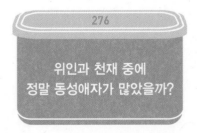

276

위인과 천재 중에
정말 동성애자가 많았을까?

예술계 천재 중에는 이상하게 동성애자가 많다. 커밍아웃한 사람부터 소개하면 시인 장 콕토(Jean

Cocteau)는 『백서(The White Paper)』에서 동성애를 옹호했고, 배우 장 마레(Jean Marais)에 대한 사랑을 숨기려 하지 않았다. 『잃어버린 시간을 찾아서』를 쓴 마르셀 프루스트(Marcel Proust)도 성 정체성을 당당히 밝힌 동성애자다. 이 소설의 주인공 중 한 사람인 알베르틴은 프루스트의 동성 연인이었던 알베르라는 남성의 이름을 여성형으로 바꾼 것이었다.

수많은 명작을 남긴 이탈리아의 영화감독 루키노 비스콘티(Luchino Visconti)도 배우 헬무트 베르거(Helmut Berger), 알랭 들롱(Alain Delon), 버트 랭커스터(Burt Lancaster) 등의 주연 남자 배우와 염문을 뿌렸다. 미국 클래식 음악계에서는 동성애자가 아니면 출세할 수 없다는 말이 공공연히 나돌 정도였다. 지휘자이자 작곡가였던 레너드 번스타인(Leonard Bernstein)을 비롯해 동성애자로 추정되는 사람이 많다.

역사를 거슬러 올라가면, 셰익스피어, 괴테, 차이콥스키 등이 동성애자로 추정된다.

277

성병으로 사망한
천재가 있다고?

천재로 일컬어졌던 인물 중 성병인 매독으로 사망한 사람이 적지 않다.

독일의 작곡가 로베르트 슈만(Robert Schumann)은 마흔한 살을 넘기고 매독균이 뇌를 침범해 정신착란을 일으켜 투신자살을 기도했다. 자살 기도는 미수로 그쳤으나, 그대로 정신병원에 수용되어 한 번도 밖으로 나오지 못하고 눈을 감았다.

독일의 시인 하인리히 하이네(Heinrich Heine)는 매독으로 목숨을 잃었다. 만년에는 자리에서 일어나지 못할 정도로 상태가 나빠져, 8년 동안 병상에 누워 지내다가 세상을 떠났다.

프랑스의 시인 샤를 보들레르(Charles Baudelaire)는 마흔한 살을 넘겨 매독이 악화되어 반신불수에 실어증을 겪다가 파리의 병원에서 사망했다.

프랑스 작가 기 드 모파상(Guy de Maupassant)도 마흔두 살 무렵부터 매독균이 뇌를 침범해 1892년 1월 2일 페이퍼 나이프로 자살을 기도했다가, 반년 후 수용된 파리 교외의 정신병원에서 생을 마감했다.

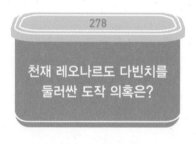

278

천재 레오나르도 다빈치를 둘러싼 도작 의혹은?

회화, 조각, 건축, 과학과 수많은 분야에서 재능을 발휘한, 르네상스를 대표하는 천재 레오나르도 다빈치도 도작 의혹에서 벗어날 수 없다.

현재 피렌체의 라우렌치아나 도서관에 소장된 프란체스코라는 인물의 노트에 다빈치가 직접 쓴 상세한 메모가 있는데, 오랫동안 다빈치의 노트로 여겨졌다.

그러나 연구 결과, 프란체스코의 노트에 다빈치가 손댔다는 사실이 밝혀졌다. 아마도 다빈치가 선배의 아이디어를 슬쩍 가져다 썼던 모양이다. 실제로 그 노트에 담긴 수력 터빈 소묘와 제례용 차량 설계도는 다빈치의 설계보다 훨씬 뛰어나다는 사실이 확인되고 있다.

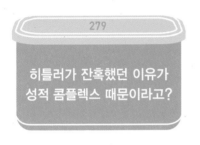

279

히틀러가 잔혹했던 이유가 성적 콤플렉스 때문이라고?

독일 나치 정권의 수장 아돌프 히틀러(Adolf Hitler)에게 고환이 하나밖에 없었다는 것은 알 만한 사람은 다 아는 사실이다.

1945년 4월 30일에 자살한 히틀러의 시신을 소련군 의사들이 부검했더니, 음낭 속에 오른쪽 고환밖에 없었다. 사라진 왼쪽 고환은 복강 내에 남아 있었다.

이런 '잠복 고환' 증상은 그리 드물지 않다. 정상적인 성생활도 가능하다. 비록 남성 호르몬 분비는 적지만 육체적으로는 큰 영향이 나타나지 않는다. 그러나 히틀러는 상당히 심한 성적 콤플렉스를 안고 있었다고 추정된다. 성년이 된 후 잔혹한 행동을 일삼은 것도 이 성적 콤플렉스가 적지 않은 영향을 미쳤기 때문이라는 주장이 있다.

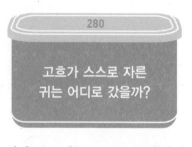

280

고흐가 스스로 자른 귀는 어디로 갔을까?

네덜란드의 화가 빈센트 반 고흐(Vincent van Gogh)는 만년에 자신의 귀를 잘랐다. 프랑스의 아를에서 화가 폴 고갱(Paul Gauguin)과 함께 지내던 시기였다.

고흐는 예술관의 차이로 종종 고갱과 말다툼을 벌였다. 어느 날 고흐는 고갱에게 면도칼을 들고 덤볐다. 고갱이 가까스로 도망쳤다가 다음 날 돌아와보니 집 안에 선혈이 낭자하고 고흐가 침대에 누워 있었다. 고흐가 고갱과 싸우고 난 뒤 섬망 발작까지 겹쳐 돌발적으로 귀를 잘랐던 것이다.

고흐는 곧바로 병원으로 이송되었으나 집 안을 아무리 뒤져도

잘린 귀가 보이지 않았다. 고흐는 귀를 자른 날 밤 근처 윤락업소를 찾아 라셸이라는 창부(娼婦)에게 귀를 건네주며 소중히 간직해달라고 말한 뒤 돌아왔다. 그 후 라셸이 고흐의 귀를 어떻게 처리했는지는 알려진 바가 없다.

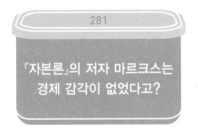

281

『자본론』의 저자 마르크스는 경제 감각이 없었다고?

『자본론』을 쓴 카를 마르크스(Karl Marx)는 경제 감각이 꽝이었다. 마르크스는 금전 감각이 부족하고 돈을 물 쓰듯 펑펑 쓰는 낭비 대장이었다. 학창 시절부터 씀씀이가 헤펐다. 현재 가치로 1년에 1억 원 이상이나 써, 변호사인

아버지에게 자주 꾸지람을 들었다.

독립한 뒤에는 거액의 유산을 받고, 지인인 에른스트 엥겔(Ernst Engel)의 원조를 받는 등 나름대로 수입이 있었다. 그러나 마르크스는 돈이 들어오면 큰 집으로 이사해 화려한 가구를 사는 등 펑펑 써버려 돈이 남아나지 않았다.

"아무리 생각해도 돈이 어디로 술술 빠져나가는지 모르겠네."

자기 눈의 들보가 보이지 않았던 마르크스는 엥겔스에게 편지를 보내 하소연했다.

이런 경제 감각을 지닌 사람이 경제학계의 명저로 일컬어지는 『자본론』을 썼다. 마르크스의 책을 금과옥조로 삼았던 여러 사회주의 경제 국가가 붕괴한 것도 어쩌면 당연하지 않을까?

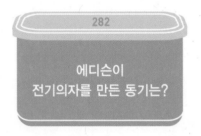

282

에디슨이
전기의자를 만든 동기는?

발명왕 토머스 에디슨(Thomas Edison)은 경쟁자를 무너뜨리기 위해 다양한 모략을 꾸민 기업가이기도 했다. 예를 들어, 전력 회사를 만들었다가 경쟁사에 패배할 기미가 보이자 경쟁사의 교류 발전기는 전압이 높아서 위험하다고 선전했다. 그는 홍보 효과를 위해 자극적인 연출도 마다하지 않았다. 실험을 통해 교류 고압전기로 개와 고양이를 태워 죽이며 '교류가 이렇게 위험하다'고 선보이기도 했다.

이 선전 실험이 전기의자 탄생의 계기가 되었다. 뉴욕주의 교도소에서, 동물을 죽일 정도라면 인간도 죽일 수 있지 않겠냐며 전기 사형을 시행했다.

「모르그가의 살인 사건」, 「도둑맞은 편지」, 「황금충」 등의 작품으로 오늘날 추리소설의 원형을 완성한 에드거 앨런 포(Edgar Allan Poe)는 천재이자 엄청난 괴짜였다. 마흔한 살에 세상을 떠날 때까지 타인에게 한 번도 웃는 얼굴을 보이지 않았다는 일화로 유명하다.

그는 열두 살에 부모님을 여의고 열일곱 살에 이미 알코올 중독자가 되었다. 스물여섯 살에 열세 살이던 사촌과 결혼했는데, 어린 아내가 먼저 세상을 떠나자 술독에 빠져 지냈다. 그는 행려병자처럼 인생의 마지막 순간을 길에서 맞이했다.

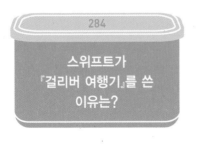

『걸리버 여행기』를 쓴 조너선 스위프트(Jonathan Swift)는 성패트릭 성당 사제장을 지내며 한때 성직

에 몸담았다. 그는 젊어서부터 정치에 관심이 많아 성공회 주교이자 당대 거물 정치인이던 윌리엄 템플 경의 비서로 일하며 정계 진출을 꿈꾸었으나 실패했다.

염원하던 정계 진출이 무산되자 스위프트는 뜻대로 풀리지 않는 인생의 시름을 잊기 위해 『걸리버 여행기』를 썼다. 권력자에 대한 풍자로 가득한 이 소설의 배경에는 작가의 인생이 그대로 담겨 있다.

『걸리버 여행기』는 스위프트의 기대를 웃도는 수준이어서 엄청난 호평을 받았다. 그러나 그는 작가의 길을 걷지 않고 점점 더 세상에 대한 울분을 쏟아냈다. 노년에는 정신 상태가 불안정해졌고 발작 상태로 임종을 맞았다고 전해진다.

285

**고갱은 왜
타히티로 갔을까?**

고갱은 파리에서 주식 중 개인으로 부유하게 살았다. 그런데 서른다섯 살이던 어느 날 갑자기 화가가 되기 위해 아내와 자식을 버리고 집에서 나와 가난하게 살며 그림에 매진했다.

마흔세 살이던 1891년에 고갱은 그때까지 그린 그림을 모두 팔고 타히티섬으로 향했다. 타히티에서 그의 예술은 활짝 꽃을 피웠다. 타히티섬은 고갱에게 지상 낙원이나 다름없었다. 그는 매일 밤 다른 여성을 오두막으로 불러 뜨거운 밤을 보냈다고 전해진다. 프랑스에는 딱 한 번 귀국했는데, 얼마 버티지 못하고 바로 타히티로 돌아갔다.

만년의 고갱은 매독에 걸려 온몸에 낭창이 생겼는데도 여성과의 잠자리를 포기하지 못했다. 방탕한 생활을 즐기던 고갱은 1903년 쉰다섯 살에 심장 발작으로 영면에 들었다.

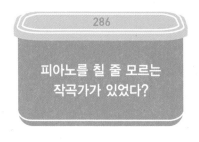

286

**피아노를 칠 줄 모르는
작곡가가 있었다?**

작곡가라고 하면 피아노 앞에 앉아 곡을 쓰는 이미지가 떠오르는데, 위대한 작곡가 중에 피아노를 치지 못하는 사람이 제법 있었다.

예를 들어, 엑토르 베를리오즈는 피아노를 전혀 치지 못했다. 그는 1803년 프랑스 시골 마을에서 태어났는데, 당시 마을에는 피아노가 한 대도 없었다. 열일곱 살에 파리로 상경할 때까지 베를리오즈가 접해본 악기는 기타와 피리뿐이었다. 실물 피아노는 본 적도 없었다. 작곡가가 된 후 피아노를 장만했으나 칠 줄 몰라 가끔 화음을 눌러보는 정도로 만족했다.

빌헬름 바그너(Wilhelm Wagner)도 피아노를 제대로 칠 줄 몰랐다. 어린 시절, 독학으로 피아노를 배워 열두 살에 피아노 교사가 되었으나 정식 운지법을 익히지 못해 독창적인 방법으로 피아노를 쳐 평생 콤플렉스를 느끼며 작곡했다고 한다.

제임스 딘은
어떤 성형수술을
받았을까?

서양 사람 중에는 동양인과 달리 코가 너무 높아서 고민하는 사람이 있다. 영원한 청춘스타 제임스 딘은 코가 너무 높아서 고민한 사람 중 하나였다.

그는 데뷔하기 전에 성형수술로 지나치게 높은 코를 깎아냈다. 제임스 딘의 우수 어린 마스크는 성형수술의 힘을 빌려 완성되었다.

가수이자 배우인 바브라 스트라이샌드(Barbra Streisand)도 지나치게 큰 코로 고민한 적이 있다고 고백했다. 그녀는 한때 진지하게 성형수술을 고민했는데 "그 코를 깎으면 흔하디흔한 미녀가 될 텐데"라는 프로듀서의 충고를 듣고 수술대에 오르지 않았다고 한다.

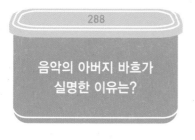

음악의 아버지 바흐가
실명한 이유는?

독일의 작곡가 요한 바흐(Johann Bach)와 게오르크 헨델(Georg Händel)은 1685년 독일에서 태어나 바로크 음악의 거장이 되었다. 그리고 이 두 사람은 만년에 함께 실명했다.

두 사람이 실명한 가장 큰 원인은 존 테일러(John Taylor)라는 영국 출신 돌팔이 의사 때문이었다. 두 사람은 어느 정도 보이는 상태였으나 눈 수술 후 시력을 완전히 잃었다. 충격이 얼마나 컸던지, 바흐는 실명 후 얼마 지나지 않아 세상을 떠났다.

바흐와 헨델은 제대로 된 조명이 없던 시대에 평생 악보를 들여다보며 음표를 그려 시력이 나빠졌다는 설이 있다.

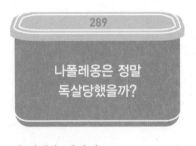

289

나폴레옹은 정말 독살당했을까?

프랑스의 황제 나폴레옹 보나파르트(Napoléon Bonaparte)는 1821년 5월 유형지 세인트헬레나섬에서 세상을 떠났다.

그의 사인을 둘러싸고 오랫동안 위암이라는 설이 유력하게 여겨졌다. 그가 생전에 위 통증에 시달린 것은 사실이다. 복부에 손을 얹은 특유의 자세도 위통 때문이라고 한다.

그런데 스웨덴의 연구자가 위암설에 이의를 제기했다. 나폴레옹의 유발(遺髮)에서 고농도의 비소가 검출된 점을 들며 독살되었을 가능성이 농후하다고 주장했다.

이에 대해 영국 연구자가 독살설을 부정하는 논문을 발표했다. 나폴레옹 시대에는 비소가 약, 화장품, 도료는 물론 벽지에도 이용되어 비소 중독에 걸리는 사람이 많았다. 그런데 나폴레옹이

사망한 방의 벽지에서도 비소가 검출되었다. 따라서 나폴레옹은 독살당한 게 아니라 벽지의 비소를 흡수해 서서히 중독되어 사망했다는 주장이다.

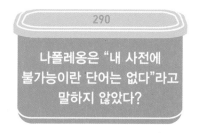

290

나폴레옹은 "내 사전에 불가능이란 단어는 없다"라고 말하지 않았다?

"내 사전에 불가능이란 단어는 없다." 이 말은 나폴레옹이 한 것으로 널리 알려져 있지만, 실제로 나폴레옹은 이런 말을 하지 않았다.

1806년에 벌어진 예나-아우어슈테트 전투에서 비슷한 말을 하긴 했다. 나폴레옹군은 프로이센군과 싸우기 위해 고지대로 대포를 올려야 했다. 그런데 가파른 산에서 대포를 옮기던 병사들 사이에서 곡소리가 끊이지 않았다. 이에 사령관이 불가능하다고 보고하자 나폴레옹은 "불가능이라는 단어는 프랑스어에 없다"라고 대답했다. 그전에 벌어진 오스트리아와의 전투에서도 "곤란이라는 단어는 프랑스어에 없다"라고 외치며 병사들을 격려했다.

나폴레옹이 "……은 프랑스어에 없다"라고 에둘러 말하는 표현을 즐겨 사용한 건 사실이다. 그러나 "내 사전에 불가능이란 단어는 없다"라는 명언은 후세에 창작된 것이다.

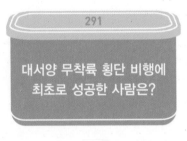

대서양 무착륙 횡단 비행에 최초로 성공한 사람은?

1927년 5월, 찰스 린드버그(Charles Lindbergh)가 대서양 무착륙 비행에 성공하자 많은 사람이 린드버그가 최초로 대서양 무착륙 횡단에 성공했다고 믿었다. 그러나 린드버그 이전에도 무착륙으로 대서양을 횡단한 사람이 66명이나 존재했다.

맨 처음 횡단한 사람은 영국인 존 올콕(John Alcock)과 미국인 장교 아서 브라운(Arthur Brown)이었다. 두 사람은 린드버그보다 8년이나 앞선 1919년에 세인트존스에서 아일랜드의 클리프덴까지 2,830킬로미터를 16시간에 걸쳐 비행했다.

그 직후, 영국의 비행선 R34호가 한 번에 30명을 태우고 스코틀랜드에서 미국까지 왕복했다. 그리고 1924년에는 독일의 체펠린형 비행선 ZR3호가 독일 프리드리히스하펜에서 미국 뉴저지주까지 33명의 승무원을 태우고 횡단하는 데 성공했다.

린드버그는 최초로 '단독'으로 비행에 나서 뉴욕과 파리라는 대도시를 연결해 역사에 이름을 남겼다.

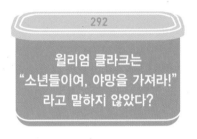

"소년들이여, 야망을 가져라!"라는 말은 일본 삿포로농학교 초대 교감이었던 윌리엄 클라크(William Clark)가 남긴 명언으로 알려져 있다.

클라크 박사는 당시 "Boys, be ambitious"라고 말한 뒤 "like this old man"이라고 말했다. 직역하면 "소년들이여, 이 노인(나)처럼 야망을 가지게"였다. 즉, 이렇게 나이 먹은 사람도 정정하게 활동하는데 나보다 젊은 여러분은 못 할 게 없으니 힘내서 열심히 살라는 가벼운 격려의 말이었다. 그런데 세간에 "Boys, be ambitious" 부분만 전해져 전 세계 소년들에게 호소하는 명언으로 알려졌다.

한편 일본을 떠난 후 클라크 박사의 인생은 불우했다. 철도 개발 등에 관여했으나 실패하고, 사기죄로 고발당하는 등 순탄치 않은 여생을 보냈다.

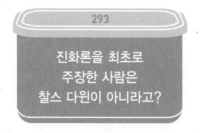

293

진화론을 최초로
주장한 사람은
찰스 다윈이 아니라고?

찰스 다윈(Charles Darwin)은 진화론의 창시자로 알려져 있다. 그는 1931년 관측선 비글호를 타고 갈라파고스 제도 등을 항해했다. 당시 조사를 통해 그는 생물 진화의 법칙을 발견했다.

그로부터 10년 후 다윈은 『종의 기원』을 쓰기 시작해, 1859년에 학회에서 발표했다. 그의 논문은 전 세계에 큰 충격을 주었고, 출간된 지 한 세기 반이 지난 지금까지 많은 사람이 그를 '진화론의 아버지'라 믿고 있다.

그런데 다윈보다 먼저 진화론을 주장한 사람이 한 명도 아니고 여러 명 있었다. 그의 할아버지인 이래즈머스 다윈(Erasmus Darwin)은 손자가 태어나기 15년 전에 "동물계는 향상을 거듭하고, 향상한 점을 자손에게 전달할 힘을 지니고 있다"라는 내용을 글로 남겼다. 다만 그의 저작은 금서 목록에 포함되어 빛을 보지 못했다.

그 외에도 박물학자, 고생물학자, 지질학자 등이 다윈보다 먼저 다양한 '진화론'을 주장했다. 이는 전문가들 사이에서 널리 알려져 있다.

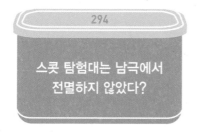

294

스콧 탐험대는 남극에서 전멸하지 않았다?

1911년에 노르웨이의 탐험가 로알 아문센(Roald Amundsen)과 영국의 탐험가 로버트 스콧(Robert Scott) 중 누가 먼저 남극점에 도달할지 전 세계의 눈과 귀가 집중되었다. 그러나 아문센이 한 달 먼저 도착했다.

아문센은 개를 활용했다. 그는 추위에 강한 에스키모개에게 식량 등을 실은 썰매를 끌게 했다. 에스키모개는 바다표범 고기를 먹고 얼음 위에서도 잘 수 있다.

반면에 스콧 탐험대는 말에게 썰매를 끌게 했다. 말은 추위에 약하고 초식동물이라서 바다표범 고기로는 살 수 없어 말에게 먹일 건초까지 짐에 추가되었다. 결국 남극점을 코앞에 두고 스콧 탐험대의 말이 전멸해 인력으로 짐을 날라야 했다. 스콧 탐험대는 아문센보다 한 달 늦게 가까스로 남극점에 도달했으나, 돌아오는 길에 눈보라를 만나 전원 동사했다.

295

갈릴레이는 정말 피사의 사탑에서 낙하 실험을 했을까?

갈릴레오 갈릴레이(Galileo Galilei)는 1590년에 이탈리아 피사의 사탑에서 낙하 실험을 한 것으로 널리 알려져 있다. 그는 무게가 다른 두 개의 구슬을 탑 위에서 떨어뜨려, 두 구슬이 동시에 지면에 닿는 순간을 확인했다. 이 실험으로 "무게에 따라 물체의 낙하 속도가 다르다"라는 아리스토텔레스 이후의 정설을 뒤집었다.

그러나 실제로 갈릴레이는 피사의 사탑에서 실험하지 않았다. 당시 저작물에서는 이 실험에 관한 기술을 전혀 찾아볼 수 없고, 갈릴레이 본인도 전혀 기록을 남기지 않았다.

실험 후 60년 이상 지나 출간된 빈센초 비비아니(Vincenzo Viviani)의 『갈릴레이 전기』에 이 내용이 처음 수록되었는데, 갈릴레이가 피사대학교 교수를 지냈다는 사실에 착안해 비비아니가 피사의 사탑 실험 이야기를 각색한 것으로 추정된다.

296

조지 워싱턴은
벚나무를 베지 않았다?

미국 초대 대통령 조지 워싱턴은 여섯 살 때 아버지가 아끼던 벚나무를 베고 말았다. 누구 짓이냐고 묻는 아버지에게 그는 자신이 베었다고 솔직하게 밝히고 사과했다. 흔히 '조지 워싱턴의 벚나무 일화'로 알려진 이 이야기는 하나부터 열까지 꾸며낸 것이다.

이 일화는 목사이자 책 외판원이었던 메이슨 로크 윔스(Mason Locke Weems)가 쓴 『워싱턴의 생애(The life of Washington)』에

처음 소개되었다. 워싱턴의 전기 중 가장 오래된 것이다. 이후 워싱턴의 전기는 대부분 이 책을 원형으로 약간씩 손본 것이다. 이 책 초판본에는 벚나무 일화가 없다. 그런데 증쇄했을 때 다른 많은 일화와 함께 추가되었다. 나중에 웜스는 "몇몇 이야기는 내가 만들어서 썼다"라고 고백했다.

297

예수의 생일은
12월 25일이 아니다?

12월 25일 크리스마스는 예수 그리스도의 탄생일로 기념되고 있다. 그런데 예수의 진짜 생일이 언제

인지는 알 수 없다.

예수의 생일에 관한 논쟁은 현대에 시작된 게 아니라 오래되었다. 3세기에 알렉산드리아의 클레멘스(Clement of Alexandria)가 5월 20일일 수 있다고 발표한 이후 1,700년 이상 논쟁이 이어졌다.

12월 25일이 예수의 탄생일로 정해진 배경에는 종교적 의도가 담겨 있다. 12월 말은 원래 이교도들이 동지를 태양의 죽음과 재생의 의식으로 기념하는 시기다. 기독교는 초기에 이처럼 토속적인 신앙과 대립했기에 이교도들에게 중요한 날을 예수의 탄생일로 기념해 신앙 자체를 흡수하는 전략을 썼다. 기독교의 이러한 전략이 적중해 이교도의 의식 대부분이 기독교로 흡수되었다.

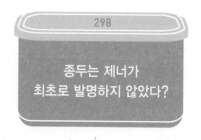

298

종두는 제너가
최초로 발명하지 않았다?

천연두를 예방하는 종두는 에드워드 제너(Edward Jenner)가 발명했다고 널리 알려져 있다.

제너는 1798년 종두에 관한 논문을 발표해 영국 정부의 승인을 받으며 유명해졌다. 그 후 그의 실험 보고를 토대로 종두법이 널리 시술되었다. 여기까지는 역사적 사실이다.

그러나 제너는 종두의 발명자라고 할 수 없다. 그보다 먼저 종두 실험에 성공한 의사가 몇 명 있었다.

제너도 "우두(牛痘)에 걸린 사람은 천연두에 감염되지 않는다"라는 예로부터 전해 내려오는 민간요법에 착안해서 연구를 시작했다. 우수한 논문을 발표해 종두법이 널리 보급되는 계기를 마련한 점에서는 위대하지만, 종두 자체는 제너의 독창적인 발상이 아니었다.

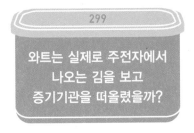

299

와트는 실제로 주전자에서 나오는 김을 보고 증기기관을 떠올렸을까?

제임스 와트(James Watt)는 주전자에서 나오는 김을 보고 증기기관 발명 아이디어를 떠올렸다는 유명한 일화가 있다. 소년 시절 와트는 주전자 주둥이를 막으면 뚜껑이 들썩거리며 올라간다는 사실을 깨닫고 증기의 숨겨진 위력을 알았다는 이야기다.

그러나 이 이야기는 완전한 허구다. 와트는 스물일곱 살에 최초로 증기기관에 관여했다. 글래스고대학교의 증기기관 모형이 고장 나서 수리를 의뢰받은 일이 계기가 되었다. 그 후 증기기관에 흥미를 느낀 와트는 개량을 거듭해 우수한 증기기관을 개발하는 데 성공했다. 와트 이전에 토머스 뉴커먼(Thomas Newcomen)을 비롯한 여러 연구자가 증기기관을 만들고 연구했다. 정확히 말하면, 와트는 당시 효율이 떨어진 증기기관을 실용 가능한 수준으로 개량한 것이다.

증기기관차를 발명한 사람은 영국의 조지 스티븐슨(George Stephenson)이라고 알려져 있다. 하지만 사실 증기 기관차는 그가 발명한 것이 아니다.

리처드 트레비식(Richard Trevithick)이 스티븐슨보다 10년 이상 먼저 증기기관차를 완성했다. 그런데 트레비식의 기관차는 성능이 좋지 않아, 런던에서 공개할 당시 운전 실수로 인가의 담벼락과 충돌했다. 그 후로도 역사에 이름을 남길 기회가 몇 번 있었으나 번번이 실험에 실패했다.

반면 스티븐슨은 트레비식의 실패를 반면교사로 삼아 개량에 착수해, 1814년 시운전에서 대성공을 거두며 근대적 기관차 발명의 역사에 이름을 남겼다.

토머스 에디슨의 전기를 보면 열차 차장에게 맞아서 귀가 들리지 않게 되었다는 이야기가 나온다.

에디슨은 열두 살 때부터 열차 안에서 신문팔이로 생업 전선에 뛰어들었다. 그리고 일하는 틈틈이 열차 구석에 만든 실험실에서 다양한 실험을 했다. 그러던 어느 날 열차의 차체가 기울었는데 선반에 있던 백린 단지가 떨어져 폭발했다. 놀라서 급히 달려온 차장이 에디슨을 심하게 손찌검하는 바람에 고막이 찢어져 청력을 잃었다는 것이 통설이다.

그런데 나중에 에디슨 본인이 밝힌 이야기에 따르면 전해지는 내용과 상황이 다르다. 어느 날 열차를 놓칠 뻔한 에디슨은 양팔 가득 신문을 끌어안고 열차 발판에 매달리려 했다. 그런데 몸무게를 이기지 못해 에디슨의 몸이 점점 미끄러지자 달려온 차장이 하필 그의 귀를 잡고 끌어 올렸다. 그 덕분에 무사히 차 안으로 올라왔지만, 당시 충격으로 고막이 파열되어 귀가 들리지 않게 되었다.

302

이집트 최후의 여왕 클레오파트라는 이집트인이 아니다?

이집트의 마지막 여왕 클레오파트라(Cleopatra)는 당연히 이집트인일 거라고 생각하는 사람이 많은데, 사실은 이집트인이 아니다.

클레오파트라를 낳은 프톨레마이오스 왕조는 원래 마케도니아의 명문 가문이다. 마케도니아는 알렉산드로스 대왕을 낳은 에게해 북방의 산악지대에 있다.

다만 클레오파트라는 마케도니아에서 태어나지 않고 마케도니아인과 그리스인, 인도인 혼혈이었다. 전해지는 대로 그녀가 절세 미녀였다면 그 미모는 다양한 민족의 혈통이 오묘하게 섞여 탄생한 여러 민족의 합작품 아닐까?

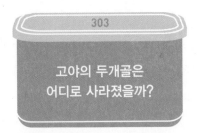

303

고야의 두개골은 어디로 사라졌을까?

스페인의 대표적인 낭만주의 화가 프란시스코 고야(Francisco Goya)는 프랑스를 여행하다가 1828년 여든두 살에 세상을 떠났다. 그의 유해는 보르도에 매장되었는데, 고야의 지인이었던 고이코에체아(Goikoetxea)의 무덤 바로 옆이었다.

그 후 1888년에 스페인으로 이장하기 위해 묘를 열었는데 고야의 시신이 무참히 훼손되어 있었다. 자세히 조사해보니 고이코에체아의 유골과 뒤섞여 있었다. 그런데 두개골이 하나밖에 없었다.

도둑맞은 건 고야의 머리일까, 고이코에체아의 머리일까? 유명인이었던 고야의 머리가 도굴당했다고 보는 게 자연스럽지만, 그 후 고야의 두개골을 가지고 있다는 사람은 나타나지 않았다. 지금까지 고야의 시신은 머리가 없는 상태로 매장되어 있다.

304

크롬웰의 두개골을
둘러싼 의혹은?

영국 청교도 혁명의 주역
인 올리버 크롬웰(Oliver
Cromwell)은 1649년에 왕
정을 전복시킨 뒤 공화정

을 세웠으나, 이후 독재 정권을 수립했다. 그는 1658년에 병으
로 사망했는데, 사망 원인을 둘러싸고 독감, 말라리아, 독살 등
여러 이야기가 전해진다. 장례식은 그가 사망한 지 7주 후 국장
으로 거행되었으며, 그의 시신은 웨스트민스터 사원에 안장되
었다. 그런데 이후 정치 정세가 바뀌어 독재자 크롬웰은 반역자
란 죄목으로 부관참시를 당해, 그의 머리는 24년 동안(24시간이
아니다!) 구경거리가 되었다.

세월이 흘러 두개골만 남은 크롬웰의 머리는 여러 사람에게 팔
려 다니다가 1960년에 겨우 한 대학이 입수해 보관하고 있다.
그러나 300년 전 두개골이라서 그사이 누군가 가짜와 바꿔치
기했을지 모른다는 의혹이 제기되기도 했다.

305

퀴즈 프로그램 문제를
어떻게 만들까?

퀴즈 프로그램의 문제는
방송작가와 퀴즈 전문 작
가가 만든다. 보통 지식이
풍부한 방송작가와 퀴즈

전문 작가를 섭외해 3~6명 정도와 계약을 맺는다.

방송작가들은 한 명이 매회 50개 정도의 문제를 작성한다. 인터넷이 지금처럼 발달하기 전에는 백과사전과 잡지, 신문, 각종 도서를 참고했다.

작가들이 만든 문제를 기획 회의 때 스태프들이 풀어보고 평가한다. 다른 퀴즈 프로그램에서 나온 문제를 빼거나 문제 지문을 꼬거나 함정을 만드는 등의 과정을 거쳐 필요한 문제 수를 압축해나간다.

퀴즈 프로그램 문제는 너무 어려우면 방송 분위기가 달아오르지 않고 너무 쉬우면 시시해진다. 문제 자체에 흥미를 유도하거나 정답을 듣고 '말도 안 돼!'라는 반응이 나오는 의외성 있는 문제가 시청자를 즐겁게 하기에, 그 부분을 염두에 두고 문제를 만든다.

306

전미 1위 영화가
여러 편인 이유는?

영화 홍보 문구 중에 '전미 1위'라는 문구를 자주 본다. 심할 때는 개봉 영화 중에서 세 편 정도가 동시에 "전미 1위에 빛나는 영화"라는 광고 문구를 달고 있다.

무슨 1위가 이렇게 많으냐고 의심할 수도 있지만, 이것은 거짓말이 아니다. 미국은 워낙 차트가 많다 보니 한 번이라도 1위를 한 영화라면 '전미 1위'라는 홍보 문구를 달 수 있다. 가령 특정 차트 집계에서 특정 월의 특정한 일주일만 콕 집어서 반짝 관객 동원 수가 가장 많은 영화도 '전미 1위'라는 문구를 사용할 수 있다.

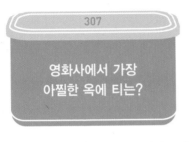

영화 역사상 가장 유명한 실수는 〈셰인(Shane)〉의 '숨겨진 버스' 장면이다. 대표적인 서부극으로 꼽히는 이 영화는 각 가정에 비디오가 보급되지 않았던 시절 전설처럼 전해 내려오는 옥에 티 장면을 남겼다.

광활한 서부의 대자연 속에서 사슴이 느긋하게 물을 마시는 가운데 말을 탄 셰인이 천천히 다가온다. 주인공이 등장하는 무척 인상적인 장면이다. 그 순간 흙먼지를 내뿜는 물체가 왼쪽에서 오른쪽으로 이동한다. 서부 개척 시대에 난데없이 버스가 등장한 것이다.

이 버스의 정체는 촬영 현장 근처를 달리던 정기 운행 버스였다. 스태프는 버스가 카메라에 찍혔다는 사실을 알고 있었으나 촬영된 장면을 보니 영화 역사상 두 번 다시 나올 수 없을 정도로 완성도가 높아 도저히 '컷'을 외칠 수 없었단다. 물론 디지털 작업 따위는 존재하지 않던 시절 이야기다.

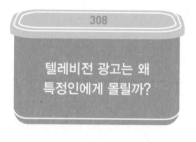

**텔레비전 광고는 왜
특정인에게 몰릴까?**

영화나 각종 드라마에 출연하고 다양한 브랜드의 광고 모델로 활동하며 일명 'CF의 여왕'이라고 불리는 연예인과 유명인들이 있다.

텔레비전을 틀면 분명 다른 상품인데 같은 사람이 광고하는 모습을 볼 수 있다. 워낙 많은 광고에 출연하다 보니 그 스타가 광고한 제품만 사용하고도 하루를 살 수 있다는 말이 나올 정도다. 왜 이렇게 특정 여성 스타에게 광고 출연 의뢰가 몰릴까?

겹치기 출연으로 해당 상품의 이미지가 희석된다는 비판도 있지만, CF 여왕에게 광고를 의뢰하려는 기업이 줄을 서는 이유는 간단하다. 모험을 원하지 않기 때문이다.

신인 모델을 기용하면 성공한다는 보장이 없다. 불황일수록 안

전책을 택한다는 기업 논리가 작용한다. CF의 여왕은 말하자면 안전 보증수표인 셈이다.

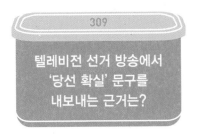

대통령이나 국회의원, 지방자치단체장 선거 등 중요한 선거를 치르면 각 방송사는 개표 방송으로 치열한 시청률 경쟁을 벌인다. 그런데 개표가 막바지에 이르면 방송에서 '유력·확실·확정' 등의 문구로 구분해서 표현한다.

이 용어들의 사전적 의미를 보면 유력은 '가능성이 높은 상황', 확실은 '틀림없이 그렇게 될 것으로 예상되는 상황', 확정은 '확실하게 정해진 상황'이라는 뜻이다. 즉, 개표 방송에서는 '유력 → 확실 → 확정' 순으로 당선 확률이 높다. 방송국마다 기준이 조금씩 다른데, 대체로 ① 기자의 사전 취재 ② 여론 조사 ③ 투표 당일 출구 조사 ④ 개표 상황을 판단 기준으로 삼는다. 이 자료들을 컴퓨터로 분석해서 당선 결과를 예측하고, 실제로 개표 결과를 지켜보며 '유력, 확실, 확정'이라고 구분한다.

특히 최근에는 투표 당일 출구 조사의 비중이 커졌다. 각 방송국 출구 조사 담당자가 투표를 마치고 나오는 사람을 대상으로 누구에게 투표했는지 묻는다. 이렇게 노골적인 방법이 아니면 갈대처럼 흔들리는 부동층의 표심을 예측할 수 없기에 방송사는 여전히 출구 조사에 의존하고 있다.

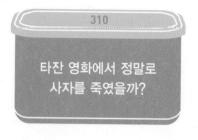

1918년에 촬영된 최초의 타잔 영화 〈유인원 타잔 (Tarzan of the Apes)〉에서 타잔 역을 맡은 신인 배우 엘모 링컨(Elmo Lincoln)은 아칸소주 보안관 출신이었다.

이 영화에서는 타잔이 식인 사자와 격투를 벌이는 장면에서 진짜 사자를 죽였다. 촬영할 때 늙은 사자에게 마취총을 쏘아 약하게 만들었는데도 이빨을 드러내고 으르렁대며 위협하는 사자에게 겁먹은 주연 배우가 엉겁결에 손에 들고 있던 칼로 사자를 찔러버렸다. 그리고 그 칼이 사자의 심장에 정확히 박혔다.

요즘이라면 동물 보호 단체의 거센 항의로 영화 개봉 자체가 불가능할 테지만, 당시에는 당당히 개봉해 흥행 수익 100만 달러를 벌어들이며 기록적인 대박을 터트렸다.

할리우드 상업 영화의 거장으로 꼽히는 스티븐 스필버그(Steven Spielberg) 감독의 모험 영화 인디아

나 존스 시리즈 1편 〈레이더스(Raiders Of The Lost Ark)〉에도 영화 마니아들 사이에서 유명한 옥에 티 장면이 있다. 원숭이도 나무에서 떨어질 때가 있듯이 천하의 스티븐 스필버그도 실수할 때가 있다.

인디아나 존스가 동굴에서 굴러오는 거대한 바위에 쫓기는 장면에서 바위 왼쪽에 버팀목이 고스란히 노출되었다. 아마 이 막대기를 사용해서 가짜 바위를 굴렸던 모양이다. 그리고 인디아나 존스가 뱀이 우글거리는 유적에 떨어지는 장면에서는 코브라가 후드를 활짝 펴고 위협한다. 그런데 자세히 살펴보면 뱀의 머리가 유리판에 희미하게 비쳐, 인디아나 존스와 코브라 사이에 유리 칸막이가 세워져 있음을 알 수 있다.

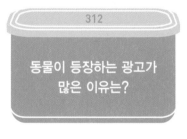

312

동물이 등장하는 광고가 많은 이유는?

기업과 광고 대행사가 가장 두려워하는 것은 출연 연예인의 스캔들이다. 광고 모델로 전속 계약한 연예인이 사고를 치면 광고를 내려야 하고, 상품과 기업 이미지도 실추될 수 있다.

계약 상태이지만 연예인도 사람인지라, 어떤 사건을 일으키거나 휘말릴지 그 누구도 알 길이 없어 기업은 성인 연예인을 광고 모델로 쓸 경우 리스크를 안아야 한다. 따라서 스캔들을 일으킬 가능성이 없으면서 시청자의 시선을 사로잡을 수 있는 동물 연기자에게 눈길이 갈 수밖에 없다.

광고 업계에 떠도는 성공하는 광고의 세 가치 법칙이 있다. 바로 미인(beauty), 아기(baby), 동물(beast)이 등장하면 대중의 시선을 좀 더 확실하게 끌 수 있다는 것이다. 특히 희귀하거나 유난히 귀엽고 깜찍한 동물은 사람들의 시선을 끌어 동물이 등장하는 광고가 많다.

313

기내식으로
콩과 고구마가
금지되는
까닭은?

고객의 입맛을 사로잡기 위한 항공사들의 기내식 경쟁이 뜨겁다. 이제 기내식에도 세계 각지의 다양한 먹을거리가 등장한다. 그런데 콩과 고구마는 우리가 일상적으로 즐겨 먹지만 기내식으로는 금기시된다.

콩과 고구마는 일 년 내내 먹을 수 있고 가격도 저렴해 우수한 먹을거리인데 항공사에서 금하는 이유는 인간의 생리 현상을 배려해서다. 콩과 고구마는 식이섬유가 풍부하다. 식이섬유는 위장에서 소화 흡수되고 장에서 수소가스, 탄산가스, 메탄가스, 질소 가스 등 갖가지 종류의 가스 발생을 촉진한다.

기내에 방귀 냄새가 퍼질 수 있다는 웃기면서 민망한 이유로 콩과 고구마는 기내식으로 금지되고 있다.

314

여름이 예년보다
덥지 않은 해에는
왜 우유가
남아돌까?

젖소도 동물이어서 인간과 마찬가지로 여름에는 더위를 탄다. 여름에 예년보다 무더위가 기승을 부리면 우유 생산량이 줄어들고, 반대로 서늘하면 더위를 먹지 않아 우유 생산량이 증가하고 품질도 좋아진다.

그런데 우유 생산량이 늘어난다고 해서 우유를 마시는 사람이 갑자기 늘어날 리는 만무하다. 오히려 여름에 덜 더우면 우유 소비량이 줄어들어 시장에 우유 재고가 쌓여 가격이 붕괴된다. 일본에서 어느 해 여름에 평년보다 덜 더워 우유 생산량이 4퍼센트 늘었는데, 소비량은 반대로 2퍼센트 줄어 남아도는 우유를 폭탄 세일 가격에 밀어내야 했다.

315

크리스마스 케이크는 기독교와 관계가 거의 없다?

크리스마스에 케이크를 먹는 습관은 기독교와 무관하다. 기독교가 들어오기 전 북유럽에서는 12월 말에 '동지 축제'를 열었다.

연말이 되면 사람들은 한 해 농사를 끝내고 겨울에 먹을 양식을 창고에 넉넉히 갈무리해두었다. 북유럽의 겨울은 어둡고 혹독해 힘든 겨울을 견뎌내기 위해 기운을 북돋운다는 의미에서 동지 축제를 열었다.

이 동지 축제에서는 케이크가 빠지지 않았다. 호두와 건포도 등을 곁들여 구운 소박한 케이크였는데, 이 동지 케이크가 크리스마스 케이크의 원형이 되었다. 북유럽 이외 다른 기독교 국가에도 동지 케이크가 전해지면서 크리스마스에 케이크를 먹는 관습이 생겨났다.

316

구소련 붕괴와 캐비어의 멸종이 관련 있다고?

러시아의 철갑상어는 현재 멸종 위기종이다. 구소련이 붕괴한 후 철갑상어 알인 캐비어를 노린 밀렵이 급증했기 때문이다.

철갑상어의 주 서식지인 카스피해 부근 다게스탄 공화국에서 구소련 시절 국영 공장의 노동자 몇만 명을 해고했다. 갑자기 실업자가 된 사람들은 생활비를 벌기 위해 철갑상어 밀렵에 나섰다. 그로 인해 카스피해 수면에 알만 꺼내간 철갑상어 사체가 대량 떠오른 지옥도가 펼쳐졌다.

철갑상어는 산란하기까지 12년이나 걸린다. 밀렵과 밀어가 멈추지 않으면 철갑상어가 멸종하는 건 시간문제다.

317

마트의 채소 코너는 왜 입구 근처에 있을까?

마트에 가면 꼭 입구 근처에 채소 코너가 있다. 고객에게 계절감을 주기 위한 배치다. 제철 채소를 진열해 계절감을 불러일으켜 고객의 구매 욕구를 자극하려는 것이다.

마트에 들어가자마자 정육이나 생선 코너가 보이면 멈칫하게 된다. 고기나 생선은 채소보다 비교적

가격이 비싸 장바구니에 담기 전에 한 번 더 생각하기 때문이다. 물론 고기나 생선도 채소와 함께 일상적으로 밥상에 오르는 먹을거리이지만 고객의 구매 욕구를 자극할 품목으로는 적합하지 않다.

또 마트에 들어가서 제일 먼저 보이는 코너를 그냥 지나치기보다 뭐라도 장바구니에 담아야 다음 코너의 구매로 이어지기 쉽다는 마트 측의 계산이 작용한다. 채소는 고기 요리에도 생선 요리에도 두루두루 활용할 수 있고, 샐러드나 나물로도 먹을 수 있어 쓰임새가 좋다. 일단 장바구니에 채소를 담게 만들어 마중물을 붓는 셈이다. 입구 근처에 채소 코너를 배치하는 데는 마트 측의 이런 마케팅 전략이 숨어 있다.

편의점에서는 왜 삼각김밥을 팔까?

편의점에서 파는 주먹밥은 대체로 삼각형이다. 그래서 아예 '삼각김밥'이라고 부른다.

삼각김밥은 비용상 이유로 탄생했다. 삼각형은 틀에서 빼내기 쉽고, 같은 양의 밥으로 만들어도 둥근 주먹밥보다 큼직해 보인다.

게다가 운반 비용상 이유도 있다. 삼각김밥의 각 면은 평평해 빈틈없이 담을 수 있어 대량 운송에 편리하다. 반면 둥근 주먹밥은 많이 쌓을 경우 아래에 깔린 주먹밥이 눌린다.

따라서 마트에서 팔려면 여러 측면을 따져볼 때 삼각형이 가장 합리적이다.

319

백화점 식품매장은 왜 지하에 있을까?

백화점에서 식품매장을 지하에 배치하는 데는 두 가지 이유가 있다.

첫째는 기술적 이유다. 식품매장은 생선 손질처럼 물을 쓸 일이 많아 수도설비를 갖춰야 하는데, 지상보다는 지하가 설치하기 쉽다.

둘째는 고객의 발길을 끌어들이기 위해서다. 소매업은 매출이 고객 수와 비례한다. 일단 고객이 매장에 들어오게 만드는 것이 관건이다. 백화점은 사람의 본능 중에서도 강한 식욕을 자극하는 식품매장으로 고객의 발길을 잡는다. 만약 식품매장이 백화점 4층이나 5층에 있다면 고객의 발길이 뜸할 것이다. 백화점 지하는 지하철 등 대중교통과 연계성이 높아 고객을 유도하기 쉬운 입지적 조건을 갖추고 있다.

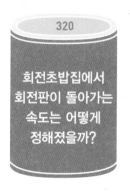

320

회전초밥집에서 회전판이 돌아가는 속도는 어떻게 정해졌을까?

업계 관계자에 따르면 초밥이 빙글빙글 돌아 고객의 자리로 이동하는 회전판의 속도는 평균 초속 4센티미터다. 이것은 계산된 속도다.

초속 4센티미터는 초밥이 고객의 시야에 들어와 색과 윤기를 확인하고 손

을 뻗는 시간과 거의 맞아떨어진다. 이보다 빨리 돌아가면 초밥을 감상할 여유가 없고, 접시를 놓칠 수도 있다. 반대로 이보다 느리면 초밥이 좀처럼 자기 앞으로 오지 않아 고객이 조바심을 낸다.

회전 속도가 느리면 가게 매출도 오르지 않는다. 좋아하는 초밥이 앞으로 오지 않으면 고객은 애꿎은 차만 축내고 배가 차서 그만큼 초밥을 덜 먹는다. 또 초밥을 기다리느라 식사 시간이 길어지면 조금만 먹어도 배가 차버린다.

가게 측에서는 최대한 회전 속도를 높여 매출을 올리는 전략을 쓰는 것이 유리할 것이다. 그렇지만 이런 여러 가지 이유로 속도를 무작정 높일 수 없어 초속 4센티미터라는 절충안이 마련되었다.

321

문어는 오래 삶고 오징어는 살짝 데쳐야 맛있는 이유는?

요리 교실에 가면 문어는 푹 삶고 오징어는 살짝 데치라고 가르친다. 문어와 오징어는 똑같이 연체동물이지만 근육 조직의 질이 달라 각각 다른 조리법이 필요하다.

문어는 근육에 덩어리가 있는데, 이 근육은 고온에서 가열하면 작게 수축한다. 부드럽게 익히려면 약한 불에서 물을 추가하며 뭉근하게 삶아야 한다.

반면 오징어는 문어와 달리 근섬유가 열을 쉽게 통과시켜 장시간 가열하면 딱딱하고 질겨진다. 오징어는 칼집을 넣어 끓는 물에 살짝 데치듯 익혀야 비린내가 빠지고 표면에 묻은 균도 살균할 수 있다. 칼집을 넣으면 살짝 데쳐도 간이 잘 밴다.

322

쌀은 왜 따뜻한 물로 씻으면 안 될까?

겨울에는 찬물에 손을 담그기 싫어 따뜻한 물로 쌀을 씻는 사람들이 있다. 그동안 손이 시려서 따뜻한 물로 쌀을 씻었다면 앞으로는 물 온도를 바꾸는 것이 좋다.

따뜻한 물로 쌀을 씻으면 전분이 풀 상태가 되어 밥맛이 떨어진다. 따뜻한 물에 씻은 쌀로 밥을 지

으면 뜸이 덜 든 것 같은 상태가 되고 비타민 B1도 손실된다.
맛있는 밥을 지으려면 찬물로 씻어 2시간가량 불려야 한다. 불
리는 과정에서 쌀이 천천히 물을 빨아들여 반찬 없이 먹어도 맛
있는 밥이 된다.

고기에도 제철이 있다. 소고기든 돼지
고기든 겨울이 가장 맛있다.
가축도 개량되기 전에는 야생동물이
었기에 야외에서 살았다. 야생이나 방
목 상태에서 겨우내 추위를 견디려면
동장군이 오기 전에 든든하게 먹어 지

방을 축적해야 한다. 이러한 신체 메커니즘이 현재 가축화된 소와 돼지에게도 남아 있다.

기름이 적당히 오른 고기를 선호한다면 혹한기인 2월 무렵 출하된 고기가 가장 맛있다.

위스키나 브랜디 등의 증류주는 알코올 도수가 40도 이상이다. 그런데 청주는 알코올 도수가 아무리 높아도 20도가 한계다. 그 이상 되는 청주는 만들 수 없기 때문이다.

청주는 효모의 작용으로 쌀의 당분을 알코올로 변화시켜서 만든다. 그런데 알코올양이 일정 수준까지 증가하면 효모의 작용이 중지된다. 효모는 자신이 만들어낸 알코올로 살균된다.

그 시점의 알코올 농도는 양조 조건과 효모의 종류에 따라 다소 차이가 있으나 대략 20도 전후다. 효모가 활동을 중지하면 발효가 중단되고 그 이상 알코올을 만들어낼 수 없다.

위스키 등의 도수가 높은 것은 '증류'하기 때문이다. 물의 끓는점은 100도이고 알코올의 끓는 점은 78.5도이기 때문에, 온도를 그 사이로 설정하면 알코올만 증발한다. 증발한 알코올만 모으는 장치를 만들면 도수를 계속 올릴 수 있다.

325

**풋콩이 더 자라면
어떻게 될까?**

일본식 선술집에 가면 맥주 안주로 제
격인 짭쌀한 삶은 콩을 내주는 경우가
있다. 이 콩이 바로 풋콩이다.

대두가 익기 전에 수확한 콩을 '풋콩'
이라고 하는데, 안주용 풋콩은 밭에 그
대로 두고 기다려도 우리가 아는 대두
로 성장하지 않는다. 풋콩은 풋콩용으로 개량한 대두 품종이기
때문이다.

쌀의 품종에 여러 가지가 있듯, 대두도 용도에 따라 품종이 다
양하다.

326

**요구르트 표면에
고이는 액체의
정체는?**

요구르트 뚜껑을 열면 표면에 얇고 하
얀 액체가 고여 있다. 이 액체를 버리
는 사람도 있는데, 정체를 알고 나면
아까워서 후회할 것이다.

이 액체의 정체는 '유청'이다. 유청은
수용성 단백질과 미네랄, 각종 비타민,
유당 등 영양소를 풍부하게 함유하고 있다.

요구르트는 우유에 유산균을 넣어 발효시켜서 만든 식품이다.
우유 안의 단백질이 응고되어 발효가 진행되면 수분이 자연스럽게 배어나오는데, 발효 과정에서 표면에 고인 수분이 바로 유청이다.

방금 사온 요구르트에도 유청이 고여 있는 것은 운송 중에 진동으로 단백질 일부가 파괴되었기 때문이다. 영양가 면에서는 변함없으니 버리지 말자.

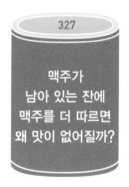

327

맥주가 남아 있는 잔에 맥주를 더 따르면 왜 맛이 없어질까?

접대나 회식 자리에서는 옆 사람이나 상사의 잔이 비지 않게 수시로 확인해야 한다는 암묵적인 규칙이 있다. 잔이 비면 눈치 빠르게 잔을 채우는 게 사회인의 예절처럼 여겨진다. 그런데 맥주가 남아 있는 잔에 맥주를 더 따르면 희한하게 맛이 없어진다. 첨잔하면 맥주의 산화가 진행되기 때문이다.

맥주는 무척 섬세한 음료라서 잔에 따르는 순간부터 산화가 시작된다. 초반에는 맥주 거품이 뚜껑 역할을 해서 급격하게 산화하지 않지만 맥주를 더 따르는 순간 남은 맥주를 휘저어 그 속으로 공기가 들어가면서 단숨에 산화가 진행된다. 그 결과, 금속 비슷한 냄새가 나며 풍미가 떨어진다.

다른 사람의 술잔을 채워주는 모습은 아름다운 술자리 예절일 수 있으나, 첨잔은 소주로 한정하는 게 좋지 않을까?

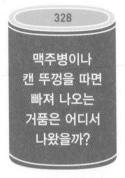

맥주병이나 캔 뚜껑을 따면 빠져 나오는 거품은 어디서 나왔을까?

맥주병이나 맥주캔 뚜껑을 따면 액체 안에서 거품이 부글부글 떠오른다. 이 거품의 정체는 이산화탄소다. 이산화 탄소는 압력이 달라지면 분자 정렬과 밀도가 달라져, 고체로도 액체로도 기체로도 변화한다.

맥주병이나 캔 뚜껑을 따기 전에는 이산화탄소가 압력을 받아 물속에 녹아 있는 탄산으로 존재한다. 그런데 뚜껑을 따서 압력이 줄어들면, 물에 완전히 녹지 못하고 기체(거품)가 되어 부글부글 소리를 내며 빠져나온다.

와인에는 왜 코르크 마개를 사용할까?

와인 가격은 기본적으로 숙성 연도에 비례한다. 그러나 오래되었다고 무조건 비싼 것은 아니다. 온도가 안정된 저장고에서 직사광선을 피하고 코르크 마개로 밀봉한 와인을 특정 각도로 보관해야 한다.

보관할 때는 각도가 중요한데, 코르크 마개가 와인에 살짝 잠길 정도의 각도가 가장 바람직하다. 이 각도를 유지해야 와인이 코르크를 통해 외부 공기를 받아들이며 계속 호흡할 수 있다.

와인에 코르크 마개를 사용하는 것은 통기성이 우수할 뿐만 아니라 가볍고 탄력이 풍부하며 압축할 수 있기 때문이다. 압축해서 병 입구에 꽉 끼워 넣으면 원래 크기로 돌아가려고 부풀어 마개 역할을 제대로 해낸다.

그리고 코르크는 수분을 튕겨내 내부의 액체가 쏟아지지 않는다. 와인병을 비스듬하게 기울여도 와인이 새어나올까 봐 걱정할 필요가 없다.

330

회전초밥 전문점에서 이윤이 가장 적게 남는 재료는?

일본에서 회전초밥 전문점에 가면 100~200엔 가격대가 대부분이다. 재료에 따라서는 '박리다매 마케팅'의 표본이라고 할 수 있다.

이윤이 가장 적게 남는 재료는 참돔이다. '참돔'이라고 표기한 곳은 적자를 각오한 고객 서비스라고 할 수 있다. 성게알과 도화새우, 광어 지느러미살 등도 이윤이 적다. 광어 지느러미살은 광어보다 등급이 떨어지는 가자미를 사용해도 이윤이 거의 남지 않는다.

따라서 이런 재료만 주문하면 엄청난 적자를 각오해야겠지만, 다행히 이렇게 고급 재료를 주문하는 손님은 의외로 많지 않다. 이윤이 적게 남는 참돔 등은 회전초밥집 인기 순위 30위에도 들지 못한다.

331

쌀은 통째로 먹을 수 있는데 왜 밀은 가루를 내야 할까?

쌀은 낱알 형태를 남긴 채 다양한 요리로 탈바꿈하는데, 밀은 대개 가루를 내어 사용한다.

먼 옛날부터 선조들은 밀을 빻아서 요리를 해 먹었다. 분쇄하지 않은 밀은 아무리 잘 가공하고 요리해도 맛이 없기 때문이다.

실제로 시험해보면 밀알은 쪄도, 구워도, 볶아도 푸슬푸슬 부스러지며 맛이 없다. 그런데 밀알을 빻아서 가루로 만들어 물을 넣고 반죽해서 구우면 먹음직스러운 빵이 만들어진다.

332

소고기 꽃등심은 있는데 왜 돼지고기 꽃등심은 없을까?

살코기 사이에 하얀 지방이 꽃처럼 퍼져 있어 '꽃등심'이라는 이름이 붙은 소고기는 이름만 들어도 입안에 침이 고인다. 그런데 왜 돼지고기 꽃등심은 없을까?

흔하게 볼 수는 없지만 돼지고기 꽃등심도 있다. '듀록(Duroc)'이라는 품종인데, 살코기에 지방이 골고루 퍼져 있어 일반 돼지고기보다 부드럽고 맛있다.

소든 돼지든 살이 오른다고 해서 꽃등심이 만들어지는 것은 아니다. 지방이 고루 퍼지는 유전자가 따로 있다. 지방이 골고루 퍼지는 유전자 형질을 가진 개체를 선별 교배해서 소비자들이 선호하는 명품 브랜드를 만들어낸다.

소고기와 달리 돼지고기 꽃등심은 수요가 적어 유전자 선별 노력을 하지 않았다. 우연히 지방이 골고루 퍼지는 유전자가 남은 듀록 품종 돼지의 특성이 발견되어 소량 유통되었다.

하지만 앞으로 돼지고기 꽃등심 수요가 늘어나 지방이 아름답게 퍼지는 품종을 만들기 위한 돼지 교배가 추진될지도 모른다.

333

회 간장에는 왜 고추냉이를 풀면 안 될까?

일본식 회 사시미를 올바르게 먹는 방법은 고추냉이를 간장에 풀지 않고, 회에 살짝 올려서 먹는 것이다.

간장에 고추냉이를 풀면 지저분해 보여서 그런 것이 아니다. 고추냉이는 휘발성 성분이 있어 간장에 풀면 향과 맛이 달아난다. 그리고 회에는 다양한 종류가 있는데, 고추냉이를 간장에 풀면 생선 고유의 맛을 즐길 수 없다.

가령 참치와 방어 새끼처럼 농후한 맛의 생선에는 고추냉이를 듬뿍 올리고, 도미처럼 담백한 맛의 흰살생선에는 고추냉이를 살짝만 쓰는 것이 맛있게 먹는 비결이다. 하지만 고추냉이를 간장에 풀면 이렇게 미묘한 맛 조절이 불가능하다. 한마디로, 요리

과학적으로 더 맛있게 먹기 위해 고안된 방법이다.

미국인은 왜 팝콘을 좋아할까?

미국인은 팝콘을 엄청 사랑한다. 팝콘은 야구장이나 놀이공원에서 들고 다니며 먹는 주전부리로도 인기가 많고, 영화를 감상할 때도 팝콘이 빠지면 서운하다.

미국인과 팝콘의 역사를 돌아보면 미국인이 왜 팝콘을 사랑하는지 알 수 있다.

팝콘은 크리스토퍼 콜럼버스가 아메리카 대륙에 건너왔을 때 선주민이 전수한 먹을거리다. 따라서 팝콘은 신세계를 상징하는 식품이었다.

당시 선주민은 팝콘을 실로 엮어 부적처럼 목에 걸고 다녔다. 콜럼버스가 선주민에게 이 팝콘 목걸이를 사서 한시도 몸에서 떼어놓지 않았다는 이야기도 있다.

1620년에 메이플라워호를 타고 플리머스에 도착한 필그림 파더스(Pilgrim Fathers)도 신대륙에서 맞이한 첫 번째 추수감사절을 축하하며 팝콘을 먹었다.

미국인은 팝콘에 얽힌 이러한 일화를 어려서부터 부모님과 학교 선생님에게 듣고 자란다. 따라서 미국인의 팝콘 사랑은 애국심의 발로라고도 할 수 있다.

335

파르페에는
왜 웨하스를
꽂아서 줄까?

요즘은 세련된 카페에서 거의 볼 수 없지만, 예전에는 카페에 가면 파르페라는 메뉴가 있었다. 아이스크림에 통조림 체리와 약간의 과일 토핑을 얹고 웨하스처럼 바삭한 과자를 꽂아서 주었다.

웨하스는 단순한 장식이 아니라, 바삭한 식감으로 혀를 깨우는 역할을 한다. 차가운 아이스크림을 계속해서 먹으면 혀의 감각이 차츰 마비된다. 그러나 중간중간 웨하스처럼 바삭한 과자를 먹으면 혀의 감각이 돌아와 다시 아이스크림의 달콤한 맛을 즐길 수 있다.

336

머스크멜론에는
왜 그물무늬가
있을까?

고급스러운 과일에 속하는 머스크멜론은 표면의 그물무늬가 특징이다. 이 그물무늬는 왜 있을까?

머스크멜론은 열매의 성장 속도가 빨라 껍질이 성장 속도를 따라가지 못해 표면에 금이 생긴다. 그냥 두면 안의 과즙이 흘러나와 푸석푸석해지는데, 갈라진 틈새로 과즙이 흘러나와 굳으면서 틈이 메워지고 또 갈라지고 아물면서 메워지는 과정을 반복해 그물무늬가 만들어진다.

머스크멜론은 그물무늬가 촘촘할수록 과즙이 풍부하다는 증거다. 가격도 그물무늬의 밀도에 비례한다.

337

맥줏집에서
파는 맥주는
일반 맥주와
다를까?

맥줏집에서 마시는 맥주가 더 맛있다고 말하는 사람이 있다. 그러나 맥주 회사에 따르면, 맥줏집에서 파는 맥주도 내용물은 병맥주, 캔맥주와 같다.

대개 대형 맥주 회사에서 나오는 맥주는 대형 공장에서 설비를 갖추고 생산하기에 '음식점·주점 납품용', '캔맥주용'으로 구분해서 생산할 수 없다. 그런데도 맥줏집에서 마시는 맥주와 시판 맥주의 맛

차이를 느끼는 것은 단순한 기분 탓일까? 아니면 실제로 맛에 차이가 날까?

굳이 이유를 설명하자면, 맥줏집에 들어가는 맥주는 공장에서 직송되거나 도매 업체를 거쳐 바로 납품되므로 시판 맥주보다 신선하다. 맥줏집에서는 온도 관리를 전문적으로 하고 맥주를 잘 따라 크림처럼 부드러운 거품이 올라간 상태로 손님에게 제공한다. 물론 맥줏집에서 마시는 맥주가 더 맛있다는 심리 효과도 작용한다.

맥주를 잔에 따르면 바닥에서 거품이 보글보글 올라오는 모습을 볼 수 있다. 이 거품을 '탄산' 또는 '탄산가스'라고 하는데, 정체는 이산화탄소다.

맥주뿐 아니라 청주나 와인도 원료를 발효시키면 당분이 효모의 작용으로 알코올과 이산화탄소로 변화한다. 어떤 양조주에나 탄산가스가 들어 있다. 그런데 청주와 와인은 통기성 있는 저장 용기에서 숙성 과정을 거치는 동안 탄산가스가 빠져나가는 반면, 맥주는 밀폐 상태로 제조되어 탄산가스가 그대로 남는다. 따라서 특별한 공정으로 탄산가스를 추가하지 않아도 맥주에는 탄산가스가 들어 있다.

339

돈가스 같은 튀김 요리에는 왜 채 썬 양배추를 곁들일까?

돈가스뿐 아니라 생선가스, 함박스테이크 등의 메뉴에는 채 썬 양배추가 곁들여 나온다. 이 조합은 일본에 양식이 들어오면서 시작되었다.

일본에서는 원래 생채소를 즐겨 먹지 않고 대개 데치거나 절이거나 간을 해서 먹었다. 그런데 근대화 이후 서양 요리와 함께 새로운 채소들이 들어왔다.

서양 요리에서는 튀긴 요리에 생채소를 곁들이는 게 상식이었는데, 당시 일본인의 입맛에는 생채소가 맞지 않았다. 그나마 양배추는 먹는 사람이 많아 채 썰어 서양식 요리에 곁들였다.

근대 일본인의 입맛이 만들어낸 일본식 경양식이 세계로 퍼지면서 돈가스에 채 썬 양배추를 곁들여 먹는 문화가 탄생했다.

340

호빵을 전자레인지에 데우면 왜 더 빨리 식을까?

편의점에서 도시락이나 냉동식품을 사면 주인이 전자레인지에 데워주거나 비치된 전자레인지에 직접 데워 먹게 되어 있다. 그런데 호빵은 전자레인지에 데워 먹지 않고 전용 용기에 쪄서 보온 상태를 유지한다. 호빵은 전자레인지에 데우면 금방 식어 맛이 떨어지기 때문이다.

호빵은 뜨거운 증기로 찌면 반죽이 수증기를 머금고 있어 호호 불어가며 따끈한 느낌을 즐기며 먹을 수 있다. 편의점 전용 호빵 용기는 이 원리를 활용한 것이다.

그런데 마이크로파 마찰열로 음식을 데우는 전자레인지는 원래 식품에 들어 있는 수분량 이상으로 증가하지 않아 기껏 데워도 표면에서 수분이 날아가면서 푸석해지며 빨리 식는다. 하지만 방법이 없는 것은 아니다. 호빵에 분무기 등으로 물을 뿌린 뒤 랩을 느슨하게 씌워서 전자레인지에 데우면 빨리 식지 않고 따끈따끈하게 즐길 수 있다.

341

갈색 달걀이 흰색 달걀보다 더 영양가가 많을까?

마트 달걀 코너에 가면 흰색 달걀과 갈색 달걀이 있다. 예전에는 흰색 달걀이 많았는데 요즘에는 갈색 달걀이 더 많다 보니, 갈색 달걀이 영양가가 더 풍부하기 때문이라고 생각하는 사람도 있다. 그러나 달걀의 껍데기 색깔과 영양가는 아무 관계가 없다.

원래 달걀 껍데기 색깔은 순백색부터 진갈색까지 종류가 다양한데, 이 색깔은 닭의 종류에 따라 결정된다. 예를 들어, 서구에서 널리 사육되는 레그혼 품종은 흰색 달걀만 낳는다. 그래서

외국 마트에 가면 흰색 달걀이 대부분이다.

요즘에는 흰색 달걀이 더 비싸게 팔리는데, 이는 단순히 수요와 공급의 문제다. 갈색 달걀을 낳는 닭 사육 두수가 많아, 흰색 달걀 공급이 더 적기 때문이다.

342

요리할 때 걷어내는 거품의 정체는?

냄비를 사용해 국물 요리를 하다 보면 탁한 거품이 표면에 떠오른다. 많은 사람이 불순물이라고 여겨 걷어낸다. "맑은 국물의 핵심은 거품 걷어내기다"라고 믿는 사람도 있다.

하지만 이 '거품'은 찌꺼기가 아니라 재료에 들어 있는 성분이다. 예를 들어, 채소를 데치면 나오는

326

푸릇푸릇한 거품은 알칼로이드와 무기질이다. 채소에서 나오는 떫은맛은 수산과 호모겐티스산, 쌉쌀한 맛은 타닌, 풋내는 황화수소와 트리메틸아민 성분 때문이다.

재료 본연의 맛을 즐기고 깔끔한 국물을 내려면 거품을 걷어내는 과정이 필요하지만, 거품을 먹어도 몸에 해롭지 않다. 다만 생고사리를 삶은 물에 뜨는 거품에는 발암성 물질이 포함되어 있으므로 익힌 후에 고사리를 물에 담가둬야 한다.

343

민물장어는
왜 회로 먹지
않을까?

초밥집에서는 주로 구워서 양념을 바른 민물장어를 밥 위에 얹어서 낸다. 날 민물장어를 초밥이나 회로 내놓는 가게는 없다. 민물장어를 날로 먹으면 식중독을 일으키기 때문이다.

날 민물장어 혈액에는 '이크티오톡신(Ichthyotoxin)'이라는 독성 물질이 들어 있다. 이 성분을 먹으면 구토와 호흡 곤란 등의 중독 증상을 일으키고, 대량 섭취하면 사망에 이를 수도 있다. 게다가 혈액 속에 들어 있어 복어처럼 독소가 있는 부위만 도려내고 먹을 수도 없다. 이 독소 때문에 옛날부터 민물장어는 반드시 양념구이나 소금구이처럼 익혀서 먹었다.

10장

알고 보면 백 배 더 재밌다

문화·스포츠
통조림

344

**프로 야구 구장은
어떻게 청소할까?**

경기가 끝난 후 프로 야구 구장은 말 그대로 쓰레기장이다. 빈 맥주 캔과 음료수병, 치킨 상자 등이 관중석 여기저기에 널려 있다. 그래서 경기 종료 후 즉시 쓰레기 회수 작업을 시작한다.

청소 작업에는 철저한 인해전술이 동원된다. 내야와 외야를 나눠 작업자들이 좌석 아래 쓰레기를 수집한다. 기계화가 도입된 구장도 있다. 진공청소기와 반대로 공기를 내뿜는 기계를 사용해 의자 아래 쓰레기를 날려 한 군데 모으는 설비를 갖춘 구장도 있다. 어쨌든 쓰레기가 워낙 많다 보니 늦은 시간까지 쓰레기 수거 작업을 할 때도 있다.

345

**프로 야구 경기에서
사용한 공을 어떻게
처리할까?**

주심은 프로 야구 경기 중에 교환한 공을 일단 주머니에 넣고 공식 경기에서는 다시 사용하지 않는다. 교환한 공은 일단 연습용 공으로 사용하고, 경기 개시 전 타격 연습 등에도 활용한다. 타격 연습에 사용한 공은 2군 연습에 투입된다.

2군 연습에서 사용해 닳은 공은 선수나 구단 관계자의 모교 등

고등학교 야구부에 기부하기도 한다. 야구공값이 제법 비싸 닳은 공이라도 고등학교 야구부에는 반가운 선물이 될 수 있다.

346

경마 기수들 간의 인간관계와 경주 결과가 관계있을까?

경마에서 기수들의 인간관계가 경주 상황을 좌우할 때가 있다. 예를 들어, 사이가 좋은 기수끼리 각질(脚質, 경주마의 주행 습성)이 같은 선행마를 탈 경우 유력마를 앞으로 보내고 무리한 경쟁 상황을 피할 때가 있다.

또 사이좋은 관계라면 직선 구간에서 자신이 타는 말이 원하는 만큼 속도를 내지 못할 때, 뒤에 오는 친한 기수의 말에게 진로를 열어준다. 반대로 사이가 나쁜 관계라면 선행할 때 버티며 비켜주지 않아 선두 다툼이 벌어지고, 직선 구간에서 치고 들어와도 절대 길을 열어주지 않고 버틴다.

인간이 고삐를 쥔 이상, 인간관계가 경주에 영향을 미치는 것은 당연하지 않을까?

체조 선수 출신 여성은 제왕절개로 아기를 낳는 경우가 많다. 다리를 찢는 동작으로 근육이 혹사당했기 때문이다.

자연분만에서는 임부가 배에 힘을 주어 태아를 아래로 밀어낸다. 이때 태아의 피부가 산도에 쓸리는데, 그 자극이 태아의 뇌를 자극해 태아도 몸을 움직이면서 산도를 밀어 넓혀 밖으로 나오려고 애쓴다. 한마디로, 자연분만은 임부와 태아의 공동작업으로 이뤄진다.

그런데 체조 선수들은 훈련으로 근육을 극한까지 단련해 산도 근육도 정상 수준 이상으로 발달해 있다. 그래서 태아가 아무리 애써도 근육이 워낙 튼튼해 반발력으로 밀려 되돌아온다. 태아가 자궁에서 산도를 따라 내려갈 수 없다 보니 제왕절개로 출산하는 수밖에 없다.

골프장의 벙커에 사용되는 모래에는 규사라는 흰 모래가 섞여 있다. 규사는 화강암 등이 풍화되어 만들어진 석영 모래인데, 유리와 도자기 원료로 사용된다.

아름답게 빛나는 규사의 특성에 주목한 골프장이 눈독을 들여 지름 0.1~1밀리미터 크기의 규사에 일반적인 갈색 모래를 섞어 사용하게 되었다. 특히 프로 경기가 열려 텔레비전으로 중계되는 날은 긴급히 규사 투입량을 늘린다. 화면발이 잘 받아 시청자에게 좋은 인상을 심어주기 위해서다.

올림픽 경기 TV 방영권료가 하늘 높이 치솟고 있다. 4년마다 열리는 올림픽 경기의 TV 방영권료는 각국 방송국과 대행사 등을 통해 IOC(국제올림픽위원회)와 OOC(올림픽조직위원회)에 지급한다.

각자 몫을 살펴보면 IOC가 3분의 1, OOC가 3분의 2를 가져가고, OOC는 이를 경기 운영, 선수촌 경비 등 대회 전체 운영 비용으로 배분한다. 그리고 IOC의 몫은 다시 3등분되어 IOC 운영비, 각 국제 경기기관, 각국 올림픽 위원회에 배당한다.
올림픽의 주인공인 선수들은 직접적으로 한 푼도 받지 못한다.

어느 오케스트라나 각 악기의 연주자가 앉는 자리에는 큰 차이가 없다. 대체로 제1바이올린 연주자가 가장 왼쪽, 그 옆에 제2바이올린 연주자가 앉는다. 가운데 앞쪽에는 비올라 연주자, 그 뒤에 피콜로, 플루트, 클라리넷, 호른 등의 연주자가 앉는다. 오른쪽 앞줄에는 첼로 연주자, 그 뒤에는 콘트라베이스 연주자가 자리하고, 제일 뒤 가운데에는 팀파니, 심벌즈 등의 연주자가 채운다.

이런 자리 배치는 과거 오케스트라의 역사에서 다양한 시행착오를 거쳐 정해진 '정위치'라고 할 수 있다. 예를 들어, 팀파니나 콘트라베이스 같은 대형 악기를 앞줄에 두면 지휘자가 뒤에 앉은 연주자를 볼 수 없다. 또 음색이 비슷한 악기를 옆자리에 배치하면 작은 실수를 놓칠 수 있다.

인원수가 적은 각종 악기를 한가운데로 모으는 것은 지휘자가 개별적으로 지휘하기 위해서다. 또 고음 악기는 되도록 왼쪽, 저음 악기는 오른쪽이라는 원칙도 있다. 이렇게 배치하면 가장 효율적인 소리를 만들어낼 수 있다.

351

**게이트볼은 원래
어린이용 놀이였다?**

게이트볼은 나이 많은 어르신들이 부담 없이 즐길 수 있는 스포츠로 인기가 높다. 그런데 원래 게이트볼은 어린이용 놀이로 고안되었다.

1947년 홋카이도 아사히카와시에 살던 스즈키 에이지(鈴木栄治)가 태평양 전쟁이 끝난 뒤 물자가 부족하던 시절 어린이들을 위해 고안한 스포츠였다. 스즈키는 영국 국기(國技)로 지정된 크리켓에서 게이트볼의 아이디어를 얻었다. 크리켓은 땅바닥에 세운 철문에 공을 나무망치로 때려 통과시키고 마지막에 골폴을 맞히면 점수를 따는 게임이다. 게이트볼은 이 규칙을 간략하게 만든 놀이다.

352

**발레리나는 어떻게
오랜 시간
발끝으로 설까?**

발레리나는 발끝으로 서서 춤추는 게 당연하게 여겨진다. 발레리나들이 발끝으로 설 수 있는 것은 흔히 '토슈즈'라고 부르는 포인트슈즈 덕분이다.

포인트슈즈가 바닥에 닿는 앞부분은 길이 4센티미터 정도의 타원형으로 되어 있다. 이 좁은 너비에 온 체중을 실을 수 있는 것은 포인트슈즈 앞부분이 몇 장의 천을 겹겹이 쌓아 돌처럼 단단하기 때문이다. 또 발바닥 부분에도 발바닥 장심(움푹 들어간 부분)의 곡선을 따라 딱딱한 가죽이 덧대어져 체중을 실을 수 있다. 이 구조 덕분에 발레리나는 장시간 발끝으로 서는 자세를 유지할 수 있다.

물론 익숙해지기 전에는 균형을 잡기 어렵고 발가락에 온통 굳은살이 생긴다. 다리 전체의 근육을 단련하고 발목을 자유자재로 쓸 정도가 되어야 비로소 사뿐사뿐 춤을 출 수 있다.

직업 발레리나는 대략 일 년에 200켤레의 포인트슈즈를 소비한다. 기성품을 신는 발레리나도 있지만, 발레를 직업으로 삼는 정도의 발레리나는 주로 주문 제작 상품을 선호한다. 주문 제작 포인트슈즈는 한 켤레에 10만 원이 넘는다고 하니, 신발 비용도 만만치 않다.

353

야구 낮 경기 때 선수가 눈 아래를 검게 칠하는 이유는?

프로 야구 낮 경기에서 선수들이 눈 아래를 검게 칠하거나 검은색 테이프처럼 생긴 것을 붙인 모습을 볼 수 있다.

눈 아래 움푹 들어간 부분에 고인 땀이 햇빛에 반사되지 않도록 하기 위해서다. 햇빛이 반사되면 수비수가 공을 잡으러 갈 때 눈이 부셔 공을 떨어뜨릴 수 있기 때문이다.

신중 →

이것은 미국 메이저 리그에서 시작되었다. 그러나 백인은 얼굴이 입체적으로 생겨 눈 아래에 땀이 고일 수 있지만, 얼굴이 대체로 평평한 아시아인에게는 큰 의미 없다는 의견도 있다. 눈동자가 검은 아시아인은 눈동자 색이 밝은 서양인보다 눈부심에 강한 편이다.

354

골프의 부비상은 왜 꼴찌에서 두 번째 선수가 받을까?

골프 대회에서는 성적이 꼴찌에서 두 번째 선수에게 부비상 (Booby Prize)을 준다. 'booby' 는 '멍청이', '얼간이'라는 뜻이다. 그렇다면 최하위 사람이 받아야 할 것 같은데, 왜 꼴찌에서 두 번째 또는 세 번째 선수에게 줄까?

옛날에는 부비상을 꼴찌에게 줬다. 비록 꼴찌를 했지만 경기에 열심히 임했다는 격려 차원에서 소정의 상품도 증정했다. 그런데 부비상의 상품이 점점 좋아지자 스코어가 나빠 짜증 난 일부 선수가 일부러 경기를 망쳐 부비상을 노리는 꼼수를 부리기 시작했다.

선수가 진지하게 경기에 임하지 않으면 갤러리들도 관전하는 재미가 떨어진다. 그래서 부비상을 꼴찌에서 두 번째, 대회에 따라 꼴찌에서 세 번째 사람에게 주게 되었다. 한마디로, 약삭빠른 '상품 가로채기'를 방지하기 위한 묘책이다.

355

축구 경기에서 심판은 레드카드를 최대 몇 장까지 줄 수 있을까?

축구 경기에서는 위험한 반칙을 저지른 선수에게 즉시 퇴장하라는 의미로 레드카드를 준다. 그렇다면 한 경기에서 연달아 레드카드가 나왔을 때, 몇 명까지 퇴장시킬 수 있을까?

5명이다. 한쪽 팀 선수가 6명이 된 시점에서는 '몰수 경기(forfeit)'가 선언되고, 점수와 상관없이 상대 팀이 승리한다.

설마 그 정도로 거친 경기가 있을까 싶지만, '1995 FIFA 월드 유스 챔피언십 카타르'에서 실제로 몰수 경기 사례가 있었다. 네덜란드와 온두라스 경기에서 80분경 온두라스 팀이 선수

6명을 남기고 모조리 숙소로 가버려 경기가 그대로 종료되고 네덜란드가 몰수승을 거뒀다.

골프 규칙에서는 선수가 사용할 수 있는 골프 클럽(골프채) 수가 14개로 제한되어 있다. 프로와 아마추어 모두 같다.

옛날에는 몇 개든 좋아하는 클럽을 들고 코스를 돌 수 있었다. 1930년대 전영 아마추어 골프 대회에서 우승한 로슨 리틀(Lawson Little)은 우드 5개에 아이언 18개, 그리고 만약의 상황에 대비해 왼손잡이용 아이언까지 포함해 총 24개의 클럽을 가지고 다녔다. 24개나 되는 골프 클럽을 욱여 담은 골프백을 나르는 건 캐디에게 상당한 중노동이다. 너무 무거워 어깨를 짓누르자 캐디가 항의했다. 이 사건을 계기로 클럽 개수를 규칙으로 정해 제한하게 되었다.

처음에는 12개(dozen)에 퍼터를 추가한 13개로 정하려 했으나 13이 기독교 문화권에서 불길한 숫자라 하여 14개로 결정했다.

축구 월드컵 지구 예선에 영국은 잉글랜드, 스코틀랜드, 웨일스, 북아일랜드, 이렇게 네 개 팀으로 나뉘어 유럽 예선에 출전한다. 다른 국가는 한 팀밖에 출전할 수 없는데, 왜 영국만 특별 대우할까?

월드컵 예선 출전권은 국제축구연맹(FIFA)에 가입한 협회마다 참가 자격이 인정되기 때문이다. 다른 나라는 축구협회 하나만 FIFA에 가입하는데, 영국은 네 개의 지역 축구협회가 각각 FIFA에 가입해 월드컵 예선 출전권도 네 팀이 나눠 갖는다.

축구에서 영국을 특별 대우하는 데는 그럴 만한 배경이 있다. 영국은 축구의 발상지로서, 현재 축구 규칙이 영국에서 완성되었다는 사실을 무시할 수 없기 때문이다. 즉, 축구계에서 영국의 기여도를 고려해 출전권을 배정했다고 할 수 있다.

358

야구와 축구 경기 도중에 공이 터지면 어떻게 될까?

야구는 아주 세세한 부분까지 경기 규칙이 규정되어 있다. 심지어 공이 터져 두 개로 쪼개졌을 때 판정법까지 규정집에 실려 있다.

공이 터져 두 개로 갈라졌을 때는 둘 중 더 큰 쪽을 인정한다. 예를 들어, 타자가 친 공이 터져 한쪽은 파울존에 떨어지고 다른 한쪽은 홈런이 되었다면, 둘 중 큰 조각을 기준으로 판정을 내린다.

축구는 공이 터지는 등의 이유로 경기 도중에 공을 사용할 수 없으면 일단 경기를 중단한다. 그리고 경기를 재개할 때 양 팀 선수 사이에 심판이 공을 떨어뜨려 공이 땅에 닿은 시점에서 시작한다.

359

테니스 포인트는 왜 15, 30, 40일까?

경기에서 점수가 0, 15, 30으로 올라가면 누구나 다음은 45라고 생각한다. 그런데 테니스 포인트는 왜 뜬금없이 40이 될까? 옛날에는 45였는데 40으로 바뀌었다. 그 이유에 대해서는 여러 설이 분분하다.

우선, 심판이 45는 부르기 어려워 40으로 생략했다는 설이다. 그리고 기독교의 영향으로 노아의 홍수＝40일, 기독교 사순절＝40일 등 성경에 40이라는 숫자가 자주 등장하기 때문이라는 설도 있다.

참고로, 테니스의 포인트는 0을 '러브(love)'라고 하는데, 영어의 love에 nothing이라는 의미가 있기 때문이라고 한다. 사랑은 대가를 바라지 않기 때문에 nothing이라는 것이다.

360

테니스공에는 왜
보송보송한 털이 있을까?

소프트 테니스공 표면에는 보송보송한 털이 있다. 공 표면에 펠트를 사용하기 때문이다. 예전 테니스공은 야구공처럼 표

면이 매끈하고 말랑말랑했다.

전미 테니스협회가 공의 반발력을 억제하라고 지시 내린 이후 털이 있는 공을 사용하고 있다. 반발력이 너무 강하면 구속이 올라가 랠리를 즐길 수 없기 때문이다. 또 보송보송한 털이 돋은 공을 사용하면 라켓의 거트(gut)로 공을 단단히 붙잡아 선수가 고도의 기술을 발휘할 수 있다.

361

철인 3종 경기에서 각 경기의 거리는 어떻게 될까?

철인 3종 경기는 수영, 자전거, 마라톤이라는 장거리 경기를 한 번에 혼자서 치르는 종목이다. 대회에 따라 거리가 약간씩 다르지만, 정식 거리는 수영 3.8킬로미터, 자전거 179.2킬로미터, 마라톤 42.195킬로미터로 정해져 있다. 마라톤 42.195킬로미터는 쉽게 이해되는데, 수영과 자전거의 거리는 어떻게 정했을까?

철인 3종 경기는 1978년 하와이에서 시작되었다. 하와이에서는 3.8킬로미터의 거친 바다를 헤엄치는 '와이키키 러프워터 수영(Waikiki Roughwater Swim)'과 179.2킬로미터를 주파하는 '오하우섬 일주 자전거 대회', 그리고 유명한 '호놀룰루 마라톤'이 3대 대회로 일컬어진다. 이 세 대회를 합친 것이 철인 3종 경기라고 할 수 있다.

362

가장 남쪽에서 열린 동계 올림픽은?

동계 올림픽 개최지는 유럽과 미국 북부 도시가 압두적으로 많다. 스키와 스케이트 등 눈과 얼음이 필요한 경기가 많기 때문이다. 그렇다면 1924년부터 이어진 역대 개최지 중에서 가장 남쪽은 어디일까?

1998년에 열린 일본 나가노다. 세계지도를 펼쳐보면 나가노의 위도가 얼마나 낮은지 알 수 있다. 나가노시는 북위 36~37도 사이에 있는데, 이는 아프리카 북단과 비슷하다. 나가노는 고위도 지역이 아닌데도 주변에 산이 많고 해발고도가 높아 개최 조건을 충족했다.

지구 온난화가 진행 중이라는 사실을 고려하면 앞으로 나가노보다 남쪽에서 동계 올림픽이 개최되기는 힘들지 않을까?

363

투우사는 왜 빨간색 케이프를 휘두를까?

'투우사가 빨간 케이프를 사용하는 이유는 소가 빨간색을 보면 흥분하기 때문'이라고 생각했다면 오해다. 사실 소는 색깔을 판별할 수 없다. 소는 케이프의 움직임을 보고 흥분할 뿐이다. 그런데 왜 투우사는 굳이 빨간색 케이프를 사용할까?

인간에게 빨간색은 불타오르는 불꽃, 선명한 피의 색을 연상시
킨다. 순찰차와 구급차의 경광등도 '위험'을 알리기 위해 빨간
색을 사용한다. 사람은 붉은색을 보면 흥분한다.

투우장 관객도 마찬가지다. 투우사가 빨간색 케이프를 휘두르
면 관객의 마음속에 위기감과 공포심이 솟구쳐 투우 경기를 더
욱 짜릿하게 즐긴다.

시속 300킬로미터가 넘는 속
도로 서킷을 질주하는 F1 경기
에서는 종종 사고가 일어난다.
그런데 최근에는 사고가 나도

드라이버는 찰과상 정도 가벼운 부상만 입는 경우가 적지 않다. 일반 자동차라면 절대 불가능한 상황이다. 이런 기적은 F1 자동차의 차체가 철 등의 금속이 아니라 탄소섬유로 만들어졌기 때문에 가능하다. 금속은 찌그러지면서 충격을 흡수해, 변형된 차체가 드라이버까지 짓누르는 경우가 있지만, 탄성이 강한 탄소섬유는 충격을 받아도 변형되지 않고 충격을 흡수할 수 있어 드라이버가 받는 충격을 줄여준다.

탄소섬유 소재의 차체는 가격이 비싸 일반 차량에는 사용하지 않는데, 만약 일반화된다면 교통사고 사상자가 극적으로 줄어들 것이다.

365

K-1 그랑프리에서 'K'는 무슨 뜻일까?

세계적인 최고의 이종 격투기 행사 중 하나인 'K-1 그랑프리'는 1993년 일본에서 출범했다. 가라테, 유도, 킥복싱, 프로레슬링 등 격투기 장르의 틀을 뛰어넘은 격투기 선수를 한자리에 모아 세계 최강의 사나이가 누구인지 겨루는 세계 대회로, 출전 선수의 수준이 높아 출범과 동시에 엄청난 관객을 동원하며 인기몰이에 성공했다.

'K-1'이라는 이름은 이시이 가즈요시(石井和義) 관장이 지었다. 축구 월드컵과 올림픽 못지않은 격투기 이벤트를 목표로 구상하다가 문득 이 이름을 떠올렸다고 한다. 격투기와 권법을 뜻하는 일본어 발음을 비롯해 가라테(Karate), 킥복싱, 쿵후, 맨손으로 급소를 가격하는 호신술인 골법(骨法) 등 세계 격투기 중에는 알파벳 K로 시작하는 무술이 많다.

'1'은 물론 '넘버 원'이라는 의미다. 이렇게 해서 'K-1'이라는 이름이 탄생했다.

육상 경기에서는 '제자리', '차렷', '출발' 구호가 이어진 다음 선수들이 일제히 출발한다. 출발 신호가 떨어지기 전에 몸을 움직이면 부정 출발로 인정해 실격 처리된다. 요즘에는 발을 고정하는 스타팅 블록에 판정 장치가 부착되어 있어, 발로 찼을 때의 압력을 센서가 감지해 출발 신호와의 차이를 판정한다.

그렇다면 수영은 어떨까? 대부분 수영 종목에서는 아직 사람의 눈에 의존한다. 그러나 사람의 눈으로 판별하기 어려운 릴레이 종목에서는 육상처럼 판정 장치가 실용화되어 있다. 가장 먼저 물에 뛰어든 선수가 터치했을 때 기계에 신호가 전달되는 방식으로 작동한다. 터치와 동시에 뛰어드는 다음 선수의 스타드대에도 장치가 있어, 위에 서 있는 선수의 무게가 없어지면 신호가 전송된다. 양방향으로 전송되는 신호를 비교해서 물에 뛰어든 선수의 신호가 빠르면 부정 출발로 판정해 실격 처리한다.

367

유도 체급은 왜
애매한 숫자로 구분할까?

일본에서 시작된 유도의 체급
구분을 보면 고개를 갸웃하게
된다. 남자의 경우 60킬로그램
급 다음이 65킬로그램급이고,
그다음은 71킬로그램급, 78킬로그램급, 86킬로그램급, 95킬로
그램급으로 되어 있다.

이 어정쩡한 수열에는 알고 보면 법칙이 있다. 60을 시작으로
'5'를 더한 다음 숫자를 하나씩 늘려서 더한다. 즉, 60에 '5'를
더해 65, 65에 '6'을 더해 71, 71에 '7'을 더해 78, 78에 '8'을 더
해 86이 되는 식이다. 딱 떨어지게 정하기보다 이 방식이 더 합
리적이기 때문이라고 한다.

368

영화나 드라마에 나오는
경찰차는 진짜일까?

형사 사건을 다루는 드라마에
서 경찰차가 도시를 질주하는
경우, 진짜 경찰차일까?
진짜 경찰차를 빌려왔다고 생
각하는 사람도 있겠지만, 영화나 드라마에 나오는 경찰차는 소
품 팀이 준비한 것이다. 겉보기에는 똑같아도 진짜와 몇 가지

다른 점이 있다.

가장 큰 차이는 경광등의 사이렌 소리다. 촬영용 경찰차는 사이렌을 울리면서 달리면 안 된다. 소리를 내면서 질주하면 일반인이나 경찰이 진짜 사건이라고 착각할 수 있기 때문이다. 드라마나 영화에서 나는 사이렌 소리는 나중에 편집 과정에서 삽입한 것이다. 번호판도 다르다. 그리고 무전으로 이야기하는 장면도 감쪽같이 진짜처럼 만든 소품용 가짜 무전기를 사용한다.

11장

인간은 질서 안에서 자유롭다
관습·규칙통조림

**탯줄을
보관하는 이유는?**

아기가 태어날 때 달고 나오는 탯줄을 고이 보관하는 풍습이 있는 나라가 있다. 아기의 탯줄로 도장을 만들거나 탯줄을 넣은 인형을 만들어주는 업체도 있다. 그런데 생명의 탄생을 상징하는 탯줄을 소중히 보관하는 풍습이 있는 나라는 생각보다 많지 않다. 유럽과 미국, 아프리카, 이슬람권에는 이런 풍습이 없다.

한국과 일본은 탯줄을 보관하는 풍습이 있는 대표적인 나라다. 일본에서는 탯줄을 상자에 담아 보관하고, 한국에서는 탯줄을 어떻게 보관하느냐에 따라 신생아의 미래가 달라질 수 있다는 믿음이 있었다. 조선 왕조에서는 왕자와 공주의 탯줄을 명당 길지에 고이 모셔 아기의 무병장수를 빌었다. 왕실의 탯줄을 묻은 곳을 '태봉'이라 불렀는데, 일반인의 출입을 금지했다. 왕실을 본받아 사대부에서도 탯줄을 소중히 다뤘다. 태를 태우거나 잘 말려 태항아리에 넣어서 묻는 풍습이 있었다.

동남아시아에도 탯줄을 보존하는 나라가 있다. 필리핀에서는 알코올에 담가 본인이 부적처럼 지닌다. 인도네시아에서는 집 안 현관 근처에 묻어 가족의 안녕을 비는 지역도 있다. 라오스와 네팔에서는 아기가 태어난 날 탯줄을 땅에 묻어 가족과 아기의 행복한 미래를 비는 풍습이 있다.

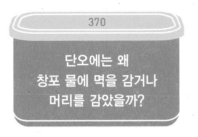

370

**단오에는 왜
창포 물에 멱을 감거나
머리를 감았을까?**

옛날에는 음력 5월 5일 단옷날 창포 물에 멱을 감거나 머리를 감는 풍습이 있었다. 창포 잎에서는 강한 향기가 나는데, 이 향기가 액운을 쫓아준다는 믿음 때문이었다. 서양에서 흡혈귀가 마늘을 싫어하듯, 동양에서는 사악하고 부정한 기운이 창포 향기를 싫어한다는 믿음이 민간에 퍼져 있었다. 한방에서 창포는 위장 질환 등에 효과가 있는 약초여서, 창포 물에 목욕하면 몸이 따뜻해지는 효과가 있다고 한다.

냉장고가 없던 옛날에는 음식물이 상하기 쉬웠고 역병이나 해충이 생겨나기 좋은 환경이었다. 그래서 건강을 빌며 단옷날 창포 물에 멱 또는 머리를 감거나 창포 달인 물을 마시는 풍습이 생겼다.

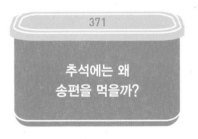

371

**추석에는 왜
송편을 먹을까?**

1년 중 달이 가장 밝은 한가위, 즉 추석에 송편을 빚어서 먹는 이유는 뭘까?

원래 떡은 한해의 추수를 감사한다는 의미가 강했다. 그해에 수확한 햇곡식 중에서 주식인 쌀로 떡을 빚어 나눠 먹고 보름달을 보며 소원을 비는 풍습

은 쌀 문화권 국가에 널리 퍼져 있다.

한국에서는 반달 모양의 송편을 빚어 먹고, 중국에서는 보름달처럼 둥근 월병을, 일본에서는 보름달처럼 동글동글한 경단을 먹는다. 모두 달을 닮은 떡이라는 공통점이 있다.

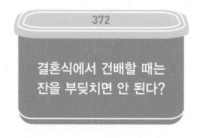

372

결혼식에서 건배할 때는 잔을 부딪치면 안 된다?

결혼식 피로연에서는 웨딩 케이크를 자르고 건배를 한다. 그런데 결혼식 건배에서는 옆 사람과 짠 소리가 날 정도로 잔을 부딪치면 안 된다. 결혼 피로연은 신랑 신부의 행복을 빌어주고 축하하는 자리이기 때문이다. 옆 사람과 잔을 부딪치면 그 사람이나 주위 사람의 건강과 행복을 비는 셈이라, 결혼식 하객으로서 도리가 아니다. 올바른 건배 예법은 신랑과 신부를 향해 "건배!", "축하합니다"라고 덕담을 건네며 잔을 눈높이까지 들고 축복하는 것이다.

건배를 한 뒤에는 옆 사람과 한담을 나누며 피로연을 즐겨도 좋지만, 적어도 건배를 마칠 때까지는 신랑과 신부가 주인공임을 잊지 말자.

예로부터 음력으로 새해 첫날인 설날에는 청소하지 않는다는 풍습이 있었다. 설날 하루 정도는 여성을 집안일에서 해방시켜주자는 배려에서 비롯되었을까?

이 풍습은 중국에서 시작되어 동아시아 각국으로 퍼져나갔다. 명절 음식부터 때때옷까지 모든 것이 풍족한 설날에 중국에서는 바닥을 쓸지 않는다. 바닥을 쓸면 바닥에 떨어져 있던 복이 함께 쓸려나간다고 믿기 때문이다. 새해를 맞아 집 안으로 들어온 복을 비질로 몰아내면 안 되기에 설날에는 청소하면 안 된다는 풍습이 생겨났다.

중국에는 설날 복을 가져오는 신이 도망가지 못하도록 온종일

덧문까지 꼭꼭 걸어 잠그는 지방도 있다. 중국의 영향을 받은 베트남에서는 설날에 부와 복을 상징하는 물과 불을 절대 이웃에게 빌려주지 않는 풍습이 있다.

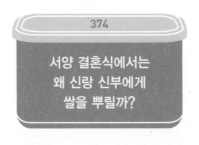

서양 결혼식에서는 왜 신랑 신부에게 쌀을 뿌릴까?

서양 결혼식에서는 결혼식이 끝나고 퇴장하는 신랑과 신부에게 쌀을 뿌린다. 이 풍습은 고대 로마 시대 유럽에서 시작되어, 기독교가 탄생하기 전에도 존재했다.

당시 유럽에서 쌀은 다산을 상징했다. 그래서 낱알이 알알이 영그는 쌀을 신부에게 뿌리면서 자식을 많이 낳고 행복하게 살기를 기원했다.

일본에서 교회나 성당에서 결혼식을 올린 뒤 쌀을 뿌리는 것은 종교와 무관한, 다산을 기원하는 의미다.

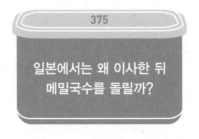

일본에서는 왜 이사한 뒤 메밀국수를 돌릴까?

일본에서는 이사한 뒤 이웃에게 인사하면서 메밀국수를 돌리고, 한국에서는 떡을 돌리는 풍습이 있다. 일본의 이사 국수는 에도 시대 일반 서민의 생활 속에서 탄생했다.

처음에는 이사하고 집주인이나 이웃에게 생 팥을 돌리는 관습이 있었으나 에도 시대 중기에 메밀이 서민의 먹을거리로 퍼지면서 세련된 음식을 좋아하는 도쿄 사람들의 마음이 움직였다. 이때부터 국수처럼 길게 잘 지내보자는 의미를 담아 메밀국수를 돌렸다고 한다.

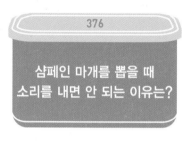

376

샴페인 마개를 뽑을 때 소리를 내면 안 되는 이유는?

결혼식 피로연이나 화려한 파티에서는 샴페인이 빠지지 않는다. 축하하거나 좋은 일이 있을 때 샴페인 마개를 요란하게 딸 때가 많은데, 샴페인을 맛있게 마시려면 마개를 조용히 뽑아야 한다.

샴페인은 매우 섬세한 술이다. 샴페인의 섬세함은 발포 성분인 탄산가스에서 비롯되는데, 요란한 소리를 내며 마개를 뽑으면 이 탄산가스가 한꺼번에 빠져나온다. 본디 거품을 즐기는 샴페인에서 탄산가스가 빠지면 고급스러운 맛을 망친다.

마개를 제거하는 올바른 방법은 코르크 마개에 수건이나 냅킨을 덮고 왼손으로 감싸듯 쥔 뒤 병의 밑바닥을 오른손으로 잡고, 왼손을 고정한 채 병 바닥을 천천히 돌린다. 그리고 코르크 마개를 뽑을 때 마개를 비스듬하게 하면 탄산가스가 적당히 빠져 최상의 샴페인 맛을 즐길 수 있다.

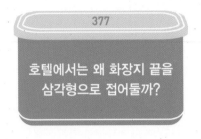

377

호텔에서는 왜 화장지 끝을 삼각형으로 접어둘까?

호텔 화장실에서는 화장지 끝을 삼각형으로 접어 놓는다. 이 '삼각 접기'는 태평양 전쟁이 끝난 후, 일본 고급 호텔에서 시작되었다는 설이 유력하다. 청소를 마쳤다는 표시로 화장지 끝을 세모꼴로 접어두었다고 한다.

1936년부터 화장지를 사용했다는 하코네 후지야 호텔에서는 1960년 전후로 시작되었을 거라는 의견을 제시했다. 1962년에 문을 연 호텔 오쿠라에서는 개업 당시부터 화장지 끝을 접었다

고 밝혔다. 다른 증언들까지 종합하면 대략 1960년 전후에 시작되었을 것으로 추정된다.

1960년대 초에는 일본의 일반 가정에서도 화장지를 사용했다. 그 무렵 고급 호텔이 일반 가정보다 고급스러운 분위기를 내기 위해, 삼각 접기를 시작했다는 추리도 성립한다.

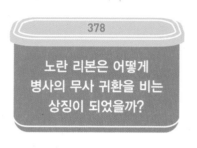

노란 리본은 어떻게 병사의 무사 귀환을 비는 상징이 되었을까?

걸프 전쟁 당시 미국의 마을 곳곳에 노란 리본이 내걸렸다. 사람들은 이라크로 파병된 군인의 무사 귀환을 기원하며 노란 리본을 달았다.

이것은 미국 서부 영화 〈황색 리본을 한 여자(She Wore A Yellow Ribbon)〉에서 비롯되었다. 1949년에 제작된 이 영화는 기병대원과 인디언의 싸움을 중심으로, 존 웨인이 연기하는 노병의 인생역정을 담았다. 영화에서 존 웨인과 기병대원은 기병대의 상징으로 '노란 리본'을 목에 둘렀는데, 기병대와 동행했던 딸이 노란 리본을 머리에 묶으며 "노란 리본이 제 연인이에요"라고 말했다.

여기서 노란 리본 → 연인 → 연인의 무사 귀환으로 의미가 확장되며, 연인뿐 아니라 조국을 위해 전쟁에 나간 군인의 무사 생환을 기원하는 상징으로 자리매김했다.

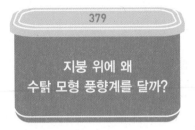

379

지붕 위에 왜 수탉 모형 풍향계를 달까?

서양식 주택이나 성당의 지붕에는 풍향계를 설치한 경우가 많다. 그런데 왜 하필 수탉 모형의 풍향계를 달까?

여기에는 두 가지 설이 있다. 예수님이 체포될 때 제자인 베드로는 예수님과 자신의 관계를 세 번 부인하는데, 날카로운 수탉의 울음소리를 듣고 잘못을 깨달았다. 그래서 성직자는 수탉처럼 사람들의 마음을 일깨우고 교회로 모이게 해야 한다는 의미를 담아, 성당과 교회 지붕에 수탉 모양의 풍향계를 달게 되었다는 주장이다. 처음에는 종교 시설에만 달았는데 차츰 주택으로 퍼져나갔다고 한다.

그리고 또 하나는 수탉이 경계심 강하고 아침이면 우렁차게 울어 사악한 기운을 쫓는 힘이 있다고 여겼기 때문이라는 설이다.

380

패션쇼의 대미를 웨딩드레스가 장식하는 이유는?

파리에서 열리는 오트쿠튀르(Haute couture) 패션쇼는 초일류 기술과 감성을 지닌 내로라하는 디자이너가 최고의 옷을 발표하는 특별한 자리다. 가격도 초일류 수준이다. 그런데 이 화려한 쇼의 대미를 대개 웨딩드레스가 장식한다.

옛날부터 서구 상류계급 사람들은 아침, 점심, 저녁뿐 아니라 모닝드레스, 런치드레스, 이브닝드레스처럼 시간과 장소에 맞춰 하루에도 몇 번씩 옷을 갈아입었다. 이런 상류계급 고객의 옷장을 채우는 의복을 제공하는 것이 디자이너의 역할이었다. 그런데 평생 한 번 입는 웨딩드레스를 만들 때는 디자이너도 엄청 신경 쓴다. 그래서 최고의 작품은 마지막에 선보인다는 의미로 패션쇼의 대미를 웨딩드레스가 장식하게 되었다.

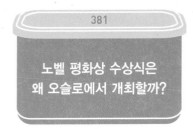

노벨상은 다이너마이트를 발명한 스웨덴의 과학자 알프레드 노벨(Alfred Nobel)의 유언에 따라 설립된 재단이 수여하는 상이다. 1896년 이후 매년 전 세계에서 물리학, 화학, 생리의학, 문학, 경제학, 평화 분야에 이바지한 사람에게 수여한다.

각 분야 상의 심사는 스웨덴에 있는 세 개 기관에서 주최한다. 여기서 물리학, 화학, 생리의학, 문학, 경제학 수상자가 선정되고, 스웨덴의 수도 스톡홀름에서 시상식이 열린다.

그런데 평화상은 이웃 나라인 노르웨이 의회에서 선정하고, 수

상식도 노르웨이의 수도 오슬로에서 개최된다. 그 이유는 노벨
이 "평화상은 노르웨이 의회의 노벨 평화상 위원회에서 선정하
라"라고 유언을 남겼기 때문이다. 이 유언에는 세계 평화란 먼
저 이웃 나라를 배려하는 데서부터 시작된다는 의미가 담겨 있
다고 한다.

382

프랑스인의 바캉스는
왜 그렇게 길까?

프랑스는 노동자의 권리
로서 여름에 5주 동안의
휴가가 보장된다. 이른바
'바캉스(vacance)'로, 이 시
기에는 프랑스 국내총생산(GDP)이 절반까지 떨어질 정도다.
프랑스인의 휴가 사랑은 프랑스 특유의 노동관에서 비롯되었

다. 프랑스에서는 노동이란 어디까지나 생활비를 벌기 위한 수단이지 일에서 삶의 보람을 찾겠다는 사람이 거의 없다.

이런 노동관이 생긴 배경에는 프랑스인의 뿌리 깊은 계급의식이 자리하고 있다. 블루칼라의 자식은 블루칼라로 살 가능성이 높고, 화이트칼라 집안에서 태어나도 엘리트와 그렇지 않은 가문의 차이가 크다. 평생 일개미처럼 열심히 일해도 일정 수준까지밖에 출세할 수 없고 개인 인생의 향방은 상당 부분 정해져 있다. 이런 사회에서는 당연히 일에 열정을 쏟을 마음이 들지 않을 것이다.

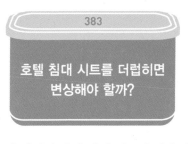

고급 호텔에 가면 눈부시게 하얀 침대 시트와 베갯잇이 씌워진 침대가 투숙객을 맞이한다. 그런데 만약 이렇게 하얀 침대 시트에 진한 립스틱을 묻히거나 실수로 찢으면 변상할 의무가 있을까?

침대 시트에 립스틱이나 파운데이션 등 색깔이 진한 것을 묻히면 세탁비를 변상해야 한다. 하지만 대부분의 경우 이 정도 오염은 눈감아준다. 그러나 침대 시트가 찢어지는 등 객실 안에 있는 물건을 망가뜨리거나 고장 내면 기물 파손에 해당하므로 변상해야 할 가능성이 크다.

384

주차장 안에서 신호를 무시하면 도로교통법 위반일까?

주차장 출입구에 차단기와 함께 신호기가 설치된 곳이 있다. 이 신호를 무시하면 교통법 위반일까?

주차장은 도로교통법에서 도로에 해당하지 않으므로 도로교통법 위반이 아니다. 일반 도로의 신호는 마주 오는 자동차가 없어도 무시하면 도로교통법 위반이다. 그러나 주차장은 도로가 아니고, 주차장 내 신호기도 사설 신호라서 무시하더라도 도로교통법 위반에 해당하지 않는다. 따라서 당연히 범칙금도 부과되지 않는다.

그렇다고 주차장 안에서 신호를 무시해도 된다는 말은 아니다. 만약 신호 무시로 사고가 발생하면 민사 재판에서 압도적으로 불리해질 수 있다.

385

운전학원의 '도로'는 법률상 도로일까?

만약 자동차 운전학원에 마련된 '도로'가 법률상 도로라면 '도로교통법'이 적용된다. 언덕길 주행 연습을 하다가 시동을 꺼뜨려 슬금슬금 후진이라도 하면 도로교통법 위반 소지가 있는데, 다행히 운전학원 안에 있는 '도로'는 도로교통법에 규정된 '도로'가 아니다.

도로교통법 1장 2조에는 '도로'가 무엇인지 구체적으로 정의되어 있다. '도로법'에 따른 도로, '유료도로법'에 따른 유료도로, '농어촌도로 정비법'에 따른 농어촌도로, 그 밖에 현실적으로 불특정 다수의 사람 또는 차마(車馬)가 통행할 수 있도록 공개된 장소로서 안전하고 원활한 교통을 확보할 필요가 있는 장소를 '도로'라고 규정한다.

도로교통법 1장 1조에는 도로교통법에서 도로를 정의한 이유에 대해 도로에서 일어나는 교통상 모든 위험과 장해를 방지하고 제거해 안전하고 원활한 교통을 확보하기 위해서라고 명시되어 있다. 도로교통법 32조에는 '자동차운전학원'에 관한 내용도 자세하게 규정되어 있다.

386

국가(國歌)에는 왜 군가풍이 많을까?

각국의 국가(國歌)를 살펴보면 전쟁과 관련된 노래가 적지 않다. 프랑스 국가인 〈라 마르세예즈(La Marseillaise)〉는 프랑스 혁명 당시 군가로, 클로드 조제프 루제 드 릴(Claude Joseph Rouget de Lisle)이 작사·작곡한 프랑스 육군 군가다.

미국 국가인 〈별이 빛나는 깃발(The Star-Spangled Banner)〉

은 1812년 영국과 전쟁 중일 때 만들어졌다. 프랜시스 스콧 키(Francis Scott Key)라는 미국 변호사가 영국 배에 승선 중일 때 하필 미국의 야습을 받았다. 동이 트자 바위 위에 펄럭이는 성조기가 보였다. 그 순간의 감격을 가슴에 품고 봉투 뒷면에 가사를 휘갈겼다. 곡조는 영국 민요인 〈천국의 아나크레온에게(To Anacreon in Heaven)〉를 사용했다.

이처럼 각국의 국가는 독립전쟁, 혁명전쟁 등과 관련이 깊어 군가풍 노래가 많다.

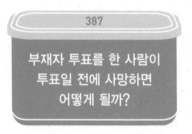

**부재자 투표를 한 사람이
투표일 전에 사망하면
어떻게 될까?**

부재자 투표는 선거일에 직접 투표소에 가서 투표하기 어려운 유권자의 참정권을 보장하기 위해 선거일 전에 다른 대안적 방법을 이용해서 투표할 수 있도록 한 제도다. 그렇다면 부재자 투표 기간에 투표한 사람이 투표일 전에 사망하면 그 표를 어떻게 처리할까?

부재자 투표자가 선거 투표일 전에 사망하면 그 사람의 표는 무효가 된다.

부재자 투표 용지는 전용 봉투에 넣어 밀봉한 뒤 개표일까지 보관한다. 사망 신고서가 제출된 사람의 표는 개표 단계에서 무효표로 처리되어 투표 결과에 반영하지 않는다.

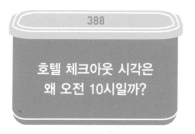

388

호텔 체크아웃 시각은 왜 오전 10시일까?

호텔 체크아웃 시각은 대체로 오전 10시다. 이는 유럽이나 미국의 리조트 호텔 체크아웃 시각을 그대로 도입했기 때문이다.

유럽이나 미국의 리조트 호텔에서 투숙객의 체재 일수는 약 2주다. 이 정도로 장기 투숙하면 호텔 측에서는 다음 손님이 체크인할 때까지 철저하게 방 청소를 해야 한다. 체크인이 오후 3시이니 오전 10시 정도에는 앞 손님이 방을 비워줘야 한다.

그러나 대체로 숙박 기간이 짧은 아시아에서는 일찍 체크아웃할 필요가 없다는 인식이 싹트면서 호텔 조식을 든든히 먹고 짐을 정리하도록 '레이트체크아웃 서비스(late-check-out service)'를 제공해, 체크아웃 시간이 오전 11시인 호텔이 늘어났다.

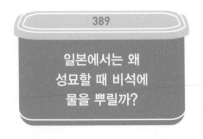

389

일본에서는 왜
성묘할 때 비석에
물을 뿌릴까?

일본에서는 성묘할 때 비석에 물을 끼얹는다. 더러워진 묘비를 씻어내는 것처럼 보이지만, 실상은 목이 마른 조상에게 목을 축여주는 의식에서 비롯되었다.

불교의 사후 세계 중 하나인 아귀도는 생전에 자비를 베풀지 않은 사람이 떨어지는 지옥이다. 아귀도에서는 물을 마시면 불덩이로 변해 타는 듯한 갈증에 시달린다. 아귀도에 떨어진 조상의 목을 축여주고 넋을 달래준다는 의미에서 비석에 물을 끼얹는 풍습이 생겨났다.

390

체포된 용의자는
왜 넥타이를 매지 않을까?

TV에서 비리 사건에 연루된 거물 정치인이나 기업인이 체포되는 모습을 보면 낯익은 얼굴인데 평소와 달라 보일 때가 있다.

체포된 용의자는 정장 차림이어도 넥타이를 맬 수 없다. 경찰이 용의자의 넥타이를 압수하기 때문이다. 그렇다면 경찰은 왜 넥타이를 가져갈까?

넥타이 압수는 안전과 관계있다. 연행된 용의자는 사건을 해결하는 데 중요한 인물이다. 그런데 연행 과정에서 넥타이로 자살을 시도하기라도 하면 큰일이다. 그래서 넥타이나 허리띠처럼 흉기가 될 수 있는 긴 물건은 연행할 때 압수한다.

비행기로
망명 의사를 밝힐 경우
어떻게 확인할까?

국제 정세가 불안해지면 망명을 희망하는 사람이 망명을 원하는 나라의 영사관으로 뛰어드는 사건이 발생하기도 한다. 상대방이 인간이라면 직접 이야기를 듣고 망명 의사가 있는지 확인하면 되는데, 망명 희망자가 비행기를 조종하는 기장이고 비행기에 타고 있다면 어떻게 처리할까?

다른 나라 영공을 침범하면 국제법에 따라 위법 행위가 된다. 무선으로 들리는 통고에 따르지 않으면 위협 사격을 당할 수 있고, 끝까지 불복하면 격추당할 수도 있다. 일반적으로는 국제 긴급 주파수를 사용한 무선으로 망명 의사를 타진하는데, 언어의 장벽으로 의사소통에 문제가 있다면 격추당할 위험을 완전히 배제할 수 없다.

물론 이런 상황에 대비해 비행기에서 망명 의사를 표시하는 신호가 있다. 날개를 좌우로 몇 차례 움직이는 방법이다. 이 망명 신호는 국제적으로 인정되며, 신호를 보고 망명 의사가 확인되면 유도에 따라 무사히 착륙할 수 있다.

392

하천이 국경일 때는 국경선을 어떻게 정할까?

국경은 북아메리카 대륙 처럼 식민지 시대에 인위 적으로 선을 그어 만들어 진 곳도 있고, 바다나 강, 산 등 지형적 요소로 정해진 곳도 많다.

지형적 요소로 국경을 정할 때 하천이 있으면 골치 아프다. 산 은 웬만해서 모양이 변하지 않는데, 강은 홍수 등의 자연재해가 발생하면 흐름이 변할 수 있어 강폭이 넓은 지점에서는 분쟁이 벌어지기도 한다. 국제 하천의 국경선은 국제법의 원칙에 따라 야 한다. 배가 다닐 수 없는 하천은 중앙선으로 나누고, 배의 통 행이 가능한 하천은 중심이 되는 항로의 중앙선으로 나눈다.

대략적인 규정은 있지만, 강 한복판에 섬이라도 있으면 그 귀속 을 두고 영유권 분쟁이 벌어지기도 하는 등 국제 하천을 둘러싼 국가 간 분쟁이 끊이지 않고 있다.

393

노벨상 공동 수상은 몇 명까지 가능할까?

노벨상을 두세 명이 공동 수상했다는 뉴스를 종종 접할 수 있다. 그렇다면 노 벨상은 몇 명까지 공동 수 상이 가능할까?

노벨 재단의 규정에 따르면 물리학상, 화학상, 생리의학상, 문학상, 평화상, 경제학상 각 분야 모두 공동 수상자는 세 명까지로 정해져 있다. 그 이유는 알 수 없으나, 수상자가 너무 많으면 한 사람당 받는 상금액이 적어지기 때문일 수도 있다. 상금은 노벨 재단의 해당 연도 수익금에 따라 액수가 달라지며, 공동 수상자라 하더라도 기여 정도에 따라 상금 액수가 다를 수 있다.

394

장례식장에서는 왜 검은 옷을 입을까?

요즘은 동양이나 서양이나 상복으로 검은색 옷을 입는다. 옛날 서구권에서는 1년 동안 검은색 상복을 입은 채 생활했다고 한다.

일반적으로 검은색은 슬픔을 상징하는 색이라고 해석되는데, 원래 검은 상복을 입는 관습에는 돌아가신 분의 넋을 위로한다는 애도와 다른 뜻이 있었다.

옛날에는 장례식장에 가면 그곳에 사자(死者)의 영혼이 있다고 믿었다. 그래서 밝은색 옷을 입으면 사자의 시선이 집중되어 부정을 탈지 모른다는 두려움 때문에 검은색 옷을 입어 사자의 시선을 피하려고 했다. 즉, 고인에 대한 '애도'가 아니라 '두려움'에서 검은색 옷을 입었던 것이다.

참고로, 검은 상복은 전 세계 공통이 아니다. 예전에 중국에서는 흰색이나 붉은색, 이슬람 문화권에서는 갈색, 이집트에서는 노란색, 한국에서는 소복(素服)이라고 하여 흰색 상복을 입었다.

12장

왜 그런지 알면
무릎을 치게 된다
세상사
궁금증
통조림

395

왜 남성은 '♂', 여성은 '♀'라는 기호로 표시할까?

'♂' 기호는 남성을, '♀' 기호는 여성을 뜻한다. 이 기호의 유래는 각각의 성기에서 따온 거라고 알려졌는데, 그리스 신화에서 비롯되었다는 설도 있다. 이 설에 따르면, '♂'는 화살로 군신 아레스를, '♀'는 손거울로 미의 여신 아프로디테를 상징한다.

396

페스트를 '흑사병'이라고 부르는 이유는?

14세기에 페스트가 유럽을 강타했다. 당시 유럽 전체 인구의 25~30퍼센트가 희생당한 것으로 추정된다.

페스트는 1347년 크림반도의 항구 도시 카파에서 시작되었다. 이듬해 동방 무역 상선에 탄 쥐가 페스트의 매개체인 벼룩을 지중해 연안 여러 도시에 전파해 2~3년 사이 전 유럽에서 맹위를 떨쳤다. 서혜부나 겨드랑이 아래에서 시작된 종기는 사과만 한 크기까지 커지는 경우도 있었다. 종기는 검은색 반점으로 나타나고, 팔과 가랑이 등 온몸으로 퍼져나갔다. 온몸에 퍼진 검은 반점과 페스트로 죽은 사람의 피부가 검은색으로 변해 '흑사병'이라는 별명이 생겨났다.

소다 섞은 위스키를 왜 '하이볼'이라고 할까?

소다 섞은 위스키를 '하이볼'이라고 한다. 그런데 하이볼은 원래 미국 서부 개척 시대 기구를 가리키는 말이었다. 19세기 중반 동부는 오마하에서, 서부는 샌프란시스코에서 철도 건설이 추진되었다. 그런데 이에 반발한 선주민이 철도 건설 현장을 습격하자 철도 건설 회사는 일정한 간격으로 사람을 태운 기구를 띄워 주위를 감시하고 기구에서 신호를 보내면 군대가 출동해 습격을 막았다.

철도가 완공되자 축하연에서 관계자들은 "저 높이(high) 뜬 기구(ball)를 위하여!"라고 외치며 건배했다. 그때 마신 술이 소다를 탄 위스키여서, 이후 이 술을 '하이볼'이라 불렀다고 한다.

트렌치코트의 '트렌치'가 무슨 뜻일까?

세련된 도시인의 패션을 상징하는 트렌치코트는 원래 군복이었다. 제1차 세계 대전은 연합국 진영과 독일 진영 모두 참호 속에 엎드려 총탄을 주고받는 참호전이 중심이었다. 따라서 돌격한 측에서 대규모 희생자가 나왔다.

그런데 추위로 온몸이 얼어붙는 한겨울에 참호 속에 엎드려 있어야 하는 병사들에게 참호전은 극기 훈련의 연속이었다. 그러자 영국군이 토머스 버버리(Thomas Burberry)라는 양복업자에게 참호 속에서도 추위에 견딜 수 있는 코트를 제작해달라고 의뢰해, 올이 촘촘한 깅엄(gingham) 소재를 채용한 전천후 코트가 탄생했다. 영어로 참호를 트렌치(trench)라 불러, 이 군복을 '트렌치코트'라고 부르게 되었다.

트렌치코트는 군인들 사이에서 호평을 얻어 연합군 장교의 정식 코트로 채용되었다. 전쟁이 끝나자 '버버리 브랜드 트렌치코트'가 민간에도 퍼져 현재까지 사랑받고 있다.

399

'O-157'은
무슨 뜻일까?

'O-157'은 흔히 오염된 햄버거 패티를 통해 감염된다고 해서 '햄버거병'이라는 별명이 붙었다. 그러나 실제로는 육류 외에 채소와 주스, 소시지, 마요네즈 등 다양한 경로로 감염된다.

O-157은 대장균의 일종이 유해균과 결합해서 변이한 균이다. 대장균에는 O 항원과 H 항원이 있다. O-157은 O 항원 하나가 변이를 일으켜 생긴 157번째 대장균이라는 의미다. 'O-156'도 있고 'O-158'도 있다.

O-157은 베로독소를 합성하는 무서운 대장균이다. 이 균이 인간의 장내에서 급속히 증식할 때 베로독소가 장 표면에 상처를

내고, 다시 신장에 손상을 주며, 소변으로 노폐물이 배출되지 못하게 하는 증상이 나타난다. 상태가 악화하면 사망할 수도 있는 무시무시한 대장균이다.

별의 밝기는 1킬로미터 떨어져 봤을 때 밝기의 별을 1등성으로 잡고 그보다 어두운 별을 2등성, 3등성으로 정했다. 그리고 1등성보다 밝은 별은 마이너스(-)가 붙었다. 예를 들어, 큰개자리 시리우스는 -1.5등성, 금성은 -4.4등성, 보름달은 -12등성이다. 그리고 가장 밝은 태양은 '-26.8등성'이다.

예를 들어, 3억 6439만 8761을 숫자로 표기할 때는 364,398,761처럼 세 자리마다 콤마를 찍는다. 하지만 평소에 자릿수가 큰 숫자에 익숙하지 않은 사람은 세 자리마다 콤마를 붙여도 한눈에 들어오지 않는다. 콤마를 무시하고 '일, 십, 백, 천, 만……'이라고 자릿수를 세는 사람도 있다. 그렇다면 왜 세 자리마다 콤마를 찍는 걸까?

라틴어가 어원인 영어와 프랑스어에서는 밀리언(100만), 빌리언(10억)처럼, 세 자리마다 단위가 달라지기 때문이다. 즉, 영어가 세계적 공용어로 사용되듯, 영어식 숫자 표기법이 전 세계로 전해지면서 이런 표기 방식이 생겨난 것이다.

일, 십, 백, 천, 만처럼 네 자리마다 단위가 바뀌는 한자 문화권에서는 '3,6439,8761'처럼 네 자리마다 콤마를 찍는 것이 더 이해하기 쉽지 않을까?

402

롤러코스터 이용 시
키 제한은 어떻게
정해졌을까?

놀이공원에서는 아찔한 롤러코스터 같은 놀이기구에 대개 키 제한을 둔다. 과격한 놀이기구일수록 엄격하게 제한한다. 입구에 빨간 선이 그어진 키판을 두어 키가 그 선보다 작으면 놀이기구 탑승을 허용하지 않는다.

키 제한은 '1미터' 혹은 '120센티미터'처럼 놀이기구마다 다양한데, 기준을 놀이공원 측에서 적당히 정하는 것이 아니다. 키 제한은 최대 속도, 최대 가속도, 거리 등 코스의 특징, 좌석의 디자인 등을 고려해 엄격하게 정한다. 그리고 어린이 놀이시설 안전관리법 등 관련 법에 따라 전문 안전검사 기관의 검사를 받아야 한다.

만약 탑승객이 안전장치에서 빠져나와 날아가면 대형 사고가 일어날 수 있어 놀이공원 측에서도 전문가의 검사를 받고 최대한 신중하게 탑승 기준을 마련한다.

악보는 왜
오선지일까?

고대 그리스 시대에는 문자와 기호만 있는 악보가 기본이었고, 10세기 무렵에야 선이 등장했다. 당시에는 음의 높낮이를 알기 쉽게 1~2줄 그은 악보를 사용했다.

그 후 음악이 복잡해지면서 선이 늘어

나, 한때 7~8줄 악보를 사용한 적도 있다. 선이 너무 많아져 악보를 읽기 불편해지자 17세기 이탈리아의 오페라 업계에서 악보를 5줄로 통일하자는 운동이 시작되었다.

오선지 악보는 다양한 음악을 표기하기에 가장 합리적이고 인간이 판별하기에 가장 적당한 수준이었다. 이후 오선지 악보가 유럽 전역으로 퍼져나갔다.

404

샤프펜슬의 심은 왜 0.2밀리미터 단위로 늘어날까?

샤프펜슬의 심은 현재 0.3, 0.4, 0.5, 0.7, 0.9 다섯 종류가 시판되고 있다. 그중에서 0.5밀리미터 심이 가장 많이 팔린다.

샤프펜슬의 심은 0.2밀리미터씩 늘어나는 것이 원칙이다. 그 이상 세분화하지 않는 데는 이유가 있다. 시장조사 결과 그 정도로 세분화한 규격의 샤프심을 원하는 수요가 없었다. 0.4밀리미터 심은 예외로, 가장 잘 팔리는 0.5밀리미터보다 살짝 가는 심을 선호하는 수요가 있어 개발되었다고 한다.

샤프펜슬은 심이 잘 부러진다는 단점이 있는데, 샤프심이 부러지는 원인은 대부분 심 끝부분을 너무 많이 꺼내기 때문이다. 펜 끝으로 나오는 심의 길이는 0.3~0.7밀리미터 심의 경우 1밀리미터, 0.9밀리미터 심의 경우 1.5밀리미터가 가장 적당하다.

샤프펜슬은 한 번 누르면 0.3~0.5밀리미터가 나오도록 설계되어 있어 심이 나오지 않은 상태에서 2, 3회 눌러 글씨를 쓰는 것이 적당하다.

공기 중에 산소가 희박한 고산지대에 가면 고산병에 걸릴 수 있다. 심한 두통, 욕지기, 이명, 현기증, 가슴 두근거림 등의 증상이 나타나고, 그대로 두면 혼수상태에 빠질 수도 있다.

그만큼 공기가 희박한 장소는 인간의

생활 환경으로 적합하지 않다. 일반적으로 나무가 자라지 않는 삼림한계선보다 높은 지역에서는 사람이 정착한 마을을 찾아보기 어렵다. 물론 어디서나 예외는 있어 200만 명 넘는 사람이 삼림한계선보다 훨씬 높은 해발고도 3,500미터 이상 고지대에서 생활하고 있다.

그렇다면 전 세계에서 가장 고지대 마을은 어디일까? 보통 네팔이나 티베트라고 생각하기 쉬운데, 사실은 남아메리카 페루에 있다. 안데스산맥의 해발고도 5,100미터 지점에 금 광산을 중심으로 형성된 라 링코나다(La Rinconada) 마을이다. 보통 사람이라면 고산병에 걸릴 만한 환경이지만, 그곳 사람들은 육체노동을 하며 건강하게 살고 있다.

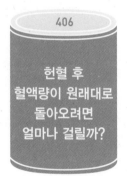

406

헌혈 후
혈액량이 원래대로
돌아오려면
얼마나 걸릴까?

일반적으로 1회 헌혈할 때 200밀리리터를 채혈한다. 혈액량만 보면 체내 수분으로 보충할 수 있어 3~4시간이면 회복한다. 하지만 완전히 회복하는 데는 상당한 시간이 걸린다.

백혈구가 가장 먼저 부활한다. 없어지면 혈관 외부에서 순식간에 보급된다. 백혈구는 바이러스 등 외부 공격으로부터 우리 몸을 지키는 중요한 역할을 한다. 따라서 예측하지 못한 사태에 대비해 항상 혈관 외부에서 대기한다. 그

다음에 혈소판이 돌아오는데, 대략 4일 걸린다. 그리고 일주일 후 혈장이 회복되고, 2주에 걸쳐 적혈구가 보급되어 200밀리리터 혈액의 모든 성분이 원래대로 돌아온다. 그래서 다음 헌혈까지는 한 달 이상 간격을 두는 것이 좋다.

407

연필 한 자루로 몇 미터를 쓸 수 있을까?

HB 연필 한 자루로 65킬로미터의 선을 그을 수 있다. '바를 정(正)'자를 쓴다면 한 획에 1센티미터 선을 그을 경우 한 글자에 5센티미터이므로 130만 개를 쓸 수 있다. 400자 원고지에 쓴다면 3,250매, 즉 장편소설 한 편 분량이다. 이 수치는 어디까지나 단순 계산으로, 연필을 깎지 않고 썼을 때를 가정한 결과다. 연필을 깎지 않고는 쓸 수 없고, 깎을

수록 심도 더 많이 깎여나가 연필 한 자루로 장편소설에 도전하
는 것은 현실적으로 무리다.

게의 다리는 8개이고, 집게발을 더해
총 10개다. 그런데 무당게는 다리가
6개여서, 집게발을 더해도 8개밖에 되
지 않는다.

정체를 알고 보면 이름은 무당게인데
실제로 게는 아니다. 무당게는 껍데기
를 이고 다니는 소라게 종류에 속한다. 생식기와 교미 기관 등
이 모두 소라게를 빼닮았다. 그런데 무당게를 자세히 관찰하면
등딱지 안에 작은 다리 두 쌍이 있다. 다른 다리보다 상당히 작
은 이 다리는 아가미 청소 등에 사용된다.

인간의 폐는 원래 어류의 공기주머니
인 부레가 진화한 장기다. 인류가 탄
생하기 훨씬 전에 어류 일부가 뭍으로
올라와 육상동물이 되었다. 육지에서
살려면 공기를 직접 체내로 흡수해야
하기에 아가미 대신 호흡기관이 필요

해 육상생활에 필요 없는 부레가 폐로 변했다.

물고기 몸속에는 부레가 두 개 있는데 이 부레가 폐로 진화했기에 인간의 폐도 두 개가 되었다고 한다.

성인 기준으로 심장은 1분 동안 70~75회 박동한다. 70회 박동한다고 가정하면, 한 시간에 4,200회, 하루에 10만 800회, 1년이면 약 3,700만 회 박동한다. 그렇다면 사람의 심장은 평생 얼마나 움직일까? 사람의 일생을 80년으로 잡으면 29억 회 이상 박동한다.

관점을 달리하면, 심장이 그만큼 열심히 정상적으로 뛰지 않으면 인간은 살 수 없다.

411

비타민 B는 왜
종류가 많을까?

비타민 A와 C는 한 종류뿐인데, 비타민 B는 B1, B2, B6, B12 등 여러 종류가 있다. 비타민 B만 유독 종류가 많은 것은 처음에 비타민 B의 정의가 엉성했기 때문이다.

비타민 B는 일본의 농학박사 스즈키 우메타로(鈴木梅太郎)가 1910년에 최초로 발견했다. 당시 비타민 B군이란 물에 녹고 체내에 흡수된 탄수화물을 에너지로 바꾸는 데 도움을 주는 물질이라고 정의되었다.

그 후 화학자들 사이에서 비타민 발견 열풍이 불며, 이 정의에 맞는 물질은 모조리 비타민 B군에 편입되었다. 그 결과, 비타민 B군의 종류가 쓸데없이 늘어나 비타민 B12까지 학계에서 인정받았다.

그런데 연구가 진행됨에 따라 곰팡이나 쥐 대사에 관여해도 인간과 직접 관계없는 물질까지 포함되었다는 사실이 판명되었다. 이런 물질들은 순차적으로 배제되어 현재는 B1, B2, B6, B12만 남았다. 비타민 B12 이후 발견된 물질은 '니코틴산', '판토텐산' 등 화학명으로 부른다.

우라늄은 원자력 발전소의 주요 에너지원이다. 핵분열을 일으켜 방대한 에너지를 방출할 뿐 아니라, 대량의 방사선을 방출하는 물질이다. 그렇다면 천연 우라늄 광석을 채굴하는 광부들은 현장에서 피폭 위험에 노출되어 위험하지 않을까?

천연 우라늄은 분열하기 쉬운 우라늄과 잘 분열하지 않는 우라늄으로 구성되어 있다. 그런데 천연 우라늄 광석에는 분열하기 쉬운 우라늄, 즉 방사능을 대량 방출하는 '우라늄 235'는 0.7퍼센트밖에 들어 있지 않고 나머지는 거의 분열하지 않는 '우라늄 238'이다. 그래서 우라늄 광석을 1톤 모아도 핵연료로 쓰이는 우라늄은 아주 소량이다.

'죽음의 재'라는 별명으로 알려진 방사능 수준은 우라늄 1그램에서 수만 퀴리나 되는데, 우라늄 광석은 1톤이라도 수십 퀴리

밖에 되지 않는다. 간혹 채굴 후 방치된 우라늄 잔토를 둘러싼 문제가 발생하기도 하지만, 우라늄 연료 자체는 원자로에 들어갈 때까지 안전하다고 알려져 있다.

413

날씨를 어떻게 예보할까?

일기예보는 슈퍼컴퓨터가 총괄한다. 수집된 데이터가 워낙 방대해 컴퓨터로밖에 처리할 수 없기 때문이다. 현재 일기예보 기초 데이터는 다양한 방법으로 수집된다. 일단 전국에 있는 관측소에서 다양한 장비로 날씨를 관측한다. 지상, 해양, 고층에서 관찰하고, 전국의 기상 레이더로 국내 날씨를 관찰해 일기예보에 반영한다. 기상위성도 우주에

서 지구의 날씨 변화를 관측해 정보를 전송한다. 그리고 전 세계 180여 개 국가와 실시간으로 기상 자료를 교환한다.

슈퍼컴퓨터는 이렇게 모은 해외와 국내 데이터를 빠르게 분석해 예상 일기도를 만들어준다. 슈퍼컴퓨터는 관측 자료로 날씨를 시간마다 예측하는 수치 예보 모델을 사용해 한 시간 주기 초단기 예보부터 1개월 주기 장기 예보, 연 4회 발표하는 기후 전망까지 다양한 예보를 생산할 수 있다.

불안하고 초조하거나 신경이 곤두설 때 무의식적으로 다리를 달달 떠는 사람이 있다. 어른들이 보면 "다리를 떨면 복이 달아난다"라며 한바탕 잔소리를 한다.

의학적으로는 교감신경이 스트레스와 긴장으로 자극을 받으면 심장의 움직임과 발한이 촉진되어 신체가 미세하게 움직인다. 무리하게 몸을 움직이지 않고 가만히 있으려고 할 때 이런 증상이 발생하기 쉽다. 따라서 다리를 떤다고 복이 달아나지는 않는다. 이 말은 의학적 지식이 없던 옛날에 만들어졌다. 당시 사람들이 보기에 자발없이 다리를 달달 떠는 모습이 춥고 배고픈 상황을 연상시켜 "다리를 떨면 복이 달아난다"라는 말이 생겼을 수도 있다.

**타투
시술을 하려면
시간이 얼마나
걸릴까?**

타투 아티스트가 담뱃갑 크기 정도를 시술하는 데 한 시간이 걸린다. 어깨에서 시작해 등을 덮는 거대한 타투는 최소 70시간이 걸린다. 그래서 일주일에 한 번씩 타투 시술소를 찾아 두 시간씩 시술받으면 완성하기까지 9개월이 걸린다.

타투는 바늘을 피부에 0.8밀리미터 찔러넣어 0.6밀리미터 지점에 색소를 정착시키는 시술이다. 이때 엄청난 고통을 감수해야 하는데, 통증이 심해 하루에 두 시간 이상은 시술할 수 없다.

**'사망 추정 시각'을
어떻게
산출할까?**

살인 사건이 발생하면 경찰은 피해자의 '사망 추정 시각'을 발표한다. 그런데 사망 추정 시각을 어떻게 알아낼까? 우선, 사망한 지 얼마 안 되었다고 판단될 때는 '체온'이 유력한 판단 근거가 된다. 일반적으로 사체의 체온은 겨울에는 한 시간에 2도, 봄·가을에는 1도, 여름에는 0.5도씩 내려간다. 1년 평균을 내면 사후 48시간 이내 기온과 거의 비슷해진다. 거기서부터 역산하면 사망 추정 시각이 나온다.

그다음에는 '시반'을 본다. 시반이란 사후 혈액의 흐름이 정체되면서 나타나는 멍처럼 생긴 얼룩이다. 시간이 지나면서 시반이 나타나는 장소와 색이 달라져 사망 추정 시각을 알 수 있다. 그 밖에 '사후 경직' 부위와 위·장의 내용물 소화 정도로 사망 추정 시각을 알아내는 경우도 많다.

417

회수된 컴퓨터와 휴대전화기는 어떻게 될까?

일반적으로 데스크톱 컴퓨터의 수명은 4~6년, 노트북은 3~5년 정도다. 스마트폰의 수명은 약 3년 반인데, 잘 관리하면 6년까지 쓸 수 있다. 물론 최신 기계가 나오면 1~2년 안에 교체하는 사람도 많다.

수명이 다한 컴퓨터와 스마트폰은 전문 처리 업자에게 넘겨진다. 컴퓨터와 스마트폰에서 귀중한 광물 자원을 회수할 수 있기 때문이다. 예를 들면, 바나듐, 은, 구리 등은 물론 순금까지 회수할 수 있다. 플라스틱은 난방 연료로, 타고 남은 찌꺼기는 시멘트 공장으로 보낸다.

이처럼 컴퓨터와 휴대전화기에 사용된 재료는 대부분 재활용이 가능하다. 컴퓨터와 휴대전화기가 필수품이 되면서 각 기업이 재활용을 전제로 제품을 제조하기 때문이다.

유독성 용제를 거의 사용하지 않는 수성 도료를 쓰거나 비할로

겐족 난연제를 사용한 재활용 가능한 플라스틱으로 소재를 교체하는 등 연구와 노력이 이어지고 있다. 포장 상자까지 재활용할 수 있게 배려한 친환경 기업도 있다.

그러니 불필요한 컴퓨터와 휴대전화기를 서랍이나 수납장에 묵혀두거나 불법 투기하지 말고 각 지자체에서 정한 올바른 방법으로 지정 장소에 분리 배출해 재활용하자.

418

도둑은 왜
뒤를 살피며
걸을까?

절도 담당 형사들 사이에 전해 내려오는 범죄자 체포 비결이 있다.

"상습범은 걷는 모습만 봐도 알 수 있다. 뒤가 구린 사람은 집을 나서면 항상 뒤를 살피며 걷기 때문이다."

여기에는 나름 합리적인 근거가 있다.

절도범을 체포할 때는 범행 수법을 조사해, 동종 범죄 전과자 명부에서 범행 수법이 같은 사람을 색출하는 방법을 사용한다. 용의자가 특정되면 현재 주거지가 어디인지 찾는다.

주거지를 알면 70~80퍼센트는 체포할 수 있다. 주거지 근처에서 잠복하다가 용의자가 집을 나서면 미행한 뒤 범행 현장을 덮쳐 현행범으로 체포하면 되기 때문이다. 따라서 뒤를 살피며 걷는 도둑의 습관은 경찰이 미행하는지 확인하기 위한 나름의 생존 전략인 셈이다.

**도둑이
노리기 쉬운
집은?**

절도 담당 형사들에 따르면, 도둑이 노
리기 쉬운 집에는 세 가지 특징이 있
다. 사거리에 세워진 집, 이웃 건물과
거리가 좁은 집, 근처에 큰 건물이 있
는 집이다.

사거리는 침입 경로와 도주 경로를 확
보하기 쉽고 인적이 드문 길을 골라서 도주할 수 있다. 이웃 건
물과 거리가 좁으면 옥상이나 담을 이용해 옆 건물로 도망칠 수
있다. 그리고 근처에 큰 건물이 있으면 주변에 벽이나 담장이
세워져 있을 가능성이 크다. 벽이나 담장은 주위 시선을 차단해
주는 가림막 역할을 한다.

420

얼마나 오래된 지문까지 채취할 수 있을까?

지문이 같은 사람은 절대 없다. 그래서 지문은 범죄 수사에서 사건을 해결하는 데 결정적인 실마리를 제공한다. 온몸이 새까맣게 타 숯덩이처럼 변한 시신이나 심하게 부패한 시신에서도 지문을 채취할 수 있다.

손가락에서 분비된 유분과 수분이 손으로 만진 대상에 남긴 흔적이 지문이다. 유리, 종이, 비닐, 가죽, 나무 등 대부분 물체에 지문이 남는다. 이러한 지문은 천으로 박박 닦아내지 않는 한 지워지지 않는다.

지문은 생각보다 오래 유지된다. 25년 전 공책에 묻은 지문을 감식으로 검출한 사례도 있다. 쉽게 망가지지 않고 오래가는 지문은 범죄를 예방하고 해결하는 데 좋은 수단으로 활용된다.

421

콘서트장에서 소리가 가장 좋은 좌석은 어디일까?

소리에 영향을 미치는 요소는 크기, 음색, 음의 농도, 밸런스, 울림 등 다양하다. 오케스트라처럼 여러 악기가 동시에 연주하는 콘서트의 경우 오케스트라석 바로 앞에 앉으면 악기 소리만 들려 밸런스가 무너진다.

록 콘서트처럼 악기 가짓수는 적어도 스피커를 사용하는 공연에서는 무대 바로 앞 객석이 좋지 않다. 악기에서 직접 들리는 소리와 스피커에서 나오는 소리에 시차가 생겨 소리가 겹쳐서 미묘하게 거슬린다. 1,000명 이상 수용하는 대형 공연장에서는 소리의 울림이 큰 영향을 준다. 너무 많이 울려도 너무 적게 울려도 좋지 않다. 적절한 울림이 웅장하면서 입체감 있는 소리를 연출한다. 콘서트장에서는 한가운데보다 살짝 뒷좌석이나 2층 앞줄이 적당한 울림을 느낄 수 있어 가장 좋다.

해양법에 대한 유엔 협약(UNCLOS)은 영해의 폭을 최대 12해리 이내로 하고, 200해리까지는 배타적 경제 수역으로 인정해 수산물과 광물 등의 개발 권리를 보장한다는 등의 내용이 담긴 조약이다.

이 조약 중에 "심해저 주존 광물 자원은 인류의 공동 유산으로 정의한다"라는 조항이 있다. 이 조항에 따르면 누군가 공해 심해저에서 유전을 발견할 경우 그 채굴권은 '국제 해저 기구(ISA)'에 귀속된다. 그 후 입찰에 부쳐 어느 나라 정부나 개인에게 소유권이 넘어간다.

이런 조항이 있지만, 심해저 유전 채굴 기술은 수심 200미터가 한계라서 수심 몇천 미터의 공해에서 유전 개발은 불가능하다.

우리 집이 바닷가에 있고, 화산 분화로 흘러나온 용암이 마당에서 바다로 흘러갔을 경우 새로 만들어진 땅은 누구 소유일까?

새로운 '국토'가 만들어졌으니 국가의 소유일 것 같은데, 실제로는 관련 개인에게 소유권이 있다. 이와 반대로 쓰나미와 집중호우 등으로 하천이 범람해 내 땅이 깎여나가면 '자연재해대책법'의 보호를 받을 수 있다. 중앙행정기관이 각 지자체에 '재해복구보조금'을 지급할 수 있다는 조항 등 각종 구제책과 재해 방지책이 마련되어 있어, 행정 절차를 거쳐 토지를 복구할 수 있다.

백화점 고층 매장에 갈 때면 고민된다. '엘리베이터를 탈까? 줄 선 사람도 많고 한참 기다려야 할 테니 그냥 에스컬레이터를 탈까?' 속도는 엘리베이터가 빠른데 대기 시간이 문제다. 그렇다면 무엇을 타는 것이 합리적일까?

일본 수필가 호리이 겐이치로(堀井憲一郎)의 조사에 따르면 1층부터 6층까지는 에스컬레이터를 이용하는 것이 빠르다. 버튼을 누르고 엘리베이터를 기다리는 시간이 낭비되기 때문이다. 하지만 7층에서 9층까지는 엘리베이터가 도착하는 타이밍과 혼잡도에 따라 승패를 가릴 수 없을 정도로 비슷하다. 그리고 10층 이상은 엘리베이터를 타는 것이 빠르다.

425

고속도로 터널의 비상구는 어디로 이어질까?

고속도로 터널에서 화재가 날 경우 어떻게 대피해야 할까? 터널 안에는 도망칠 공간도 없고 공기 흐름도 나쁘다. 사고가 발생하면 대형 사고로 발전할 가능성이 높아 한시라도 빨리 탈출해야 한다. 이때는 터널 안 비상구를 사용해야 한다. 그렇다면 터널 안 비상구는 어디로 통할까?

보행자 비상구 손잡이를 밀어서 문을 열면 문이 하나 더 나타난다. 이 문과 문 사이가 바로 대피 공간이다. 여기서 건너편에 있는 다른 문을 열면 반대편 문이 나온다. 터널 비상구는 터널 밖으로 바로 이어지지 않고 한쪽에서 불이 나면 신속하게 반대쪽 터널로 피할 수 있는 구조로 되어 있다. 대신 화재가 발생했을 때 연기가 퍼지지 않도록 모든 비상구는 1분 정도 지나면 자동으로 문이 닫힌다.

자동차 비상구도 마찬가지다. 자동차가 지나갈 정도로 커다란 문을 열면 보행자 터널처럼 반대편 문과 문 사이 공간이 있고, 건너편 문을 열면 반대편 터널이 나온다. 보행자 비상구와의 차이는 자동차가 지나갈 수 있도록 양문형 미닫이 방식 문이고, 자동으로 문이 닫히지 않도록 고정하는 장치가 설치되어 있다는 점이다.

삼도천(三途川)은 이승과 저승 사이에 흐르는 강을 말한다. 불교에서는 사람이 죽으면 모두 이레째 되는 날 이 강을 건넌다고 믿는다. 그런데 왜 '삼도천'이라는 이름이 붙었을까?

불교의 가르침에서는 사후 삼도천 초입에 이르면 진광대왕(秦廣大王)이 기다리고 있다. 진광대왕은 죽은 사람이 현세에서 행실을 어떻게 했느냐에 따라 운명을 결정한다. 현세에서 중한 죄를 저지른 자는 독사가 들끓는 '강심연(江心淵)'이라는 깊은 여울을 건너고, 현세에서 가벼운 죄를 저지른 자는 '산수뢰(山水瀨)'라는 얕은 개울을 건너며, 현세에서 전혀 죄를 저지르지 않은 자는 '유교도(有橋渡)'라는 다리를 건넌다. 즉, 이 강 앞에서 길이 세 갈래로 갈라져 이승과 저승을 가르는 강에 '삼도천'이라는 이름이 붙었다.

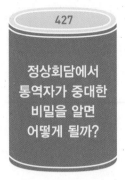

427

정상회담에서
통역자가 중대한
비밀을 알면
어떻게 될까?

정상회담에서 기자나 카메라 없이 각 국 정상끼리만 대화를 나눌 때가 있다. 이런 경우 동석한 통역자가 그 자리에서 중요한 비밀을 알면 어떻게 될까? "임금님 귀는 당나귀 귀다!"라고 외치고 싶은 것이 사람의 심리다. 통역자가 무심코 주위에 털어놓거나 언론 취재 자리에서 이야기해버릴 수도 있을 듯한데, 염려할 필요 없다.

통역자는 '비밀 엄수'가 절대적인 의무다. 일을 통해 취득한 정보는 절대 공개할 수 없다. 게다가 대통령이나 고위급 인사가 외국 요인과 회담하는 자리에는 외교부나 국방부 등 정무 부처 공무원이 통역을 맡을 때도 있다. 공무원은 현직에 있을 때는 물론이거니와 퇴직 후에도 비밀 엄수 의무를 지켜야 한다.

외교부에서는 주요 외국어마다 여러 명의 통역을 배정한다. 그리고 정상회담은 A, 아세안 포럼에는 B, OECD 행사에는 C와 같이 각 회담에 맞는 통역자를 배정해, 믿을 수 있는 인물에게 통역을 맡기도록 만반의 준비를 갖춘다.

지식을 쌓으려면 통째로, 조목조목!

잡학사전 통조림 2

1판 1쇄 발행 2025년 1월 25일

지은이 엔사이클로넷
옮긴이 서수지
펴낸이 이재두
펴낸곳 사람과나무사이
등록번호 제2024-000012호
주소 경기도 파주시 회동길 508(문발동), 스크린 405호
전화 (031)815-7176   팩스 (031)601-6181
이메일 saram_namu@naver.com
영업 용상철
일러스트 주노
인쇄·제작 도담프린팅
종이 아이피피(IPP)

ISBN 979-11-94096-04-7 03000